ullstein

Das Buch

Zahlreiche Paare klagen, dass nach ersten leidenschaftlichen Monaten und Jahren der Sex immer langweiliger wird. Das anfängliche Feuer glimmt nur noch, das Begehren ist auf der Strecke geblieben. Obwohl sie sich lieben und zusammenbleiben wollen. Woher kommt diese Lustlosigkeit? Kann der Teufelskreis der Unlust durchbrochen werden? Darauf gibt das Buch Antworten und zeigt, wie Erotik und Begehren neu entfacht werden können.
Dabei verlässt Ulrich Clement die Sichtweise bisheriger Sexualratgeber, die vor allem in den Gemeinsamkeiten zweier Menschen die Lösung suchen. Er hingegen lädt die Partner dazu ein, das eigene sexuelle Profil, eigene Wünsche und Sehnsüchte wieder zu entdecken und in den Mittelpunkt zu rücken. Die Lust an der Verschiedenheit, am Spiel und an der erotischen Kommunikation erzeugt frische Spannung und eine Sexualität des Begehrens.

Der Autor

Ulrich Clement ist einer der führenden deutschen und international renommierten Paar- und Sexualtherapeuten. Sein Ansatz gilt als profilierte und originelle Innovation der Sexualtherapie. Ulrich Clement arbeitet als Dozent, Coach und Psychotherapeut und ist Professor für Medizinische Psychologie an der Universität Heidelberg (www.ulclement.de).

Ulrich Clement

Guter Sex trotz Liebe

Wege aus der verkehrsberuhigten Zone

Ullstein

Vorwort

Ein Rat für eilige Leser: Legen Sie das Buch gleich wieder weg. Nehmen Sie es erst wieder in die Hand, wenn Sie Muße haben. Schnelle Tipps für hastige Sexualpraktiker finden Sie hier nicht. Sie brauchen Zeit. Weniger für das Buch als für das, was Sie daraus machen.

In diesem Buch geht es darum, wie Sie Ihre erotische Lebensqualität entwickeln können, wenn sie nicht von selbst besser wird. Was sie selten tut. »Guter Sex trotz Liebe« spielt auf das große Rätsel an, warum Erotik selbst bei den Paaren schlechter wird, die sich lieben und die ihre Beziehung fortsetzen wollen.

Erotik ist auch eine Frage von Entscheidungen. Und eine erste Entscheidung ist die, ob Ihnen besserer Sex die Investition von Zeit wert ist. Wenn ja, finden Sie hier reichlich Anregungen, Tests, Hinweise, Übungen und nützliche Überlegungen, wie Sie festgefahrene sexuelle Situationen wieder flott kriegen. Und wie Sie zu einer Erotik kommen, die nicht nur aufregend, sondern auch authentisch ist und zu Ihrer persönlichen Entwicklung passt.

Fallstricke der normalen Sexualität

Das Buch nutzt die Erfahrung, die ich in drei Jahrzehnten als Sexualtherapeut und -wissenschaftler mit unzähligen Paaren und Einzelklienten gemacht habe. In Einzelgesprächen, Paartherapien, Paar-Gruppenseminaren, Interviews. Im Dschungel des menschlichen Sexuallebens gibt es kaum etwas, das es nicht gibt. Für jede erdenkliche Vorliebe gibt es Liebhaber. Alles, was gemacht werden kann, wird von irgendjemandem auch gemacht. Und alles, was die Leidenschaft fliegen lässt, kann die Fliegenden auch schmerzlich abstürzen lassen. Sex tut gut, Sex tut aber auch weh. Sex ist exotisch, Sex ist aber auch kreuznormal. Und in den Fallstricken der ganz normalen Sexualität habe ich viele Paare zappeln sehen. Das

Ganze hat mit sexueller Unterdrückung wenig zu tun. Eher im Gegenteil. Wir haben heute (fast) alle Freiheiten. Und müssen ständig selbst entscheiden, was wir mit der Freiheit anfangen. Auch davon handelt dieses Buch. Mein heimlicher Untertitel ist »Anleitung zum Umgang mit der sexuellen Freiheit«.

Nach dem Erfolg meines Buches »Systemische Sexualtherapie« für Therapeuten kam von vielen Klienten, Kollegen und Freunden die Idee, mein Konzept doch einmal allgemeinverständlich zu schreiben. Das habe ich getan und auf den Fach-Jargon verzichtet – nach dem Motto: »einfach – praktisch – gut«.

Hinweis

Neidisch bin ich auf die Autoren, die auf Englisch publizieren. Sie haben ein Problem nicht, für das die deutsche Sprache keine vernünftige Lösung bereit hält: die geschlechtsgebundene Schreibweise, die mir auferlegt, immer von »Partnerin bzw. Partner« zu sprechen. Korrekt, aber umständlich. Das mute ich Ihnen nicht zu. Aber dass der weibliche Blick auf die Erotik trotz der männlichen Diktion gesichert ist, das garantiert meine Kollegin Sam. Sie begleitet die Leser als erotische Kommunikationsberaterin und bringt in weiblicher Direktheit alles Wesentliche auf den Punkt.

Ich bin vielen Personen zu Dank verpflichtet. Für die rundum erfreuliche Zusammenarbeit Gudrun Jänisch vom Ullstein Verlag, Dr. Christiane Lentz (Lektorat) und Joachim Jessen (Literaturagentur Schlück). Und dreien ganz besonders: Bernhard Ludwig dafür, dass er mir gezeigt hat, wie man Sexualtherapie ohne inhaltliche Verluste jenseits der Expertengrenzen verständlich und lebenspraktisch darstellen kann. Dr. Thomas Zimmermann für seine gründliche Expertise im Verfassen eines Ratgeberbuchs. Und Elisa für ihre unschätzbar aufregenden Anregungen.

Ulrich Clement

Neue Freiheiten und selbstbestimmte Erotik

Eine Einführung

Für wen ist dieses Buch?

Am Anfang einer Liebesbeziehung träumen alle Paare davon: Die Tage und Nächte voller Verliebtheit, die Innigkeit und Leidenschaft mögen ewig so weitergehen. Immer. Ohne Ende.

Aber das Träumen hilft nicht. Die Leidenschaft kommt in die Jahre. Das anfängliche Feuer glimmt nur noch. Irgendwann ist die Glut unter der Asche des Alltags fast nicht mehr zu sehen. Und dann spielt Sex kaum noch eine Rolle. Das erotische Begehren ist auf der Strecke geblieben. Als Paar verstehen sich beide gut. Sie lieben sich weiter. Aber das scheint sich nicht bis zum gemeinsamen Sexualleben durchzusprechen. Sexuelle Unzufriedenheit macht sich breit. Beide sind gefangen im Trott der ganz normalen sexuellen Langeweile. Viele Paare erschrecken über eine solche Erkenntnis. Sie sind mit anderen Erwartungen in diese Liebesbeziehung gestartet: Die Lust sollte Ausdruck der Liebe und auch nach vielen Jahren noch groß und schön sein.

Das Begehren wieder aufleben lassen

Stellen Paare fest, dass der erotische Pegel deutlich gesunken ist und sich die anfängliche Begeisterung verflüchtigt hat, wirft das Fragen auf:

- Holen wir das Begehren zurück in die Beziehung und wenn ja, wie geht das?
- Suchen beide Lust außerhalb der Beziehung?
- Bleiben beide in der Beziehung und verabschieden aber die Lust?
- Oder verlieben sie sich neu? Suchen die beiden einen frischen Kick? Entfachen sie neues Begehren?
- Oder auch: Wie stehen die Chancen, sich in den alten Partner neu zu verlieben?

Wer das Begehren wieder aufleben lassen will, muss einen Neustart wagen. Er oder sie muss sich anders verhalten als in der Zeit, in der sich der Sex weggeschlichen hat. Gleichwohl: Unter der Asche des verloschenen Feuers in den eigenen vier Wänden glimmt noch das Begehren. Häufig ist es ein Seitensprung, der klar macht, dass die erotischen Gefühle nicht abhanden gekommen sind, sondern sich woanders hin bewegt haben.
An dieser Stelle stellen sich weitere Fragen:

- Ist es nicht sowieso der Lauf der Dinge, dass die Sexualität zwischen Liebenden mit den Jahren abnimmt?
- Wie wichtig ist ihnen der Sex?
- Lohnt es sich, für das erotische Begehren zu kämpfen und sich dafür zu verändern?
- Kann man Erotik überhaupt beeinflussen?
- Kühlt die erotische Beziehung nicht natürlicherweise aus?

Natürlich? Hier ist ein Bild hilfreich: die Schwerkraft. Sie ist auch natürlich – Gegenstände fallen durch die Gravitation nach unten. Es sei denn, man aktiviert Gegenkräfte. Man kann Dinge wieder aufheben, man kann sie bewegen, kann mit ihnen jonglieren und, wenn es drauf ankommt, sogar zum Mond schießen. Ähnlich ist es bei der Erotik: Wir können sie zu Boden fallen lassen. Und dann liegt sie da. Es trifft also zu: Wenn wir nichts tun, wird Erotik von selbst schlechter. Oder wir heben sie auf, sehen sie uns neu an. Und wenn wir wollen, können wir jonglieren. Wenn wir wollen ...

Den Teufelskreis der Unlust durchbrechen

Genau darum geht es in diesem Buch. Es zeigt Ihnen Möglichkeiten auf, das erotische Begehren neu zu entfachen und das vermeintliche Schicksal nicht einfach hinzunehmen. Sich zu lieben und dabei das erotisches Feuer ausgehen zu lassen, ist eine Entscheidung des Paares und keine natürliche oder zwangsläufige Entwicklung in einer Beziehung.

Die langjährige praktische Arbeit als Paartherapeut mit sexuell unzufriedenen Paaren hat mir gezeigt, dass es möglich ist, den Teufelskreis der Unlust zu durchbrechen: Er hat keine Lust, weil sie nicht so Lust hat wie er, weil er nicht so Lust hat wie sie ... Es geht: Auch nach vielen Jahren gemeinsamen Lebens können Paare wieder richtig neugierig aufeinander werden und ihre Beziehung neu entdecken.

Ein paar der Gründe, warum der erotische Traum unerfüllt bleibt, sind offensichtlich: Alltagsstress und Alltagssorgen, die Kinder, der Beruf, die gesellschaftlichen Verpflichtungen. Davon wird hier nur am Rand die Rede sein. Denn eine weitaus wichtigere Rolle als diese wenig geheimnisvollen Gründe spielt ein zentraler Widerspruch. Und der macht die Musik aller erotischen Beziehungen aus.

Der große Unterschied

Ehe Paare Partner werden, sind sie sexuelle Individuen. Wenn wir uns als Liebespartner begegnen, treffen wir mit verschiedenen sexuellen Profilen aufeinander. Wir bringen unsere Vorlieben, Erwartungen, Befürchtungen und Erfahrungen mit. Dieser Unterschied spielt am Anfang meist kaum eine Rolle, weil der Taumel der Verliebtheit alles Trennende verwischt. Da sind wir nur Liebende, keine abgegrenzten Individuen. Aber wenn wir länger zusammen sind, meldet sich das individuelle Profil zurück. Nach einer Weile des Zusammenlebens stellen wir dann oft fest, wie verschieden wir sind. Manches passt, manches ist auch unwichtig, aber manches passt auch gar nicht. Früher oder später sehen wir uns dann einem widersprüchlichen Phänomen gegenüber: Wir lernen uns immer besser kennen und auch lieben, aber sexuell entfernen wir uns immer weiter voneinander.

In den folgenden Kapiteln finden Sie bewährte Vorschläge, wie sich dieser Widerspruch nutzen lässt. Ich werde Ihnen Anregungen geben, wie Sie den Liebes- und Beziehungsfallen entkommen können, die einem befriedigenden erotischen Leben im Weg stehen. Um diese Ideen zu illustrieren, berichte ich auch von Paaren aus meiner Praxis, die sich an mich gewandt haben, weil das sexuelle Unglück die Beziehung zu bedrohen begann. Auf manche Geschichten komme ich öfter zurück, manche tauchen hingegen nur einmal auf.

Liebes-Coach Sam

Begleitet und ergänzt werden die Paargeschichten von Sam. Als »guter Geist der Erotik« macht sie Ihnen anschaulich, welche Möglichkeiten Sie haben, sich als Paar aus den Fesseln der sexuellen Langeweile zu befreien. Sam steht mit Rat und Tat zur Seite, erklärt, erläutert und weist Wege aus der Sackgasse. Als guter Geist unterstützt Sam Sie auf der Entdeckungsreise zu einer besseren Erotik. Dabei kommentiert Sam meine Vorschläge. Sam ist manchmal vorlaut und frech, manchmal skeptisch, manchmal gibt sie Tipps. Und Sam hilft Ihnen, gelegentlich innezuhalten und sich selbst die rich-

Sam erklärt:

Als Liebes-Coach schätze ich die direkte Sprache!

tigen Fragen zu stellen. In diesem Buch ist Sam dafür da, den Unterschied zu machen. Sam versteht sich als erotische Kommunikationsberaterin. Denn Kommunikation umfasst weit mehr, als nur miteinander zu sprechen.

Vielmehr geht es um solche Fragen:

- Wie bringe ich meinen Partner dazu, überhaupt erst einmal mit mir ins Gespräch zu kommen?
- Wie lade ich erfolgreich zum erotischen Austausch ein?
- Wie gelingt es uns, einander unsere sexuellen Fantasien zu offenbaren, selbst wenn das den anderen bedrohen könnte?
- Welche Vereinbarungen können wir treffen, um uns langsam anzunähern, ohne den anderen gleich zu überfordern?
- Wie können wir unsere Unterschiede positiv für unser Sexualleben nutzen?

Das Spiel mit den erotischen Unterschieden

Mit der Betonung der Unterschiede verlasse ich die Sichtweise der gängigen Sexualratgeber, die auf die **Gemeinsamkeit** der partnerschaftlichen Sexualität ausgerichtet sind. Mein Ansatz betont stattdessen das Spiel mit den erotischen **Unterschieden:** Wie können wir mit unseren Unterschieden spielen? Wie können wir diese Unterschiede nutzen? Welchen Unterschied macht eigentlich der Unterschied?

Ich verabschiede mich zudem von der traditionellen Sicht auf sexuelle Probleme. Danach beruhen sexuelle Schwierigkeiten wie Lustlosigkeit oder Erektionsstörungen auf einem Mangel, einem Nicht-**Können**. Demgegenüber betone ich die Perspektive des **Wollens:** Wer in langjährigen Beziehungen Sexualität leben möchte, muss eine erotische Kultur entwickeln, in deren Mittelpunkt das Wollen, nicht das Können steht: Wie will ich? Wie willst du? Wie wollen wir gemeinsam?

Die Sexualität des Begehrens

Mit meinem Entwurf einer »Sexualität des Begehrens« lade ich die Partner dazu ein, das eigene sexuelle Profil, die eigenen Wünsche und Sehnsüchte wieder in den Mittelpunkt zu rücken. Ich verzichte darauf, jemandem Defizite und Mängel zu unterstellen, die bisher dazu geführt haben könnten, sexuell unglücklich zu sein. Ich stelle nicht die sexuelle Funktion in den Mittelpunkt und die Frage, ob es sexuell »klappt« oder nicht. Technik interessiert in einer »Sexualität des Begehrens« zunächst nicht. Gekonntes Streicheln, ein verbessertes Vorspiel oder ein verzögerter Orgasmus sind hilfreich, garantieren aber keine sexuelle Lust, wenn sie nur technisch vollzogen werden. Stattdessen will ich zeigen, wie sich die Möglichkeiten der erotischen Kommunikation nutzen lassen, um die Entwicklung der erotischen Paarkultur zu beflügeln. Dafür richte ich den Blick bevorzugt auf die erotischen Unterschiede. Erst sie machen den Reiz unserer erotischen Gemeinsamkeit aus.

Ich möchte all jene erreichen, die nach den ersten leidenschaftlichen Monaten und Jahren spüren, dass ihr sexuelles Interesse aufeinander nachlässt – obwohl sie sich lieben. Ich möchte die Leserinnen und Leser ansprechen, die ein neues Kapitel in ihrer erotischen Beziehung aufschlagen wollen. Wer sich einladen lässt, eine neue Sicht auf das eigene Sexualleben auszuprobieren, wird überrascht über die Chancen sein, die die neue Perspektive bietet.

Vom Verbot übers Gebot zur Selbstbestimmung

Die Ursachen für sexuelle Unlust und Unzufriedenheit mögen vielfältig sein. Meist ändern sie jedoch nichts an unserem Wunsch nach einem erfüllenden Sexualleben. Die meisten Menschen glauben fest daran, dass Sex ein wichtiger Teil der Partnerschaft sei. Wir sind überzeugt, dass ein ausgeglichenes Sexualleben uns auch im sonstigen Leben voran bringe und das Wohlbefinden stärke – wir haben hohe Ansprüche an unsere Sexualität. Wir erwarten auf jeden Fall mehr als nur den eigentlichen sexuellen Akt. Leicht fühlen wir uns dann unter Druck gesetzt, wenn im Bett nicht alles so läuft, wie wir es erhoffen. Stets orientieren wir uns dabei auch an unserer gesellschaftlich-kulturellen Umgebung. Was ist erlaubt? Was ist verboten? Was ist erwünscht? Was ist verpönt?

Der Wandel der sexuellen Normierung

Die Antworten auf diese Fragen haben sich in den vergangenen vier Jahrzehnten stark gewandelt. Sexuelle Werte und Normen haben sich verschoben. Die Kultur des sexuellen Verbots und der sexuellen Normierung (Was ist normal? Was ist pervers?) hat sich in den 1960er und 1970er Jahren in eine Kultur des Gebots und der Leistungsorientierung verändert. Bis dahin war z. B. außerehelicher Verkehr oder Homosexualität gesellschaftlich geächtet. Nun ging es darum, sexuell etwas zu leisten, sexuell attraktiv und einfallsreich zu sein – und die alten Normen und Werte möglichst weit hinter sich zu lassen. In den 1980er Jahren wiederum galt es, sich sexuell wieder stärker zu beschränken. Das HI-Virus und AIDS verstörten unser Sexualleben. Die »freie« Liebe zu leben, war plötzlich nicht mehr selbstverständlich, sondern unvernünftig und riskant. Sexualität verbanden wir nunmehr mit Ängsten und Gefahren. Eine neue Vorsicht machte sich breit. »Drum prüfe, wer sich ewig bindet« bekam wieder eine neue Bedeutung. Aber neben der Treue gab es schließlich auch Kondome ...

Im Lauf der Zeit veränderten sich die Szenarien. In den 1990er Jahren war es möglich, dass viele erotische Lebensentwürfe friedlich nebeneinander existierten. Ob schwul, hetero- oder asexuell, jedem ist es heute erlaubt, nach eigenem Geschmack und eigenen Wünschen glücklich zu werden. Auch mit HIV haben wir gelernt zu leben. Außer den drei Tabus Sexualität mit Kindern, sexuelle Gewalt und Inzest gilt inzwischen alles als erlaubt.

Es gibt keine Normen, die die Partner in ihrer Entscheidung beschränken. Vorausgesetzt, sie haben sich verständigt und sind sich einig. Wir können wählen zwischen verschiedenen Formen der Sexualität, Praktiken und Lebensformen. Ausschweifung ist genauso möglich wie Enthaltsamkeit. Wir dürfen heute sogar keine Lust haben – und stoßen damit meist auf Verständnis. Unsere Sexualität ist weitgehend frei von äußeren Einschränkungen.

Die Schwierigkeiten mit der Freiheit

Diese neue Freiheit erleichtert es uns, eigenverantwortlich zu handeln. Zugleich fordert sie uns heraus: Wir müssen uns, ganz und gar selbstbestimmt, darüber klar werden, wofür wir uns in all der Vielfalt entscheiden wollen. Nicht mehr die Eltern, die Kirche oder der Staat und seine starre Gesetzgebung sind für unser Handeln als Erwachsene verantwortlich: Wir selbst entscheiden, wie wir uns lieben und wie wir unser Begehren zeigen. Die Orientierung für unser erotisches Leben müssen wir in uns selbst suchen und finden. Suchen wir außen nach Orientierung, sind wir verloren. Wir stoßen auf eine unübersehbare Vielzahl von Meinungen und Ansichten, die mehr verwirrt als hilft.

Angesichts der vielen Meinungsanbieter ist es uns überlassen, ob wir uns an ihnen orientieren. War früher die Zeitschrift »Bravo« das Leitmedium für die pubertierende Generation, ist das Heft heute allenfalls eine Stimme unter vielen. Auch die Kirche liefert weiterhin Orientierungsangebote. Genauso versuchen es die Bundeszentrale für gesundheitliche Aufklärung, die AIDS-Hilfe, der Biologieunterricht, der Freund mit dem Zugang zu Pornoseiten im Internet oder andere Verbreiter sexueller Informationen. Hinzu kommen mediale Ikonen, die zu Vorbildern werden: Der Berliner Bürgermeister outet sich als schwul. Die Musikerinnen Madonna und Britney Spears küssen sich öffentlich auf der Bühne. »Metrosexuelle« Männer wie Boris Becker oder David Beckham schmücken sich mit weiblichen Attributen und verwischen die Grenzen zwischen den Geschlechtern.

Die Suche nach Orientierung findet in einer Umgebung aus vielen Überzeugungen und ungezählten Möglichkeiten statt. Fließende Übergänge zwischen Wertvorstellungen und Werbeästhetik liefern nur ungenügende Anhaltspunkte für individuelles Verhalten. Wer hat Recht? Woran können wir uns orientieren, wenn fast alles erlaubt ist? Selbstbestimmte sexuelle Freiheit lässt sich jedenfalls nur nutzen, wenn wir den Verlust der Eindeutigkeit verschmerzen können und stattdessen lernen, die Mehrdeutigkeit zu begrüßen.

Vier scharfe Botschaften

Den Partner oder die Partnerin am Anfang der Beziehung zu begehren, fällt kaum jemandem schwer. Das sexuelle Begehren bahnt häufig die Beziehung überhaupt erst an. Doch mit der Zeit erfahren wir, dass Sexualität nicht vom Himmel fällt, egal ob wir zufrieden damit sind oder nicht. Guter Sex erfordert, dass wir selbst bewusst aktiv und aufmerksam sind.

Wenn jedoch alles geht, geht oft auch nichts, wenn keiner den Anfang macht. Einer muss sich entscheiden, die sexuelle Unzufriedenheit nicht länger hinzunehmen. Einer fängt an und beginnt, unter verschiedenen Möglichkeiten zu wählen. Sex an einem ungewöhnlichen Ort? Ein Gespräch über sexuelle Erfahrungen in der Vergangenheit? Sex, wie ich ihn schon immer erträumt habe? Ganz ohne Reden geht das nicht. »Gras wächst nicht schneller, wenn man daran zieht«, ist das Bekenntnis derjenigen, die schweigend darauf warten, dass sich das mit dem Sex schon ergeben wird. Aber ähnlich wie das Glück des Tüchtigen eben nur dem Tüchtigen zufällt, entwickelt sich Erotik eher bei denjenigen, die Entscheidungen treffen. Entscheidungen, sich zu offenbaren. Entscheidungen, beim Partner nicht nur das Erwartete, sondern auch das Beunruhigende wahrzunehmen. Entscheidungen, erotische Risiken einzugehen. Damit kommen wir zur **ersten Botschaft** dieses Buchs:

> Erotik braucht Entscheidungen. Gerade in längeren Beziehungen ergeben sich erotische Momente kaum spontan. Vielmehr entscheiden sich die Partner, wie aktiv sie ihre Erotik gestalten wollen.

Darum geht es im Kapitel »Vom Können und Wollen«, ab Seite 34. Im Sinn des Erlaubten ist relativ viel möglich. Doch nicht alles Erlaubte ist individuell gleich viel wert. Beide Partner müssen für sich und gemeinsam entscheiden, wie sie sich entwickeln wollen. Im ersten Schritt heißt es dafür, Farbe zu bekennen. Beide wollen den Zustand sexueller Unzufriedenheit nicht mehr länger hinnehmen. Ist das Eis gebrochen, bietet es sich an, dem anderen mitzuteilen, wie denn die erotische Freiheit genutzt werden könnte. Will der eine mehr Handlungsfreiheit probieren, muss der andere dazu einladen – ohne dass er oder sie sich durch diese Initiative bedroht fühlt. Diese Einladung muss den anderen ins Boot holen und gleichzeitig die eigenen Interessen fördern: »Ich habe wieder einmal Lust auf ...«, »Was hältst du von ...?«, »Lass uns probieren ...« Die Kunst liegt darin, Farbe zu bekennen und sich gleichzeitig Rückzugsmöglichkeiten offen zu halten.

Sams Wegweiser:

Lieber charmant als ungalant – fünf Tipps, wie du deinen Partner zum erotischen Gespräch einladen kannst – und wie besser nicht!

1. Verführen statt einklagen

Nie machst du Sex mit mir! ☒

Du bist so ein guter Liebhaber! Zeig's mir! ☑

2. Aktiv werden statt abwarten

Wenn du halt nichts machst, mache ich auch nichts! ☒

Ich habe ein Öl mitgebracht. Darf ich dir eine Massage anbieten? ☑

3. Neugierig statt besserwisserisch sein

Eine gute Partnerschaft braucht mindestens dreimal pro Woche Sex. Also heute! ☒

Was würdest du denn gern mal mit mir ausprobieren? ☑

4. Wertschätzen statt bewerten

Du bist immer so fordernd! ☒

Mir gefällt, worauf du mich neugierig machst! ☑

5. Unverbindlich anbieten statt Druck ausüben

Jetzt habe ich was vorgeschlagen – nun müssen wir aber auch! ☒

Ich habe eine Idee, was hältst du davon? ☑

Freiheit will gestaltet sein. Der Mut, sich zu seinen erotischen Wünschen zu bekennen und sich zu öffnen, sich vielleicht auch zu entblößen, ist der erste Schritt. Mit der Entscheidung, Farbe zu bekennen, nehmen wir endgültig Abschied von der Erwartung, spontane erotische Begegnungen könnten uns aus dem Stillstand heraus führen.

Neben der eigenen Entscheidung gibt es auch äußere Umstände, die das Sexualleben verändern können: Kinder, die geboren werden und aus dem Duett ein Trio machen. Erkrankungen oder Unfälle, nach denen das gemeinsame Sexualleben anders aussehen muss als gewohnt. Ein Wechsel des Arbeitsplatzes oder ein Umzug setzen der Beziehung oftmals so stark zu, dass sie auch die

Erotik beeinflussen. Aber nicht unbedingt negativ! Wem es gelingt, diese Situationen zu nutzen, kann dem erotischen Leben eine neue Wendung geben. Um in der Erotik neue Wege zu beschreiten, sollte man darüber reden, wohin die Reise gehen soll. Wenn der eine den anderen zu dieser Reise einlädt, ist es wichtig, die Wünsche und Sehnsüchte des anderen einzubeziehen. Das vergrößert die Chancen, dass die Reaktion positiv ist – nicht völlig an den anderen Bedürfnissen vorbei, nicht völlig vom anderen Stern.

Auf diese Weise machen wir erstmals einen Unterschied. Wir denken uns unabhängig vom Partner. Und: Wir denken den Partner unabhängig von uns. Was könnte er oder sie wollen? Schon das zu überlegen, grenzt uns voneinander ab. Wir denken dann unsere Sexualität nicht mehr als »wesensgleich«. Wir suchen danach, worin wir uns unterscheiden. Das führt zu meiner **zweiten Botschaft** in diesem Buch:

> Zwei Partner haben zwei unterschiedliche erotische Profile. Die Lust an diesem Unterschied kann erotische Spannung erzeugen.

Das erotische Profil setzt sich aus den Erfahrungen (Was habe ich bereits erlebt?), den Fantasien (Welche erotischen Bilder geistern durch meine Vorstellungswelt?) und Wünschen (Was möchte ich gern erleben?), den erotischen Fähigkeiten und Fertigkeiten (Wie viel Verführungskunst habe ich auf Lager?) sowie dem aktuell gelebten Sex (Wie verhalte ich mich in meiner Liebesbeziehung?) zusammen. Im Kapitel »Lust auf den Unterschied«, ab Seite 62, erörtern wir genauer, was ein erotisches Profil ausmacht und wie Partner mit diesem Unterschied umgehen können, um erotisch zu profitieren.

Ob wir Lust auf den Unterschied bekommen, hängt davon ab, ob wir uns tatsächlich erlauben, als Liebende verschieden zu sein.

Zwar erkennen wir im Alltag Unterschiede recht schnell an, bewerten sie aber oft als störend. Sie führen zu Konflikten und Auseinandersetzungen. Sexuell richten wir uns deshalb häufig in der Komfortzone des kleinsten gemeinsamen erotischen Nenners ein. Sexuell zählt dann nur die Gleichheit als Währung. Den Unterschied vernachlässigen wir, denn er ist bedrohlich. Beschränken wir uns aber ausschließlich auf unsere Gemeinsamkeiten, erzeugen wir selbst die Lustlosigkeit, die wir beklagen. Erst wenn wir uns auf den Unterschied besinnen, schaffen wir die Spielräume, in denen wir uns erotisch entwickeln können.

Meist unausgesprochen einigen wir uns jedoch auf eine komfortable Schnittmenge sexueller Bedürfnisse, mit denen wir die Grenzen der Gleichheit abstecken. Es gehört zum guten Beziehungston, dass wir die Grenzen des Partners respektieren. Das ist anständig. Aber damit verzichten wir auch auf eine besondere Entwicklungschance. Nur wenn wir es wagen, manchmal zum sexuellen Grenzverletzer zu werden, können wir gemeinsam Neuland betreten.

Gleich und Gleich gesellt sich gern: die romantische Liebe

Dass Liebende sich gleich oder zumindest sehr ähnlich sein sollen, ist auf das Ideal der Übereinstimmung aus der Zeit der Romantik zurückzuführen. Dieses Ideal ist also historisch noch nicht so alt. Aber es ist bis heute die Königin der Beziehungen. Sie hat diesen Platz durch alle Anfechtungen gehalten. Affären, Untreue und Betrug haben das Ideal der romantischen Liebesbeziehung nicht gefährden können. Relativ unbeeindruckt von Enttäuschungen und unbeirrt von alternativen Lebensformen nennen bei empirischen Untersuchungen über 90 Prozent der Befragten die romantische Liebensbeziehung, also die ausschließliche und lebenslange Beziehung, als ihr Ideal. Wir leben in einem eigenartigen Wider-

Die romantische Liebe

- Liebe und Sexualität gehören zusammen.
- Romantische Liebe wird durch dauerhafte Bindung ausgedrückt.
- Das Gefühl entsteht von selbst, wenn jemand den Menschen trifft, für den diese Liebe bestimmt ist.
- Jede gezielte Beziehungsanbahnung und sämtliche Bemühungen, korrigierend in den Beziehungsverlauf einzutreten, sind künstlich und deplatziert.
- Es gibt nur die eine wahre Liebe mit dem einen Menschen.
- Diese Liebe gibt die Chance, in seiner Einzigartigkeit anerkannt zu werden, verbunden mit einer sehr hohen Glückserwartung an die Beziehung.
- Erst eine wechselseitig erwiderte Liebe wird zur »wahren« Liebe.

spruch: Bestenfalls die Hälfte aller heutigen Paarbeziehungen lebt konsequent, dauerhaft und ausnahmslos die sexuelle Treue. Und noch weniger tun dies, »bis der Tod sie scheidet«. Der empirische Normalfall ist die Endlichkeit der meisten Liebesbeziehungen. Der romantische Normalfall dagegen ist der Neustart in die Ewigkeit, die Liebe immer will. Die Liebe widersetzt sich dem besseren Wissen. Liebende sind immun gegen Erfahrung.

Die Romantiker erheben die emotionale Verbundenheit zwischen den Partnern zum entscheidenden Kriterium. Die »wahre« Liebe zwischen zwei Auserwählten begründet einen »Bund fürs Leben«. In freier Wahl gibt das mächtige Liebesgefühl den Ausschlag, wer für wen bestimmt ist. Dabei erfüllt der Partner oder die Partnerin sämtliche Wünsche, befriedigt alle Bedürfnisse und stillt die Sehnsucht, mit dem einen Wesen zu verschmelzen, das genauso denkt und fühlt und handelt.

Diese Aussicht, diese Hoffnung auf den einen erfüllenden, den »wahren« Traumpartner bewegt uns auch heute noch. Der Wunsch nach der oder dem einen, der oder die uns rundum glücklich macht, wirkt als großer Ansporn für eine oft intensive Suche. Die idealisierende Vorstellung setzt die Maßstäbe dafür, ob wir eine Partnerschaft als erfüllend wahrnehmen oder nicht. All die Vorstellungen, dem einen »Traumpartner« zu begegnen, eine »Hochzeit in Weiß« zu feiern, einander »blind« zu verstehen, sich dabei aber die Wünsche »von den Augen abzulesen«, »bis dass der Tod uns scheide«, üben eine große Macht auf unsere Sehnsüchte aus.

Unterschiede ziehen sich an

Sich darauf einzulassen, anders als der geliebte Partner zu sein, bedeutet nicht, dem romantischen Liebesideal abzuschwören. Vielmehr ist es sinnvoll, die Gleichheit durch die Unterschiede zu ergänzen. Die sichere Nische des kleinsten gemeinsamen erotischen Nenners zu verlassen, ist kein leichter Schritt. Eventuell sind wir verunsichert – und möchten doch lieber bei der vertrauten Lustlosigkeit bleiben. Sie ist ein Hort der Stabilität. Damit kennen wir uns aus. Wir haben uns ja die ganze Zeit darin eingerichtet.

Verunsicherung spüren wir aber auch, weil wir nicht wissen, wie wir mit der Reaktion des Partners umgehen sollen. Vielleicht reagiert er unerwartet verstört und zurückweisend – oder aber drastisch uneinfühlsam: »Sehr schön, dass auch du endlich drauf kommst, was wirklich gut ist. Hab ich es dir nicht schon immer gesagt?« So sehr wir versuchen, die Reaktion des Partners vorwegzunehmen, so sehr ist der Partner für Überraschungen gut. So vertraut eine Beziehung auch ist, es gibt keine obere Kennenlerngrenze. Genauer betrachtet werden wir nie an den Punkt gelangen, an dem wir alles vom Partner wissen. Stattdessen können wir sicher sein, dass der andere Facetten hat, die uns bisher verborgen geblieben sind. Das können erotische Ressourcen und Fähigkeiten sein, aber auch unangenehme und schwache Seiten.

Die bisherigen Muster verlassen

Mit dieser Sicht auf den Partner lassen wir die uns bekannten, gemütlichen Wahrheiten hinter uns. Nun erwarten wir neue Einblicke – und plötzlich stellen sich wieder unbehagliche Gefühle und bange Fragen ein. Fast so wie damals, als wir uns ineinander verliebten. Lassen sich Paare auf den Unterschied ein, können sie mit einem Mal nicht mehr erwarten, dass der Partner jede Idee gleich mit Begeisterung aufnimmt. Dennoch muss unsere Einladung, sich sexuell weiter zu entwickeln, über die bisherigen, vertrauten Muster hinausweisen. Die haben ja zur sexuellen Langeweile geführt. Nur im Aufbruch zu neuen Ufern können wir damit rechnen, dass sich das erotische Leben langfristig verändert. Nur dann machen wir wirklich einen Unterschied zu vorher.

Ich will hier nicht verschweigen: Sich auf den Weg zu machen und sich zu verändern, ist anstrengender, als sich nicht zu verändern. Ein solcher Schritt enthält auch das Risiko, damit zu scheitern. Wägen Sie ab: Erotische Entwicklung gibt es nicht mit Sicherheitsgarantie. Wie wir das Andere in unsere Liebesbeziehung einlassen, hängt auch von den Antworten auf folgende Fragen ab:

- Kann ich es mir vor meinem Partner erlauben, anders zu sein? Anders, als mein Partner mich kennt?
- Was denke ich, wie mein Partner reagiert?
- Reagiere ich gekränkt und beleidigt, wenn sich mein Partner anders zeigt als erwartet?
- Erlaube ich dem Partner, anders zu sein?
- Ertrage ich, dass mich der andere befremdet?
- Will ich mit den Wünschen meines Partners wirklich konfrontiert werden?
- Möchte ich mit einer bislang unbekannten Seite meines Partners leben, von der ich vielleicht später denke, dass sie mir besser verschwiegen geblieben wäre?

Halten wir an der Gleichheit fest, erzeugen wir fortgesetzt Lustlosigkeit. Bekommen wir Lust auf den Unterschied, bringen wir erotische Spannung in die Beziehung zurück. Die will gestaltet sein. Erotische Spannung ist kein fossiler Rohstoff, den wir nur abbauen müssen. Es handelt sich um eine Ressource, die durch unsere weiteren Aktivitäten veredelt wird. Als Zutaten brauchen wir dafür Neugier, Experimentierfreude und einen ausgeprägten Spieltrieb.

Das Spiel kommt ins Spiel

Das ist ein bedeutsamer Punkt. Um uns einen Unterschied zu erlauben, brauchen wir das Spiel. Unterschiede erfreuen uns nicht sofort. Die spielerische Haltung hilft uns, Mehrdeutigkeiten besser zu ertragen. Gleichheit hängt eng zusammen mit dem Wunsch nach Eindeutigkeit. Lassen wir Unterschiede zu, bereichern wir die erotische Beziehung um Mehrdeutigkeiten. Nicht Vorhersehbares wird Teil der Beziehung: Wie findet mein Partner die Einladung zu mehr erotischer Spannung? Wird er auf das Angebot eingehen? Werde ich ihn abschrecken? Durch diese Fragen merken wir, dass wir auch selbst weniger eindeutig sind, als wir uns zugestehen.

Wenn wir uns darauf einlassen, erotische Spannung spielerisch zu gestalten, gestatten wir uns, zu probieren – und alles rückgängig zu machen, wenn es uns nicht passt. Wir lassen offen, was entsteht, und geben uns der Vielfalt der Möglichkeiten hin, die sich bieten. Im Spielmodus geben wir auch einen Teil der Handlungskontrolle auf. Wir überlassen dem Partner seinen Teil der Verantwortung. Wir hören auf, zu rücksichtsvoll und auf Gegenseitigkeit bedacht zu sein. Wir unterlassen es, erotische Wünsche auf einem Niveau zu regulieren, auf dem wir nicht anecken. Stattdessen fordern wir den anderen heraus. Wir warten neugierig auf die Reaktionen. Das führt mich zu meiner **dritten Botschaft**, die im Kapitel »Neugier trotz Bekanntheit«, ab Seite 152, ausgeführt wird:

Zu gutem Sex gehört der Mut zum Spiel und eine Haltung der Neugier: Es gibt immer noch etwas Neues zu entdecken.

Das erotische Spiel muss aktiv inszeniert werden. Der Ernst kommt von selbst in die Beziehung. Unser lustloses Sexualleben macht uns das täglich klar. Mit einer gezielt gestalteten erotischen Situation geben wir dem Partner ein Signal, dass wir uns nicht mit dem Stillstand abfinden wollen. Wir übernehmen die Verantwortung für unseren Teil der erotischen Ungleichung.

Sam:
Warte nicht, bis du Lust zum Spielen bekommst! Wenn du aus der Übung mit deiner Lust bist, kannst du lang warten. Spiele schon mal! Die Lust kommt dann von allein.

Nicht selten rufen solche Einladungen Irritationen hervor. Bei uns und unserem Partner. Wir sind irritiert, weil wir die Inszenierung zunächst als unecht erleben. Alles ist erzeugt, ausgedacht, rational berechnet. Das erscheint uns im Zusammenhang mit Liebesgefühlen befremdlich. Bezogen auf Sex finden wir es sogar oft unnatürlich, wenn erotische Momente geplant und vorhersehbar erzeugt werden.

Unser Partner ist irritiert, weil auf einmal der tägliche Trott, die erotische Routine in ein neues Spannungsfeld gerät. Beim Partner tauchen vielleicht Fragen auf: »Was mache ich mit einem solchen Angebot?«, »Gestehe ich ein, dass ich irritiert bin? Oder nutze ich die Chance, etwas Neues zu erleben?« Je nachdem, wie der Partner reagiert, sind wir herausgefordert, das Spiel fortzusetzen – oder uns ein neues auszudenken, wenn der erste Versuch daneben ging.

Test 1: Meine erotische Spielbereitschaft

Prüfen Sie selbst! Die folgenden Aussagen testen, wie ausgeprägt Ihre Bereitschaft ist, sich auf ein erotisches Spiel einzulassen. Den Test kann auch Ihr Partner ausfüllen. Achten Sie auf die Gemeinsamkeiten und die Unterschiede.

	Trifft genau zu	Trifft teilweise zu	Trifft wenig zu	Trifft nicht zu
Ich freue mich, wenn mein Partner sich einmal anders verhält, als ich es gewohnt bin.	O	O	O	O
Ich überrasche meinen Partner hin und wieder mit neuen sexuellen Ideen.	O	O	O	O
Ich ertrage es gut, wenn mein Partner nicht gleich alles mitmacht, was ich vorschlage.	O	O	O	O
Ich bin interessiert daran, bisher ungewohnte Sexstellungen auszuprobieren.	O	O	O	O
Ich bin bereit, meinem Partner auch einmal einen sexuellen Gefallen zu tun.	O	O	O	O
Ich finde es angenehm, auch einmal in eine andere als die gewohnte Rolle schlüpfen zu können.	O	O	O	O
Ich ziehe es vor, überrascht zu werden, statt immer das Gleiche zu erwarten.	O	O	O	O
Ich hätte gern mehr Ideen, was wir erotisch ausprobieren könnten.	O	O	O	O
Ich bin bereit, für ein spannendes Spiel auch einen riskanten Zug zu wagen.	O	O	O	O
Ich kann auch mit ungewohnten Situationen gut umgehen.	O	O	O	O

Auswertung von Test 1

1. Schritt: Meine erotische Spielbereitschaft

Geben Sie sich für jedes »Trifft genau zu« 4 Punkte, für jedes »Trifft teilweise zu« 3 Punkte, für jedes »Trifft wenig zu« 2 Punkte und für jedes »Trifft nicht zu« 1 Punkt.

Meine Punktzahl: ......

- ▸ unter 10: Sie haben nicht alle Fragen beantwortet oder einen Fehler bei der Auswertung gemacht. Überprüfen Sie Ihre Angaben und die Auswertung.
- ▸ 10 bis 20: Ihre erotische Spielbereitschaft ist im Moment in einem ruhigen Zustand. Sie haben also gute Aktivierungsmöglichkeiten. Lesen Sie weiter!
- ▸ 21 bis 30: Sie verfügen über eine gut ausgeprägte erotische Spielbereitschaft. Damit können Sie schon einiges anfangen. Gleichzeitig ist nach oben noch Platz für Entwicklung.
- ▸ 31 bis 40: Sie sind ein großer erotischer Spieler und Freund der erotischen Überraschungen.

2. Schritt: Die erotische Spielbereitschaft meines Partners

Lassen Sie jetzt Ihren Partner oder Ihre Partnerin die Testfragen beantworten.

Punktzahl Ihres Partners/Ihrer Partnerin: ......

3. Schritt: Ihre erotische Spielpartnerschaft

Achten Sie auf die Unterschiede zwischen Ihren und den Antworten Ihres Partners! Berechnen Sie den Unterschied!

Unterschied in Punkten: ......

▶ 0 bis 5: In Bezug auf Ihre erotische Spielbereitschaft passen Sie bestens zusammen.
▶ 6 bis 10 mehr als Ihr Partner: Nehmen Sie Ihren Partner mit! Ein kleiner Anstoß reicht.
▶ 11 bis 15 mehr als Ihr Partner: Es sieht so aus, als hätten Sie im Moment die größere Verantwortung, dass erotisch etwas passiert. Es braucht etwas Aufwand, aber es kann sich lohnen.
▶ 16 bis 20 mehr als Ihr Partner: Schauen Sie nach, ob Ihr Partner noch da ist!

Unterschied zwischen Fremd- und Selbsteinschätzung

Die Wegweiser, Ideenkisten und Testaufgaben, die in diesemBuch eingebaut sind, erfüllen am Ende einen gemeinsamen Zweck: Sie sollen das Vorurteil untergraben, alles über den Partner sei bereits bekannt. Denn Fremd- und Selbsteinschätzung müssen nicht übereinstimmen.

Im Verlauf der erotischen Wiederentdeckung wundern Sie sich vielleicht über manche Einschätzungen Ihres Partners. Das ist nicht ungewöhnlich: Denn je länger die Beziehung dauert, je vertrauter wir uns sind, desto berechenbarer erscheinen wir uns. Wir erwarten Übereinstimmung, wo es bei genauerem Hinsehen keine gibt. Wirklich gut kennen wir unseren Partner nur, wenn sich die Ausgangsbedingungen nicht verändern. Das ist z. B. der Fall, wenn uns nur noch der kleinste gemeinsame erotische Nenner verbindet. Wir inszenieren dann immer wieder das gleiche Drehbuch mit dem immer gleichen Resultat: sexuelle Unzufriedenheit.

Ungeahnte Seiten am Partner entdecken

Aus dieser Falle kann uns die erotische Neugier helfen. Und da kann der Partner wieder zum möglichen Objekt eigenen Begehrens werden:

Tatsächlich, so mögen Sie sich fragen, an dem Menschen, mit dem ich seit zehn Jahren das Bett teile, soll es ungeahnte Seiten zu entdecken geben?

»Neugier trotz Bekanntheit« ist das Motto für eine erotisch spannende Liebesbeziehung. Erlauben wir uns, einander ein wenig fremder zu sein, als uns ansonsten lieb ist. Erinnern wir uns wieder daran, wie groß der Reiz des Unbekannten war, als wir uns kennen gelernt haben. Dieser Reiz prägt den Anfang einer Liebe. Häufig geht er auf der Weiterreise verloren. Wir können versuchen, den Reiz zu einem erotischen Baustein der Gegenwart zu machen. Wenn wir so handeln, geben wir den Stillstand zugunsten der Bewegung auf.

Von nichts kommt nichts

Wie jede andere Entwicklung auch, ist eine erotische Entwicklung mit Mühen und Anstrengung verbunden. Beharrende Kräfte versuchen, die alte Komfortzone zu bewahren. Die Sicherheit und Stabilität sexueller Unzufriedenheit gibt niemand kampflos auf. Das Risiko, im erotischen Neuland Sicherheit und Stabilität zu finden, ist kaum berechenbar. Damit bin ich bei meiner **vierten Botschaft** angelangt:

> Jede Veränderung hat ihren Preis. Erotische Entwicklungen in einer Partnerschaft sind mit Risiken verbunden. Allerdings kann es sich lohnen, diese Risiken einzugehen.

Im Kapitel »Das große Aber«, ab Seite 196, sehen wir uns diese Risiken dann einmal genauer an. Ein Risiko der Veränderung könnte beispielsweise sein, mehr zu verlieren als zu gewinnen. Was, wenn die Entscheidung, die sexuelle Unzufriedenheit anzugehen, vom Partner abgelehnt wird? Wir setzen eventuell die Stabilität der Beziehung aufs Spiel und entfernen uns voneinander. Warum sollte unser Partner bereit sein, das Vertraute aufzugeben, wenn das Zukünftige so ungewiss erscheint? Sind wir bereit, die Kosten dieses Risikos zu tragen?

Wenn wir uns auf den Weg machen, unsere sexuellen Unterschiede zu betonen und uns neu kennen zu lernen, riskieren wir außerdem vielleicht:

- den lieben Beziehungsfrieden,
- die manchmal mühsam erhaltene Harmonie,
- die Schüchternheit, die uns zurückhält, unsere Bedürfnisse offensiv zu vertreten,
- das angenehme Schweigen, das wir rund um unsere Sexualität pflegen,
- den Aufwand, uns für den Partner sexuell attraktiv zu machen.

Klar ist nur: ohne Einsatz kein Ertrag. Wir müssen bereit sein, etwas preiszugeben – von uns, von unseren Sehnsüchten, Fantasien und unserem sexuellen Profil. Wie viel davon nötig ist, um erotische Spannung zu erzeugen, müssen wir ausprobieren. Ohne Einsatz allerdings wird sich nichts verändern. Zum Einsatz zählen Zeit, Aufmerksamkeit, Kreativität und Spielfreude. Ohne diese Mittel gibt es kaum eine Chance, Erotik wieder lustvoll zu leben.

Sam:
Nur Mut! Ohne Einsatz kein Gewinn.

Sind wir bereit, unseren Einsatz zu wagen, dann könnte jetzt der richtige Zeitpunkt sein, damit zu beginnen. Alle vier Komponenten für guten Sex trotz Liebe sind jetzt beisammen: Wir müssen uns entscheiden, was wir wollen. Wir brauchen die Lust am Unterschied. Es bedarf der Neugier und der Spielfreude. Wir sind bereit, das Risiko einzugehen, zurückgewiesen zu werden oder gar zu scheitern. Dabei ist es wichtig, uns noch einmal klar zu machen, dass wir manches Alte aufgeben müssen, damit Neues wachsen kann. Baden ohne nass zu werden, ist eine trockene Perspektive. Oder andersherum: Wir werden die erotische Spannung so lange in unserer Liebesbeziehung vermissen, wie wir nicht bereit sind, ein paar eingeschliffene Verhaltensweisen aufzugeben. Das kann heißen: Wir verzichten beispielsweise

- auf vertraute Gewohnheiten,
- auf den Gleichmut, die Dinge geschehen zu lassen wie bisher,
- auf Übersicht und Eindeutigkeit,
- auf Berechenbarkeit des Partners,
- darauf, dem anderen die Verantwortung zuzuschieben,
- darauf, unsere Wünsche zurückzuhalten.

Demgegenüber stehen die Ungewissheiten des möglichen Ertrags. Uns bleibt nur, auf die Kooperation des Partners zu setzen und ansonsten faire Absprachen zu treffen. Und dann – aber erst wenn wir uns zum Einsatz entschieden haben – winken Gewinne:

- mehr sexuelle Selbstbestimmung,
- Sex, der unseren Bedürfnissen entspricht, ohne die des Partners zu verletzen,
- eine Erweiterung unserer Handlungsmöglichkeiten,
- ein höheres Maß an erotischer Spannung,
- mehr Bereicherung durch Seiten unseres Partners, von denen wir bisher nichts wissen wollten.

Sam bringt Kapitel 1 auf den Punkt:

Das sind die »Großen Vier«: Entscheidung, Unterschied, Neugier, Risiko.

Entscheidung

- Jeder entscheidet sich selbstbestimmt für seine Sexualität.
- Einer ergreift die Initiative und trifft eine Entscheidung: So wie bisher soll es nicht weiter gehen.

Unterschied

- Das Paar entwickelt eine neue Lust am Unterschied.
- Das Paar lernt die individuellen sexuellen Profile kennen und nutzt die daraus resultierenden Unterschiede.

Neugier

- Der Schritt ins erotische Neuland braucht den Mut zum Spiel und eine wieder erwachte Neugier auf den geliebten Partner.
- Das Paar verabschiedet sich von der Idee, alles vom Partner sei schon bekannt.

Risiko

- Es kann zu Überraschungen kommen, angenehmen wie unangenehmen.
- Ohne Risiko geht es nicht. Aber: No risk, no fun!

Vom Können und Wollen

Die große Ausrede: »Ich kann nicht«

Nicht können oder nicht wollen ?

Eine großformatige Anzeige der Firma Pfizer, Produzentin des Erektionsmittels Viagra, stellt folgendes Bild dar: zwei Köpfe vor kühl-erotischem Hintergrund. Ein Mann und eine Frau wenden sich im Halbprofil einander zu. Ihre Augen sind geschlossen, die Münder halb geöffnet – kurz davor, einander zu berühren. Die Atmosphäre ist innig. Zwei Denkblasen sagen uns, was sich in ihren Köpfen abspielt. Er denkt: »Ich kann nicht.« Sie denkt: »Er will nicht.«

Ein und dieselbe Situation, zwei Erklärungen des Geschehens. Er möchte gern, kann aber nicht. Der Penis gehorcht nicht dem Kopf. Der Mann fühlt sich schwach und unsicher. Den Ausweg bietet das Medikament. Was wie eine Schwäche aussieht, lässt sich mit einer Tablette beheben. Wäre damit alles paletti? Ironischerweise ja – wenn es die Partnerin nicht gäbe!

Aus ihrer Sicht stellt sich die Sache anders dar: Er will nicht und ist deshalb nicht erregt. Würde ihr Mann sie nur wollen, würde er sie wirklich begehren, gäbe es kein Problem. Sie nimmt die Erektionsstörung persönlich und macht ihn dafür verantwortlich, dass es zwischen ihnen beiden nicht klappt.

Funktionieren und Begehren

Die Pharma-Anzeige verbindet zwei Aspekte des erotischen Verhaltens, an denen sich sexuelle Schwierigkeiten gerade in langjährigen Beziehungen oft entzünden: den Gegensatz zwischen Können und Wollen, zwischen Funktion und Begehren. Die Sicht des Könnens und der Funktion, die der Mann einnimmt, steht im Gegensatz zur Sicht der Frau, die das Wollen und damit das Begehren im Blick hat.

»Ich kann nicht!« eignet sich als Ausrede in verschiedenen Lebensbereichen: Wir nutzen den Satz, wenn wir uns nicht in der Lage sehen, eine bestimmte Anforderung oder Erwartung zu erfüllen, einen Termin zu halten oder eine Aufgabe zu erledigen. Dabei ist es nicht immer völlig eindeutig, ob wir tatsächlich nicht können, weil unsere zeitlichen, körperlichen, finanziellen Möglichkeiten es nicht erlauben – oder ob wir eine Ausrede suchen, weil wir nicht wollen. Die Alltagssprache erlaubt diese Ungenauigkeit, um Hintertüren offen zu lassen. Aber unser Gegenüber kennt diese Hintertür auch – und will umso genauer wissen, was nun gilt.

Auch in der Partnerschaft lässt sich schwaches oder mangelndes Verlangen nach Sex mit dem Satz »Ich kann nicht« begründen. Das hält Enttäuschungen in Grenzen: Es ist dann nicht persönlich gemeint. Es geht eben nicht. Der zurückgewiesene Partner kann das »Nicht-Können« eine gewisse Zeit hinnehmen – im unproblematischen Fall. Das geht so lange, bis er oder sie die Geduld verliert und die Ausflucht nicht mehr gelten lässt. Diese Frustrationsgrenze hängt maßgeblich davon ab, ob die Partner der Ansicht sind, sie hätten es mit mangelndem Können oder mit verweigerten Wollen zu tun.

Funktion – »Ich kann nicht«	**Begehren – »Ich will nicht«**
▶ Ausdruck der körperlichen Funktion	▶ Ausdruck sexueller Wünsche
▶ setzt die Rahmenbedingungen und begrenzt	▶ ermöglicht Spielräume
▶ am »Normalen« orientiert	▶ am Individuellen orientiert
▶ liegt außerhalb der eigenen Verantwortung	▶ liegt in der eigenen Verantwortung

Was »Können« heißt, hängt mit unseren Vorstellungen zusammen, was sexuell gesund und normal ist. Diese Vorstellungen sind auch durch die Sexualwissenschaft maßgeblich geprägt worden. Das berühmte Sexualforscherpaar William Masters und Virginia Johnson hat seine Forschungsergebnisse in einem Modell zusammengefasst: dem sexuellen Reaktionszyklus. Demzufolge läuft die ungestörte, natürliche sexuelle Reaktion in vier Phasen ab:

Der sexuelle Reaktionszyklus nach Masters und Johnson

- **Die Erregungsphase,** während der es beim Mann zur Erektion, bei der Frau zur Lubrikation (Feuchtwerden der Scheide) kommt
- **Die Plateauphase,** während der die Erregung auf hohem Niveau konstant bleibt
- **Die Orgasmusphase,** während der es zum sexuellen Höhepunkt kommt
- **Die Refraktärphase,** während der eine erneute Erregung nicht möglich ist

Wenn man dieses Modell gelten lässt, ist auch schnell definiert, was eine Störung ist:

- Störungen der Erregungsphase: beim Mann Erektionsstörungen, bei der Frau Erregungsstörungen
- Störungen der Plateauphase: frühzeitiger Samenerguss (Ejaculatio präcox)
- Störungen der Orgasmusphase: Orgasmusstörungen

So scheint die Welt der sexuellen Störungen geordnet. Aber dieses Modell ist zu Recht kritisiert worden: Man sieht schnell, dass es ausschließlich am sexuellen Funktionieren, am Können, orientiert ist: Männer müssen beim Sex eine Erektion haben können und sie sollen beim Geschlechtsverkehr nicht zu schnell zum Orgasmus kommen. Frauen sollen erregt sein und feucht werden – und sie sollen dann einen Orgasmus haben. Wenn sie das nicht können, wenn es nicht funktioniert, haben sie eine Störung. Hier werden sexuelle Normen gesetzt – unter der Überschrift der Natürlichkeit: Man kann es richtig machen, dann »klappt es« – andernfalls hat man eine Störung, die dann auch genauso heißt: eine sexuelle Funktionsstörung.

Wer wirklich will, kann trotzdem nicht immer

Solange wir unseren Körper und seine Fehlfunktion heranziehen können, um zu erklären, warum etwas nicht passiert, bewegen wir uns im tolerierbaren Rahmen eines Mangels, den der Partner nicht persönlich zu nehmen braucht: Ich kann eben nicht. Damit bekommt meine Störung den Status einer Krankheit und dann kann von mir auch nicht so viel verlangt werden. Dabei ist es egal, ob die Ursache bei körperlichen oder bei psychischen Störungen gesehen wird. Der Mangel hilft, die eigenen Erwartungen zu reduzieren und nicht über Gebühr enttäuscht zu sein, wenn einmal wieder erotische Funkstille herrscht. Diese Sicht ist für den partnerschaftlichen Frieden in der Beziehung enorm entlastend. Niemand kann etwas dafür, wenn der Körper die sexuelle Erregung versagt. Keiner ist verantwortlich.

Heißt das: Wer wirklich will, kann auch? Natürlich nicht. Ganz abgesehen von körperlichen Krankheiten, Behinderungen und Unfallfolgen gibt es genügend situationsabhängige Gründe dafür, von Zeit zu Zeit sexuell »nicht zu können«, sich nicht erregt zu fühlen, kein Verlangen nach Sex zu haben. Beruflicher Stress, persönlicher Kummer, Belastungen in jedem Lebensbereich können zu bedrückter Stimmung führen, die dann auch das sexuelle Interesse beeinträchtigt.

Ob sich beim Sex eine Erektion einstellt, ob die Scheide feucht wird, ob er oder sie zum Orgasmus kommt oder nicht, das entscheidet der Körper unwillkürlich und ungefragt. Ob sich das Paar dadurch an sexueller Aktivität hindern lässt, entscheiden die beiden Partner, willkürlich und bewusst. Und hier liegt der entscheidende Unterschied, ob man sexuelle Störungen und sexuelle Lustlosigkeit als Probleme des Nicht-Könnens oder des Nicht-Wollens versteht. Wenn ich keinen Sex haben kann, habe ich eine gute Ausrede, hinter der ich mich verstecken kann: Ich bin unschuldig, ich bin das Opfer meiner Störung. Wenn ich keinen Sex haben will, verstecke ich mich nicht, sondern treffe eine Entscheidung.

Sich selbst auf den Zahn fühlen

Wie sieht das bei Ihnen aus? Wie gehen Sie mit dem »Nein« um? Wie klar sagen Sie, was Sie meinen? Wie gern nutzen Sie die Hintertür der Ausrede? Prüfen Sie Ihre eigene Position mit einem kurzen Test. Er soll Ihnen helfen, sich selbst auf den Zahn zu fühlen.

Test 2: Wollen und Können

Nehmen Sie das letzte sexuelle Zusammensein mit Ihrem Partner, das Sie als unbefriedigend empfunden haben.

Beantworten Sie die folgenden Fragen:

- Was genau **konnten** Sie in dieser Situation nicht?
- Was genau **wollten** Sie in dieser Situation nicht?
- Was genau **konnte** Ihr Partner in dieser Situation nicht? (Wenn Sie es nicht sicher wissen: Was vermuten Sie?)
- Was genau **wollte** Ihr Partner in dieser Situation nicht? (Wenn Sie es nicht sicher wissen: Was vermuten Sie?)
- Was haben Sie Ihrem Partner gesagt?
- Was hat Ihr Partner Ihnen gesagt?

Auswertung von Test 2: Denken Sie über Ihre Antworten nach! Was liegt Ihnen näher, sich zum Nicht-Wollen zu bekennen oder sich hinter dem Nicht-Können zu verstecken? Und wie macht es Ihr Partner?

Kündigung der sexuellen Routine: »Nein, ich will so nicht!«

Sobald ein Partner sich nicht mit dem Nicht-Können abfindet, ist das Paar mitten im Konflikt. Hinter der Vermutung »Er will nicht« kann ein starker Konflikt versteckt sein. Die heikle zentrale Frage heißt: Hat es etwas zu bedeuten? Oder hat es nichts zu bedeuten, es klappt halt nicht?

Und wenn es etwas zu bedeuten hat: Ist das Gesagte auch das Gemeinte? »Was willst du von mir, wenn du mich nicht spürbar begehrst? Sagst du mir mit deinem sexuellen Problem, dass du mich nicht mehr liebst? Nein? Was sagst du mir dann?«

Diese Fragen halten Zündstoff für die Beziehung bereit. Zündstoff für böse Botschaften. Denn es kommen ganz andere Facetten zum Vorschein, wenn wir die unschuldige Sicht auf das Funktionieren des Körpers einmal hinter uns lassen. Das Symptom sagt vieles, was wir uns selbst nicht trauen. Mit einem sexuellen Symptom können Vorwürfe und Bosheiten mitgeteilt werden, die nicht direkt ausgesprochen werden, weil sie ausgesprochen verletzend sein könnten.

Was mitgeteilt werden könnte

- Mit einer Störung ihrer sexuellen Erregung kann eine Frau ihrem Mann zeigen: »Deine erotischen Annäherungsversuche erreichen mich nicht.«

- Mit einem vorzeitigen Samenerguss kann der Mann eine Frau in eine sexuelle Nähe locken, um sie, wenn sie sich darauf eingelassen hat, mit ihrer Erregung ins Leere laufen zu lassen: »Ätsch!«
- Mit einer Orgasmusstörung kann eine Frau signalisieren: »Du bist mir nicht männlich genug«, ohne dass sie dies offen sagen muss.
- Eine Erektionsstörung kann jedes mündliche Liebesbekenntnis widerlegen: »Du reizt mich eben doch nicht.«

Solche Mitteilungen tun weh. Erst recht, wenn sie genau so gemeint sind. Und deshalb ist die Verführung ziemlich groß, sich hinter dem Nicht-Können zu verstecken: »Es geht nicht!«,» Es klappt nicht!«, »Ich kann nicht!«

Wenn wir sagen, was wir nicht wollen, haben wir gleich zwei Probleme: Es macht uns angreifbar und verletzlich. Wir geben uns zu erkennen. Und – schlimmer noch – wir verlieren die Unschuld: Wenn wir den Partner mit unserer sexuellen Lustlosigkeit auflaufen lassen, wenn wir sagen, dass wir sein sexuelles Angebot nicht annehmen, dann muten wir ihm eine Kränkung zu. Absichtlich oder unabsichtlich. Die Gemeinsamkeit ist mit einem Mal nicht mehr selbstverständlich.

Die Reaktion meines Partners ist das Problem! Er oder sie könnte gekränkt sein, sich zurückgewiesen fühlen, sich bedroht, abgewertet oder geängstigt fühlen. All das will ich ihm ja nicht antun. Und vor allem ist mir selbst unbehaglich, wenn ich weiterdenke: Was wird er oder sie daraufhin tun? Mir Vorwürfe machen? Sich rächen und mich umgekehrt ebenfalls kränken? Wie lästig, wie unangenehm! Das erspare ich mir lieber und gebe die arglose Auskunft: Ich kann leider nicht. Und wenn mein Partner die Ruhe zwischen uns nicht stören will, nimmt er diese Aussage gern an und glaubt mir.

Das »Nein« zum Sex

Dabei wäre ein »Ich will nicht« der erste Schritt zur Klarheit. Wenn das »Nein« zum Sex heißt: »Mit dir nie und unter keinen Umständen«, dann – ja dann hat diese Partnerschaft ziemlich schlechte Karten. Die Botschaft der sexuellen Störung heißt in diesem Fall: Ich will dich nicht. Keine schöne Botschaft, aber eine eindeutige. Aber »Nein« kann auch heißen: »So nicht!« Diese Praktik nicht, dieser Ort nicht, diese Umstände nicht. Solange ein bestimmter Konflikt schwelt nicht. Solange bestimmte Fragen ungeklärt bleiben nicht. Ein solches Nein definiert den Zugang zum Sex neu. Und es kann der Anfang einer Lösung sein.

Fallbeispiel

Erika kam mit ihrem Mann zu mir in die Paartherapie, weil sie keine Lust auf Sex hatte, weder mit ihrem Mann noch mit anderen Männern oder Frauen. Und auch Selbstbefriedigung praktizierte sie nur sehr selten. Rolf, dem ihre Lustlosigkeit ebenso ein Rätsel war wie ihr selbst, kam auf ihre Bitte mit zur Paartherapie. Er bemängelte ihre fehlende Erregung, sah sie als beeinträchtigt und hatte nicht die geringste Vorstellung, dass ihr sexuelles Problem etwas mit ihm zu tun haben könnte. Dazu hatte sie ihm auch keinen Anlass gegeben, hatte ihm nie ausdrücklich etwas vorgeworfen und an seinem Verhalten kaum etwas ausgesetzt. Rolf war in der Tat ahnungslos. Sie hatten gelegentlich miteinander Verkehr, erlebten ihn aber als sehr unbefriedigend. Ansonsten verstanden sich beide gut. Ihr sexuelles Problem hatte auch nicht zum Streit geführt, keiner hatte dem anderen vorgeworfen, schuld an der Misere zu sein.

Das änderte sich, als ich eine Kleinigkeit aufgriff, die Erika in einem Gespräch eher beiläufig erwähnte. Wenn ihr Mann, der üblicherweise morgens duschte, ausnahmsweise abends unter die Dusche ging, ehe er zu ihr ins Schlafzimmer kam, wusste sie, dass das seine Vorbereitung war, sich ihr sexuell zu nähern. Dieses Signal wirkte völlig antisexuell auf sie. Sie drehte sich auf die Seite und versuchte – natürlich erfolglos – möglichst schnell einzuschlafen. Bis zur Therapie wusste Rolf nichts von dieser Reaktion. Nach einigen Nachfragen rückte sie schließlich damit heraus, dass sie die Sexualität ihres Mannes »so furchtbar hygienisch und unromantisch« fand. Auf Rolfs prompte Frage, was er denn anderes tun solle, reagierte sie verlegen, das wisse sie auch nicht. Erika blieb trotz der gekränkten Irritation ihres Mannes ihrer Position treu und lenkte nicht ein. Neu war jetzt, dass sie nicht mehr sagte: »Ich habe keine Lust«, sondern: »Ich weiß noch nicht, wie ich mir guten Sex vorstelle – aber so wie bisher jedenfalls nicht.«

So nicht! Damit hatte Erika sich zum ersten Mal nicht als die Beeinträchtigte gezeigt, die nicht kann. Jetzt sagte sie: »Ich will so nicht!« Sie riskierte damit, ihren Mann zu kränken, der das als Zurückweisung erlebte. Aber sie nahm das in Kauf und gewann damit erst einmal Freiraum, um für sich weiter zu suchen, was denn genau eine ihr entsprechende Sexualität sein könnte.

Wir kommen später auf dieses Paar und den weiteren Verlauf zurück. Wie sieht das bei Ihnen aus? Lassen Sie es auf eine kurze Probe ankommen, wie leicht oder schwer Sie sich mit dem Nein zum Sex tun! Wie klar teilen Sie Ihr Nein mit?

Test 3: Das unklare Nein

Erinnern Sie sich möglichst genau an die letzte Situation, in der Ihr Partner etwas von Ihnen verlangt oder erwartet hat, das Sie **nicht** mochten – und Sie sich um ein klares »Nein« herumgemogelt haben.

- Was wollte Ihr Partner von Ihnen?
- Was haben Sie darauf gesagt oder getan?
- Wie wäre die ehrliche Antwort gewesen?
- Wie fühlt sich die ehrliche Antwort an?

Wahrscheinlich bemerken Sie, dass Ihnen das ehrliche »Nein, ich will das nicht« mehr Herzklopfen macht als das gemogelte »Nein, ich kann nicht«. In diesem Herzklopfen liegt der Schlüssel zur Entwicklung Ihrer erotischen Selbstbestimmung! Und das ist gut so. Erotik ist auch ein Feld für Mutproben. Es braucht diesen Ruck, in dem Sie sich trauen, Nein zu dem zu sagen, was Ihnen nicht gut tut und was für Sie nicht stimmig ist.

Das Nein ist oft der Anfang. Es schafft zunächst Luft zum Nachdenken. Luft auch für meinen Partner, der ebenfalls Zeit braucht, um sich auf die neue Situation einzustellen. Immerhin hatte er es bisher mit jemandem zu tun, der nicht konnte. Und jetzt plötzlich mit jemandem, der die bisherige sexuelle Routine kündigt.

Welches Ja zu welchem Sex?

Mit der Kündigung des unbefriedigenden Sex sind wir noch nicht beim guten Sex angekommen. Das macht nichts. Es ist angemessen, wenn Sie sich jetzt eine Phase des Suchens gestatten. Eine Phase, in der es zu Irritationen, Unsicherheiten bei beiden Partner kommen kann. Das kann ein paar Wochen dauern. Oder auch Monate. Vielleicht wissen Sie oder Ihr Partner – ähnlich wie Erika – zunächst nicht, was Sie stattdessen wollen.

Eine große Behinderung auf dieser Suche ist die Befürchtung, wie Ihr Partner reagieren könnte. Angenommen, Ihnen wird eine bestimmte Vorliebe deutlicher, die Sie Ihrem Partner zuliebe nicht genannt haben oder sich selbst nicht mehr zugestanden haben, um ihm nicht wehzutun oder um es ihm recht zu machen. Aus Rücksicht haben Sie es mitgemacht, schließlich geht befriedigender Sex nur dann, wenn beide dasselbe wollen – so haben Sie jedenfalls bisher gedacht. Und so sitzt Ihnen immer die Sorge im Nacken, was

Ihr Partner denkt. Wenn ich einen neuen Wunsch äußere, was kannst du damit anfangen? Findest du mich dann noch liebenswert? Sinke ich in deiner Achtung? Oder steige ich in deiner Achtung, weil ich den Mut aufbringe, mich so zu zeigen? Wie viel Übereinstimmung kriegen wir dann noch hin?

Teilen Sie Ihrem Partner dann das Begehren mit, gehen Sie ein Risiko ein. Sie könnten zurückgewiesen, verlacht und abgelehnt werden. Zum Wollen gehört also Mut. Nicht-Wollen ist häufig ein Selbstverbot, das die erwartete Reaktion unseres Partners vorwegnimmt: »Das wird er sowieso nicht mögen.« Oder: »Das wird sie nie mitmachen!«

Dass Sie in der Phase des Suchens nach dem besseren Sex hin- und hergerissen sind zwischen neuen Wünschen, dem Nein zur sexuellen Routine, der Rücksicht auf Ihren Partner, Gefühlen der Peinlichkeit – das ist normal, auch wenn es nicht immer angenehm ist. Viele Paare halten diese Phase der Unklarheit nicht gut aus, resignieren und machen alles wieder wie früher. Nur Geduld! Es kann eine große Hilfe sein, wenn Sie sich nicht zu schnell zu einer Lösung zwingen. Verabreden Sie mit Ihrem Partner eine Bedenkzeit – für Sie beide! Gut Ding will Weile haben.

Selbstbestimmte oder partnerbestimmte Sexualität

Eine zentrale Frage in der Phase des Suchens ist die Rücksicht auf den Partner. Rücksicht ist auf der einen Seite etwas Gutes, eine der großen Tugenden menschlicher Beziehungen. Auf der andern Seite kann sie auch ein Hemmschuh sein. Wenn Sie jeden Wunsch sofort danach überprüfen, ob er Ihrem Partner angenehm und recht ist, machen Sie es Ihren Wünschen schwer, aus der Versenkung zu kommen. »Ich würde schon, aber mein Partner macht das ja nicht mit«, heißt die geläufige Begründung. Und schon habe ich einen Grund, mich hinter meinem Partner zu verstecken. Ich mache ihn freundlich zum Schuldigen dafür, dass ich selbst nicht Farbe bekenne zu dem, was ich will und was mich ausmacht.

Eine wichtige Unterscheidung, die der amerikanische Sexualtherapeut David Schnarch eingeführt hat, ist die zwischen selbstbestimmter und partnerbestimmter Sexualität.

Partnerbestimmte und selbstbestimmte Sexualität

- **Partnerbestimmt:** Ich zeige meine Sexualität so, dass ich eine bestätigende Reaktion meines Partners erwarten kann.
- **Selbstbestimmt:** Ich zeige meine Sexualität so, wie es mir sexuell entspricht. Dabei nehme ich eine nicht bestätigende (ängstliche, verärgerte) Reaktion meines Partners in Kauf.

Die Unterschiede

- **Mit partnerbestimmter Sexualität** versuche ich, es meinem Partner recht zu machen. Du willst gestreichelt werden? Also streichle ich dich. Du willst verwöhnt werden? Also verwöhne ich dich. Du willst Kerzenlicht und eine schöne Atmosphäre? Also sorge ich für Kerzenlicht und eine schöne Atmosphäre. Nicht schlecht! Aber wenn ich der partnerbestimmten Sexualität alles opfere, wenn ich mich selbst vergesse, wenn ich meinen Partner wichtiger nehme als mich selbst, dann fängt die Sache an, kritisch zu werden. Denn dann bin ich kein Partner mehr, sondern Erfüllungsgehilfe. Und das tut beiden nicht gut. Beiden nicht!
- **Selbstbestimmte Sexualität** ist riskant. Wenn ich zunächst über mich spreche und nicht die Rücksicht auf den Partner als inneren Zensor einsetze, nehme ich ein gewisses Risiko in Kauf. Mein Partner kann es mit der Angst zu tun bekommen, kann meine Sexualität peinlich oder lächerlich finden, kann sie abwerten. Er oder sie

kann den Eindruck bekommen: »Mir ist das fremd, das hat mit mir nichts zu tun« und Trennungsgedanken entwickeln. »Das ist überhaupt nicht lustig für mich.« Aber es ist Voraussetzung für – guten Sex trotz Liebe. Er kann sich entwickeln, wenn ich es drauf ankommen lasse.

▶ Partnerbestimmt ist nicht gleichbedeutend mit rücksichtsvoll. Und selbstbestimmt heißt nicht egoistisch oder rücksichtslos. Für mich sprechen heißt nicht, den andern zu attackieren Der Partner kommt aber jeweils anders ins Spiel. Bei der partnerbestimmten Sexualität frage ich zuerst, was der Partner will und richte mich danach. Bei der selbstbestimmten frage ich erst, was ich selbst will.

Es bleibt nicht folgenlos, wenn wir uns mit dem eigenen Begehren beschäftigen. Vielleicht stellen wir einen Unterschied fest zwischen dem, was ist und dem, was sein soll. Wie viel dessen, was wir begehren, können wir in der Beziehung wieder finden? Was machen wir mit den möglichen Abweichungen? Liegt uns daran, den Ist-Soll-Unterschied zu verkleinern?

Nicht selten begegnet mir als Therapeut das Argument: »Ja, ich will ja dieses oder jenes – aber ich sage es schon gar nicht mehr. Ich weiß ohnehin schon, dass mein Partner es nicht ausleben will.« Das ist partnerbestimmte Sexualität: Der Partner ist der Behinderer meiner Wünsche. Ich würde schon, wenn ich nur dürfte.

Sam:

Lass die faulen Ausreden! Dem Partner zuliebe! Sag dir selbst zuliebe, was du nicht willst!

So ist die unbefriedigende Sexualität in langjährigen Beziehungen eine Ansammlung von Vorwürfen und faulen Ausreden. Der Partner behindert mich. Er ist schuld. Daher soll auch die Veränderung beim anderen anfangen. Wenn das beide denken, bremsen sie sich gegenseitig. »Du zuerst!« heißt die Regel des Misslingens. Jeder wartet auf die Veränderung des anderen. So ist die Blockade perfekt. Die Blockade der hin und her geschobenen Verantwortung.

Fallbeispiel

Erika und Rolf blockierten sich zu Beginn der Therapie perfekt: Rolf erklärte Erika zur gestörten und beeinträchtigten Patientin, an der es lag, sich zu verändern. Er schlug mir deshalb sogar vor, zunächst mit ihr allein zu arbeiten, um eventuell gegen Ende der Therapie dazuzukommen. Seine Haltung: »Du bist krank, also ändere dich.«

Erika akzeptierte ihrerseits zunächst die Patientenrolle, ordnete sich damit aber seiner Vorstellung von richtiger Sexualität unter und spielte ihm damit indirekt den Ball der Verantwortung zu. Ihre Haltung: »Wenn du schon der Überlegene bist, dann tu etwas.«

Damit erwarteten beide die Veränderung vom anderen. Und jeder hatte aus seiner Sicht durchaus Recht. Perfekte Symmetrie – perfekte Blockade. Bei Erika und Rolf zeigt sich eine wichtige Gesetzmäßigkeit verfahrener Partnerkonflikte: Stagnation entsteht, wenn jeder die Verantwortung dem Partner zuspielt. So reden beide von Veränderung und jeder hofft, dass der andere damit anfängt. Du zuerst – ich warte!

Wie löst man die Blockade

Welche Auswege gibt es aus der Blockade? Im Prinzip zwei: einen partnerbestimmten und einen selbstbestimmten Ausweg.

Der partnerbestimmte Ausweg

Er setzt auf die Veränderung des anderen. Und damit der Partner auch genügend Druck bekommt, sich zu verändern, hilft man mit Vorwürfen nach: Schließlich liegt alles an ihm. Er hat ja angefangen. Also sage ich ihm so lange dasselbe, bis er endlich nachgibt und einsichtig wird. Oder ich dränge ihn in eine Therapie und warte, bis er verändert herauskommt.

Erfolgschancen? Sie sind gering. Und das liegt daran, dass man Partner nicht ändern kann. Das ist ebenso unerfreulich wie wahr. Partner ändern sich vielleicht, aber nicht, weil wir es wollen. Höchstens, obwohl wir es wollen.

Der selbstbestimmte Ausweg

Und damit sind wir schon beim anderen Ausweg, der selbstbestimmten Veränderung. Sie fängt mit einer nahe liegenden Überlegung an. »Warte nicht auf deinen Partner! Wenn du etwas verändern willst, fange selbst damit an.«

Während die Regel der Stagnation lautet: »Beide warten, dass der andere sich verändert«, ist die Regel der Veränderung: »Einer fängt an. Einer! Nicht beide gleichzeitig.«

Und was heißt das für Sie? Wenn Sie wirklich an Veränderung interessiert sind, fangen Sie selbst an. Und lassen Sie Ihren Partner ruhig warten, so lange er will. Er wird es bemerken, wenn Sie anders mit ihm umgehen, wenn Sie sich anders verhalten, wenn Sie anders mit ihm reden und wenn Sie die sexuelle Routine verlassen. Und dass er nicht gleich heftig applaudiert, wenn Sie umsteuern, sondern dass er erst einmal irritiert ist – das ist verständlich und auch sein gutes Recht.

Daher: Kümmern Sie sich nicht gleich um Ihren Partner – er ist ein erwachsener Mensch (oder?) –, kümmern Sie sich erstmal um sich selbst!

Fallbeispiel

Erika kam nach einigen Therapiesitzungen auf eine Idee zu sprechen, die sie nur zögernd auszusprechen wagte. Als Liebhaberin und Kennerin klassischer Musik meinte sie, dieser Musik könne sie sich hingeben. Als wir über Hingabe bei Musik und beim Sex sprachen, kam sie auf den Gedanken, sie könne vielleicht Sex besser genießen, wenn sie dabei klassische Musik hören würde. Mit Blick auf Rolf wollte sie den Vorschlag fast wieder zurücknehmen: »Ob er das nicht gefühlsduselig findet?« Ich fragte sie, ob sie denn selbst den Vorschlag gefühlsduselig fände, was sie sofort zurückwies: »Gefühlvoll, aber nicht gefühlsduselig«. Ich ermunterte sie, sich ihrem Vorschlag zuzuwenden und ihn erst zu Ende zu denken, ehe sie sich um die Meinung ihres Mannes kümmere. Rolf schlug ich vor, zunächst zuzuhören und keinen Kommentar abzugeben. Erika beschrieb dann ihre Vorstellung, die darauf hinauslief, ein Stück eines bestimmten Komponisten im Schlafzimmer zu hören. Nachdem sie sich überwunden hatte, machte es ihr auch wenig aus, dass Rolf sich etwas herablassend amüsiert äußerte. Seine Zustimmung war nicht mehr entscheidend. Es war ihr Vorschlag!

Der selbstbestimmte Schritt, den Erika hier gegangen ist, hat mit sexuellem Können nichts, mit sexuellem Wollen aber sehr viel zu tun. So schwer ihr auch die Aussage »Ich will nicht, was du willst« fiel, so sehr übernahm sie Verantwortung für die eigene Sexualität und das eigene Begehren. Selbstbestimmt heißt auch bei Erika nicht: rücksichtslos Rolf gegenüber. Sondern respektvoll sich selbst gegenüber.

Mit ihrem Bekenntnis zur Musik als Element ihrer Erotik zeigte Erika ihrem Mann sowohl Grenzen als auch Möglichkeiten. Sie verließ den Raum, in dem das Können dominiert und betrat den Raum, in dem sie ihr Begehren, ihr Wollen und auch ihr Nicht-Wollen ausdrückte. Damit eröffnen sich für beide Partner neue Verhandlungs- und Gestaltungsspielräume. Nur wer etwas will, kann überhaupt etwas verhandeln. Wer nicht kann, hat auch keinen Verhandlungsspielraum. Wenn wir uns auf das Wollen konzentrieren, tun sich weitaus mehr Möglichkeiten auf, als wenn wir uns vom Nicht-Können bannen lassen.

Sam:

1. Unterscheide Können und Wollen!
2. Begründe nicht das eine mit dem anderen!
3. Verlasse die Position des Opfers: »Ich kann nicht«, und werde zum Täter: »Ich will nicht«!
4. Egal, was immer du kannst oder nicht: Wichtig ist, was du willst!

Schlechter Sex trotz Liebe: das Ergebnis partnerbestimmter Sexualität

Fallbeispiel

Kara und Thomas sind irritiert. Seit drei Jahren ein Paar, leben sie seit zwei Jahren in einer gemeinsamen Wohnung. Sie beobachten seit mehreren Monaten einen Trend, gegen den sie sich scheinbar nicht wehren können: Das Begehren aufeinander lässt nach, unmerklich zunächst schleicht sich der Alltag dergestalt in die Beziehung ein, dass es nicht mehr selbstverständlich ist, zum Abschluss des Tages miteinander zu schlafen und dann erschöpft und glücklich in die Kissen zu sinken.

Manchmal überfällt das Paar eine Müdigkeit, die zu Beginn der Beziehung undenkbar war. Wie jedes andere Paar brauchten sie in der heißesten Phase ihrer Verliebtheit fast keinen Schlaf mehr. Dann kam ein Phase, in der sie manchmal so vom Tagesgeschäft eingenommen waren, dass der Gedanke an erotische Spiele sie eher unter Stress setzte als wohlige, sehnsuchtsvolle Gefühle auszulösen.

Dabei versicherten sie sich beinahe täglich ihrer Liebe. Sie bedenken sich mit kleinen Aufmerksamkeiten, schreiben sich Mails oder schicken sich Textnachrichten, denken aneinander. Die gemeinsame Wohnung verstärkt allerdings den beschriebenen Trend: mehr Verbundenheit und Nähe, aber weniger Erotik und sexuelles Spiel. Zunächst hatte es den Anschein, als beflügelte die neue Umgebung das stagnierende Sexualleben. Aber nach ein paar Wochen saßen sie beieinander und fühlten sich wie ein altes Ehepaar – und das nach drei Jahren.
Beide schmerzte der Eindruck sehr, den sie von sich hatten: Was machen wir falsch, fragten sie sich. Was können wir anders machen? Wieso liegt unser Begehren brach, obwohl wir uns lieben?

Kara und Thomas sind nicht das einzige Paar, das sich mit dem nachlassenden erotischen Interesse plagt. Im Gegenteil. Sie sind eher die Regel als die Ausnahme.

Sexuelle Beziehungen werden mit ihrer Dauer meist nicht intensiver. Die gemeinsame Geschichte vieler sexueller Begegnungen, die Paare miteinander erlebt haben, wird oft nicht als Reichtum, sondern als Gewohnheit empfunden, im besseren Fall als sexuelle Zufriedenheit, im schlechteren Fall als sexuelle Langeweile.

Wachsende Liebe – nachlassendes Begehren

Die meisten Paare kennen eine sexuelle Verlaufskurve, die sich von einem Höchststand zu Beginn der Beziehung stetig bergab entwickelt. In dem Maß, wie die Liebe zwischen ihnen wächst, lässt das sexuelle Begehren nach. Wie kommt das? In welche Falle geraten Sie, obwohl keiner von ihnen das möchte? Sie sehnen sich doch danach, der Sex möge so wild und heftig und aufregend und unbekümmert sein wie damals, als sie einander unbekannt waren, sich entdeckten – und allein die Begegnung sie in Erregung versetzte.

Zunächst einmal lassen sich zwei voneinander unabhängige Prozesse beschreiben: Auf der einen Seite wächst die Bindung des Paares aneinander. Die Liebe wird reicher. Auf der anderen Seite lässt das körperliche Begehren nach. Das Paar hat weniger Sex miteinander. Wir nehmen beide Prozesse zeitgleich wahr. Aber sie müssen sich deswegen keineswegs bedingen. Wie wir mit der Wahrnehmung beider Prozesse umgehen, hängt davon ab, wie wir uns das Verhältnis von Liebe und Sexualität vorstellen.

Wie sehen Sie es, wie Liebe und Sexualität zusammenhängen?

a. Sexualität ist eigentlich Ausdruck von Liebe.
b. Liebe ist eigentlich veredelte Sexualität.
c. Sexualität ist eine von vielen Komponenten der Liebe.
d. Liebe und Sexualität haben nicht so viel miteinander zu tun.

Natürlich gibt es hier keine richtige oder falsche Antwort. Je nachdem, welcher Annahme wir zuneigen, verweben wir die Prozesse von Bindung und Sexualität auf unterschiedliche Weise. Denken wir »Sexualität ist eigentlich Liebe«, vergewissern wir uns mit dem Sex unserer Liebe und aktualisieren sie. Nimmt nun die Leidenschaft ab, haben wir durch die Koppelung den Eindruck, auch die Liebe werde schwächer. Und plötzlich wird aus einer Krise des Begehrens eine Krise der Liebe.

Erotik wird von selbst schlechter. Man braucht nichts dafür zu tun. Nur warten. Niemand hat etwas falsch gemacht. »Gravity wins«, sagen die Engländer. Schwerkraft gewinnt immer. Die Dinge gehen nach unten. Und so ähnlich senkt sich der hoch fliegende erotische Wahnsinn der ersten Wochen und Monate langsam zu Boden, wo er in den langsamen berechenbaren Schritten als Alltagssexualität seinen Schwung verliert. Ach!

Das muss aber kein Problem sein. Erst recht nicht, wenn andere Qualitäten hinzukommen und das Nachlassen der sexuellen Aktivität ausgleichen. »Das Prickeln nimmt ab, dafür wächst die Vertrautheit« – so sehen das Partner, die mit dem erotischen Verlauf ihrer Beziehung im Reinen sind und die sich in einem Zustand sexueller Zufriedenheit befinden, an dem niemand etwas auszusetzen hat.

Aber nicht wenigen Paaren fehlt etwas Entscheidendes. So haben sie es sich nicht vorgestellt. Das soll es gewesen sein? Und dann beginnt das Grübeln: Sind wir doch nicht die richtigen füreinander? War das, was wie Liebe aussah, doch ein Irrtum? Habe ich, hat mein Partner etwas falsch gemacht? Wie kann es so weit kommen, obwohl wir uns kaum streiten, obwohl wir die gleichen Werte und Lebenspläne haben, obwohl wir keine größeren Sorgen oder Meinungsverschiedenheiten haben, obwohl – ja, obwohl wir uns lieben?

Hier ist die Antwort: Die meisten liebenden Paare machen überhaupt nichts falsch! Das sexuelle Interesse lässt nach, obwohl sie alles richtig machen. Sie sind rücksichtsvoll, interessieren sich füreinander, gehen aufeinander ein. Daran ist nichts verkehrt.

Die partnerbestimmte Sexualität überwiegt

Wie das? Um das zu verstehen, müssen wir einen kleinen gedanklichen Umweg machen. Dafür greifen wir auf unser Begriffspaar zurück: partnerbestimmte und selbstbestimmte Sexualität. Das nachlassende sexuelle Interesse kommt dadurch zustande, dass die partnerbestimmte Sexualität freundlich und unbemerkt das Monopol übernimmt. Die selbstbestimmte Sexualität geht verloren – ohne dass es jemand bemerkt. Zunächst jedenfalls. Und bei verliebten Paaren hat es die partnerbestimmte Sexualität so leicht: Du bist das Zentrum meines Lebens und meiner Sinnlichkeit. Ich stelle mich ganz auf dich ein. Ich mache es dir, wie du es willst. Dein Vergnügen ist mir wichtiger als meines. »Wir« ist wichtiger als »Ich«. Am Anfang ist partnerbestimmt gleich selbstbestimmt. Ich verwirkliche mich gerade dadurch, dass ich in dir aufgehe. Es ist alles eins. Und weil es so schön ist, gibt es keinen Grund, daran etwas zu ändern. Solange es so bleibt. Es bleibt aber nicht so.

Sam:
Gib nicht aus lauter Liebe deine Sexualität preis. Das tut dir nicht gut. Und deinem Partner auch nicht.

Ein Unterschied von Anfang an ...

Nähern sich zwei Partner erotisch an, beginnt ein Frage-und-Antwort-Spiel, ein gut choreografierter Balztanz. Starke erotische Anziehung geht wie von selbst davon aus, dass die sexuellen Interessen und Neigungen beider Partner vereinbar sind. Wir kennen uns nicht, aber wir hoffen auf sexuellen Gleichklang.

Gerade zu Beginn einer erotischen Beziehung ist jede Begegnung zweierlei: Sie ist zugleich ein abenteuerlicher Erkundungstrip, eine Reise zum möglichen Partner. Und sie ist schon beim zweiten Mal bereits eine Wiederholungstat, weil das erste Mal bestätigt hat, dass es sinnvoll ist, weiterzumachen. Am Anfang ist also jede Annäherung ein Balanceakt zwischen Unsicherheit und Sicherheit. Diese Ungewissheit lädt sich dann erotisch stark auf mit der Hoffnung auf ein Happy End. Und das Happy End der Verliebtheit ist der Anfang vom Ernst.

Wechselseitige Bestätigung

Uns hilft dabei, dass wir den anderen im anfänglichen Überschwang tatsächlich als einzigartig sehen. Der andere erscheint uns als noch nie dagewesen, unter keinen Umständen austauschbar. Diese Beobachtung strahlt auf die eigene Person zurück. Im Licht dieses besonderen Partners erleben wir die eigene Einzigartigkeit und sehen sie dadurch bestärkt. Bestätigt sich ein Paar auf diese Weise gegenseitig, ist die sexuelle (Ver)-Einigung sehr viel wahrscheinlicher geworden. »Funkt es« zwischen den beiden, sind sie sehr interessiert daran, so weiterzumachen. Dabei zeigen die beiden Partner sich gegenseitig auf verschiedensten Wegen, wie sehr sie sich bewundern, wie sehr sie den anderen für einzigartig und unersetzbar halten:

Sie erkennen den anderen durch Worte an. Sie heben Einzelheiten hervor, die als besonders angenehm erlebt werden. Sie gestehen sich ein, mehr davon zu wollen. Sie suchen die Wiederholung. Und sie beginnen von Anfang, sich auf die bereits gemeinsam verbrachte Zeit zu besinnen, um sich der eigenen guten Geschichte zu versichern.

Das Trennende wird geleugnet

Wechselseitige Bestätigung macht also verliebt. Und Verliebtheit führt zu einer wechselseitigen Bestätigung. Die Lust, sich zu brauchen. Der eigenartige Rausch der Begeisterung, nicht mehr selbstständig und Herr seiner Sinne zu sein, die Gewissheit, ohne den anderen nicht mehr leben zu können, das ist der Anfang der Liebesbeziehung.

Und weil die Bestätigung so unsäglich gut tut und selig macht, wird das Trennende geleugnet. Unterschiede werden klein gemacht, verleugnet oder idealisiert zum Beweis, wie gut man sich im Unterschied ergänzt.

Während der Anfangsphase verwischen die Unterschiede zwischen den Partnern. Auch die erotische Besonderheit des Partners interpretiert das Paar im Sinn der Verliebtheit: »Wo du tatsächlich anders bist als ich, ergänzt du mich. Unser Unterschied beweist, wie gut wir zueinander passen.«

Fallbeispiel, Teil 1, »Karin und Michael«

Die Geschichte von Karin und Michael veranschaulicht, wie passend gerade die Unterschiede am Anfang einer Beziehung sein können. Ich lernte sie kennen, als sie wegen ihres sexuellen Problems zu mir in Therapie kamen.

Beide sind 43 Jahre alt und seit 14 Jahren ein Paar. Seit 12 Jahren sind sie verheiratet. Ihre beiden Kinder sind sechs und sieben Jahre alt. Michael ist als Betriebswirt im Personalbereich eines Unternehmens angestellt. Karin arbeitete einige Jahre als Architektin. Mit der Geburt des ersten Kindes hat sie ihre Berufstätigkeit erheblich eingeschränkt und ist jetzt nur noch stundenweise in einem Architekturbüro aktiv, »um in der Übung zu bleiben«. Beide Partner sind sich einig über ihr familiäres Arrangement.

Sie lernten sich nach dem Studium zu Anfang ihres Berufslebens kennen. Karin hatte zuvor verschiedene Partnerschaften als unbefriedigend erlebt. Sie sagt: »Die Männer sind nicht auf meine Wünsche eingegangen. Ich habe mich oft bedrängt gefühlt.« In einer längeren Partnerschaft hatte es gelegentlich sogar gewalttätige Auseinandersetzungen gegeben. Michael hatte die Frauen eher gemieden. Vor Karin kam es eher punktuell und nur wenige Male zu sexuellen Affären. Er sagt: »Die Kontakte zu den Frauen habe ich aber meist von mir aus abgebrochen. Mit Machoverhalten kann ich nichts anfangen. Frauen wollen das offenbar. Außerdem bin ich immer zu früh gekommen – und habe mich dafür geschämt.«

Als die beiden sich trafen, verliebte sich Karin zuerst in ihn. Sie mochte seine einfühlsame und unaufdringliche Art sehr. Der frühzeitige Samenerguss störte sie nicht. Nach einigen Monaten in der Beziehung zu Karin kam er nicht mehr zu früh.
Für Karin ist Michael ein erleichternder Kontrast zu den früheren Erfahrungen. Als Mann ist er attraktiv für sie, denn er nimmt auf ihre sexuelle Empfindlichkeit Rücksicht. Das erlebt sie als Wertschätzung. Michael fühlt sich im Gegenzug als Mann wertgeschätzt, weil sie seine Zurückhaltung als anziehend erlebt. Daraus resultiert ein schonendes Beziehungsangebot:
Sie sagt: »Ich will dich, weil du dich zurückhältst.«
Er sagt: »Ich will dich, weil ich bei dir nicht so ein Machotyp sein muss.«

Irgendwann geht die Verliebtheit dann in eine so genannte feste Beziehung über. Allein der Begriff »feste Beziehung« ist mehrdeutig: »Fest« ist auch stabil und unveränderlich, starr und unflexibel. Dies bleibt nicht ohne Auswirkung auf das Erleben in der Beziehung. Ist die Beziehung nämlich so fest, erleben die Partner das Besondere nun als störend – ohne die rosarote Brille der anfänglichen Verliebtheit.

Dann haben auch Unterschiede wieder ihren Platz. Die Verschiedenheit bringt plötzlich einen mehr oder wenig großen Abstand in die Beziehung. Nur noch die Übereinstimmung sorgt für Nähe. Die Selbstverständlichkeit, mit wir am Anfang alles am anderen mögen, verliert sich.

Und der Blick für den Unterschied ändert sich. Das Andere, Fremde, Ungewöhnliche am geliebten Partner, das mich anfangs so fasziniert hat, kann seine Schattenseite zeigen. Paartherapeuten kennen dieses Phänomen von Paaren, die sie wegen einer Krise aufsuchen: Genau die Eigenschaft, die ich am anderen so toll fand, stellt sich mit dem Jahren als das Hauptproblem heraus.

Fallbeispiele

▸ *Das selbstbewusste Auftreten, das die zurückhaltende Lea an Robert so anziehend fand, erlebt sie nach zwölf Jahren immer mehr als arrogant und rücksichtslos.*

▸ *Die feine Reaktion von Petra, ihre sehr sensible Art, auf seine Bemerkungen einzugehen zog Albert vor acht Jahren, als er sie kennen lernte, sehr in ihren Bann. Heute findet er Petra überempfindlich und ständig beleidigt.*

Das gleiche Verhalten hat sich in sein Gegenteil verkehrt: selbstbewusst wird arrogant. Sensibel wird überempfindlich. Und im Sexuellen ist es nicht anders.

▸ *Rita war stolz, dass der umschwärmte Brian sich damals für sie entschieden hatte. Heute leidet sie darunter, dass er sich auf Affären mit andern Frauen einlässt.*

▸ *Arndt war äußerst fasziniert von Lisas dezenter und zurückhaltender Erotik, die ihm erlaubte, sie nach allen Regeln der Kunst zu verführen und um sie zu werben. Heute ist es ihm lästig, dass von ihr aus nie eine sexuelle Initiative kommt.*

Und aus heutiger Sicht sagen die Partner: Ich hätte es merken können. Es war doch damals schon abzusehen. Aber in der Verliebtheit wollte ich es nicht wahrhaben. Rita sagt: »Ich habe es doch gesehen, dass er ein Frauentyp ist. Wie konnte ich bloß denken, dass er ausgerechnet mir treu ist.« Und Arndt klagt resigniert: »Nie hat sie wirklich von sich aus Interesse gezeigt.«

Das ist der Anfang der Unterschiede. Das ist der Grund, warum so viele Paare sich in die Zeit zurücksehnen, in der der Unterschied noch schön war. Als ob man Probleme der Gegenwart in der Vergangenheit lösen könnte!

Wie hat es angefangen?

Paare streiten sich häufig über Eigenschaften des Partners, die sie am Anfang anziehend fanden. In einer solchen Situation ist es äußerst hilfreich, sich an den Beginn einer Beziehung zu erinnern. Bin ich mir überhaupt im Klaren, dass ich mich über eine Seite meines Partners aufrege, die ich am Anfang ziemlich gut fand bzw. die mir gut getan hat?

Diese Erinnerungen wachzurufen, kann einerseits dafür sorgen, uns mit manchen Eigenheiten des Partners zu versöhnen. Andererseits konfrontiert sie uns mit der Frage: Was ist bei mir anders, wenn ich meinen Partner heute so anders sehe?

Kennen Sie das aus Ihrer eigenen Beziehung? Prüfen Sie mit der folgenden Übung, wie sich der erotische Unterschied damals und heute anfühlt!

▶ Übung 1: Vom Zauber zur Prosa

Diese Übung dient dazu, aus heutiger Sicht zu vergleichen, wie sich Ihre Sicht auf Ihren Partner im Lauf der vergangenen Jahre verändert hat.

- **Nehmen Sie ein DIN-A4-Blatt und beantworten Sie die folgenden fünf Fragen:**

1. Wie habe ich die Erotik meines Partners damals gesehen?

2. Was habe ich aus heutiger Sicht richtig gesehen?

3. Was konnte ich damals wirklich nicht sehen, das ich heute sehe?

4. Was hätte ich sehen können, aber habe es einfach nicht sehen wollen?

5. Was habe ich aus heutiger Sicht völlig falsch eingeschätzt?

Auswertung: Kommen Sie zu einer Gesamtbeurteilung: Würden Sie sich heute noch einmal für Ihren Partner entscheiden?

Beziehungen entwickeln sich. Die Liebe entwickelt sich. Guten Sex mit jemand zu haben, den man kaum kennt und den man unendlich idealisieren kann, das ist keine große Kunst. Das Unbekannte fasziniert, solange es neu ist. Eine Kunst ist es, guten Sex mit jemanden zu haben, den man gut kennt und mit dem man vertraut ist.

Von dieser Paradoxie handelt das nächste Kapitel.

Lust auf den
Unterschied
Der bekannte
Fremde an
meiner Seite

Sich zu den Unterschieden bekennen

Im letzten Film von Stanley Kubrick, »Eyes Wide Shut«, steht ein Liebespaar (gespielt von Tom Cruise und Nicole Kidman) im Mittelpunkt. Die Frau offenbart ihrem Mann eines Abends eine bis dahin geheime erotische Fantasie. Das Geständnis bedroht plötzlich das partnerschaftliche Gleichgewicht. Auf einmal macht sich ein Unterschied zwischen beiden bemerkbar. Die Beziehung des Paares zerbricht beinahe an dem, was es bisher voreinander verborgen hielt.

Doch der Reihe nach: Der Arzt Bill Harford und seine Frau, die Kunstkuratorin Alice, leben mit ihrer Tochter in einem schicken New Yorker Apartment. Eines Abends besuchen sie die Kunstauktionsparty eines Freundes. Auf dem Fest bekommen beide unabhängig voneinander erotische Angebote: Alice von einem graumelierten Charmeur, mit dem sie tanzt und der sie zu gern verführen würde. Bill seinerseits gerät in die Fänge zweier sehr junger Frauen, die so tun, als würden sie ihn sogleich auf der Stelle vernaschen wollen. Durch die Tiefe des Raumes beobachtet Bill seine Frau und den graumelierten Herrn beim Tanzen. Der Ruf des Hausherrn nach der medizinischen Kompetenz seines Gastes beendet die mögliche erotische Versuchung für Bill.

Und Alice? Zwar schätzt sie die Komplimente ihres Tanzpartners sehr und fordert ihn nicht auf, damit aufzuhören. Sie blüht regelrecht darin auf. Doch seine weiterführenden Fantasien verlacht sie, ihrerseits sehr charmant, ohne den harmonisch-erotischen Tanz zu stören. Auch die Frage nach einem zukünftigen Treffen blockt Alice geschickt ab.

Im Anschluss an die Party liegen Alice und Bill zu Hause nackt auf dem Bett. Aus der Laune des Moments heraus erzählt Alice ihrem Mann, wie sie knapp ein Jahr zuvor auf einer gemeinsamen

Schiffsreise der beiden beinahe mit einem Schiffsoffizier fremdgegangen wäre ... Die Bilder, die in Bill entstehen, während seine Frau den fantasierten Akt der Untreue schildert, lassen ihn nun nicht mehr los. Als er in jener Nacht das Haus verlässt, weil er zu einem Patienten gerufen wird, beginnt für Bill eine Reise hin zu den eigenen Fantasien und Obsessionen. Dieser Trip, auf dem ihm von der Straßenhure bis zum erotischen Maskenball alles begegnet, was das erotische (Männer-)Herz begehren könnte, mündet in scheinbar großer Gefahr für ihn und seine Familie.

Farbe bekennen

Alice Harford bekennt Farbe. Sie hält eine Fantasie nicht länger zurück. Sie lässt ihren Mann an einem erotischen Gedanken teilhaben. Sie offenbart eine Seite von sich, die ihm bisher verborgen geblieben ist. Sie zeigt ihm eine fremde (befremdliche) Nuance von sich. Sie ist mutig genug, ihn durch ihr Bekenntnis durcheinander zu bringen.

Mit dem, was Paare sich erzählen (wie sie handeln ...) und was nicht, treffen sie eine Entscheidung. Sie entwerfen dem Partner ein bestimmtes Bild von sich und der eigenen sexuellen Identität. Dieses selbst entworfene Bild wirkt sich dann darauf aus, was zwischen den beiden an erotischer Kommunikation läuft. Was das Paar sich erzählt und was es verschweigt, hängt auch davon ab, welche Reaktionen des Partners zu erwarten sind. In »Eyes Wide Shut« erzählt Alice Harford eine zurückliegende Fantasie, in der ein anderer Mann als Bill eine Rolle spielt. Damit riskiert sie plötzlich die Beziehung zu ihrem Mann. Der wiederum versagt sich nicht länger, in ihm schlummernde sexuelle Fantasien zuzulassen, sie sich zumindest selbst zu offenbaren – und riskiert damit ebenfalls Beziehungsfrieden und harmonisches Miteinander.

Test 4: Kurz-Check »Geheime Fantasien«

Wir kommen später ausführlicher auf sexuelle Fantasien zu sprechen. Bestimmen Sie Ihre Ausgangsposition, ehe Sie Veränderungen ins Auge fassen. Werfen Sie einen kurzen Blick auf den aktuellen Stand Ihrer Geheimdiplomatie.

Wie viel Prozent Ihrer sexuellen Fantasien ...

a) weiß Ihr Partner? ....

b) weiß Ihr Partner nicht und soll sie auch nicht wissen?.........

c) weiß Ihr Partner nicht, aber Sie könnten sie ihm/ihr unter bestimmten Umständen sagen? ....

zu c): Welche Umstände wären es, unter denen Sie Ihrem Partner mehr von Ihren Fantasien mitteilen würden?

▶ ....

▶ ....

▶ ....

Das überraschende Bekenntnis einer Fantasie, das Eingeständnis von bisher unbekannten erotischen Seiten, macht uns bewusst, dass wir doch verschieden sind. Es bringt Fremdheit und Befremdung zurück in eine Beziehung, in der wir bisher dachten, alles voneinander zu wissen. Ob wir Lust auf den Unterschied bekommen, hängt davon ab, ob wir tatsächlich damit leben können, als Liebende verschieden zu sein. Zwar erkennen wir im Alltag Unterschiede recht schnell an, bewerten sie aber oft als störend. Sie führen zu Konflikten und Auseinandersetzungen. Sexuell richten wir uns deshalb häufig in der Komfortzone des kleinsten gemeinsamen erotischen Nenners ein. Meist unausgesprochen einigen wir uns auf eine komfortable Schnittmenge sexueller Bedürfnisse, mit denen wir die Grenzen der Gleichheit abstecken. Die Ähnlichkeit ist die wichtigste Währung. Den Unterschied blenden wir aus, denn er scheint bedrohlich.

Es gehört zum guten Beziehungston, die Grenzen des Partners zu respektieren. Das ist anständig. Aber damit verzichten wir auch auf eine besondere Entwicklungschance. Beschränken wir uns aber ausschließlich auf unsere Gemeinsamkeiten, erzeugen wir selbst die Lustlosigkeit, die wir beklagen. Erst wenn wir uns auf den Unterschied besinnen, schaffen wir die Spielräume, in denen wir uns erotisch entwickeln können. Nur wenn wir es wagen, manchmal zum sexuellen Grenzverletzer zu werden, können wir gemeinsam Neuland betreten.

Einschließen und ausschließen: die sexuelle Hausordnung

In dem Maß, wie die Beziehung fester wird, folgt auch die Sexualität nicht mehr allein spontanen Impulsen. Es entwickelt sich so etwas wie eine sexuelle Hausordnung. Bestimmte Regeln werden etabliert und beachtet. Bestimmte Verhaltensweisen folgen der sexuellen Hausordnung, andere nicht. Bestimmte Handlungen, bestimmte Aussagen können die Hausschwelle überschreiten, andere müssen draußen bleiben. Die Partner errichten also eine Grenze zwischen dem, was sie sich einander mitteilen und was nicht: eine Grenze zwischen dem Eingeschlossenen und dem Ausgeschlossenen.

Warum ist das so? Zwei Partner unterscheiden sich voneinander durch unterschiedliche sexuelle Erfahrungen, Leidenschaften, Abneigungen, Besonderheiten, Fertigkeiten, Wünsche, Fantasien. Zwei Partner haben also zwei unterschiedliche erotische Profile. Sie unterscheiden sich darin ebenso, wie ihre Gesichter, ihre Persönlichkeit und ihre Lebensgeschichten verschieden sind. Wenn sie sich zu einer Partnerschaft zusammentun, addieren sich die beiden Profile nicht einfach. Denn beide Partner teilen sich nicht alles mit, was sie früher erfahren haben, was sie außerhalb der Partnerschaft erleben, was sie verwirklichen möchten, was sie an ungelebten Sehnsüchten haben oder welche Fantasien sie beschäftigen. Viele Bereiche ihrer Sexualität werden ausgeschlossen. Bestimmte Vorerfahrungen, Vorlieben, Praktiken, Bewertungen werden von vornherein oder im Lauf einer Beziehung des Hauses verwiesen, weil sie von unbehaglichen, ängstlichen und bedrohten Gefühlen begleitet sind: der Angst, dem Partner nicht zu genügen, ihn an Rivalen zu verlieren, oder verlassen zu werden, wenn sich die Passung der beiden Profile als zu gering herausstellt. Andere Teile werden eingeschlossen, zugelassen und kommuniziert, sind dem Partner zugänglich und vertraut.

Was nicht kommuniziert wird

Zum ausgeschlossenen Teil der Kommunikation gehören all die Dinge, die existieren, ohne dass das Paar sich darüber austauscht. Das umfasst Erlebnisse und Fantasien, die uns selbst vielleicht unangenehm sind, für die wir uns eventuell sogar schämen, von denen wir denken, dass sie uns in schlechtem Licht erscheinen lassen. So sprach Alice ein Jahr lang kein Wort von ihrer erotischen Fantasie. Vielleicht zögerte sie, weil sie ahnte, dass es Bill verstören würde. Vielleicht rutschte ihr das Bekenntnis schließlich nur heraus, weil der gemeinsam gerauchte Joint sie dazu verleitete. Aber immerhin: Sie traf die Entscheidung, Bill davon zu erzählen. Sie traute sich, Farbe zu bekennen, inklusive aller Risiken und Nebenwirkungen. Und sie zeigte damit, dass zu ihrem erotischen Leben mehr gehört als der Sex, den sie mit Bill teilt.

Nach dem Bekenntnis seiner Frau gerät Bill in einen Strudel eigener Obsessionen und Fantasien. Doch er widersteht allen Versuchungen und Verführungen, die das nächtliche New York ihm bietet: Seine erotische Odyssee endet im ehelichen Bett. Er beichtet seinen Trip und offenbart nun seinerseits die Fantasien, die er mit sich herumgetragen hat. Am Ende entscheiden sich beide für die Einehe. Doch die viel wichtigere Botschaft ist: Sich für die Monogamie zu entscheiden, heißt nicht gleichzeitig, auch monogam zu fantasieren.

Die sexuellen Profile eines Paares

Die unten stehende Grafik stellt die Begegnung der beiden Partner und ihrer individuellen Profile dar.

Die überlappende, schraffierte Schnittmenge der Kreise markiert das erotische Profil des Paares. Hier kennen sich die Partner aus. Hier sind sie zu Hause. Hier haben sie ihre Hausordnung. Der Bereich der Kreise außerhalb der Überlappungsmenge gehört nicht zur erotischen Beziehung: Es ist der ausgeschlossene Teil des erotischen Profils. Der Mann behält einen Teil seines erotischen Profils für sich – und die Frau ebenso.

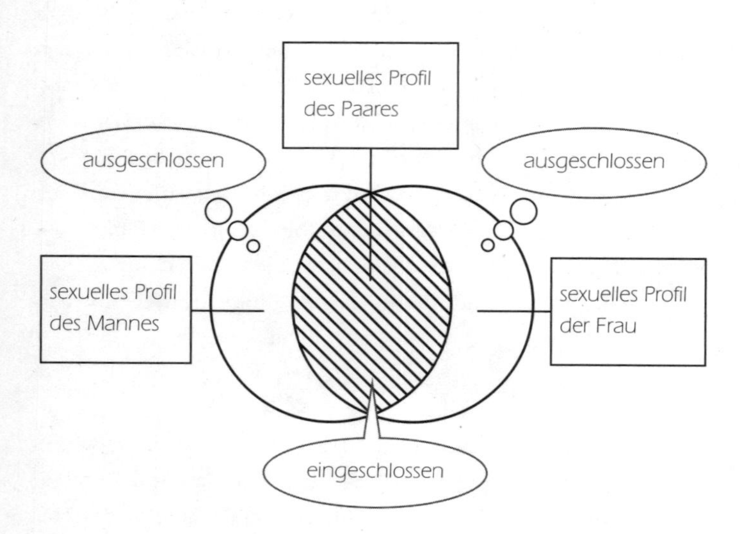

Was heißt ausschließen? Wie geht das? Nehmen wir das Beispiel von Karin und Michael (siehe im Kapitel »Vom Können und Wollen«, Seite 57 f.). Karin schließt ein, was sie Michael mitteilt: die unbefriedigenden Beziehungen zu früheren Partnern und ihre Anziehung durch die sanfte Art von Michael. Das ist die Seite ihrer Sexualität, die sie mit ihm teilt. Und die Michael auch gern annimmt, denn genau das ist für ihn der Beweis, dass sie gut zusammenpassen: ihre Wünsche nach einem rücksichtsvollen Partner und seine Sanftheit – das passt. Aber Karin schließt auch etwas aus: dass sie das bedrängende Verhalten der früheren Partner zwiespältiger fand, als sie zugibt, dass sie daran auch etwas anziehend fand. Gerade und obwohl sie das ablehnte. Das gesteht sie sich selbst kaum ein. Umso weniger wird sie es Michael gegenüber sagen. Es würde ihn massiv verletzen und infrage stellen.

Michael schließt ein, was er Karin mitteilt: dass ihm sanfter Sex liegt, dass er Machoverhalten ablehnt, dass er ihren Wünschen entsprechen will. Und das genau nimmt wiederum Karin gern an als das Partnerangebot, das ihr am angenehmsten ist. Das sagt sie ihm auch. Und das hört er gern. Aber er schließt auch etwas aus: Er verschweigt, was ihn außer sanftem Sex mit Karin noch reizen könnte. Und mit dem Versuch, sie nicht zu bedrohen und es ihr sexuell recht zu machen und auf jeden Fall der »gute« Mann zu sein, verweigert er Karin, sich mit den versteckt aggressiven Seiten seiner Männlichkeit zu zeigen und damit auseinander zu setzen.

Rücksicht, Vermeidung, Schonung – der gute Weg zur sexuellen Unzufriedenheit

Es gibt viele Gründe, warum Partner sich entscheiden, Erotisches aus der Kommunikation auszuschließen: Mal sind sich die Partner bezogen auf einen erotischen Wunsch oder eine Fantasie fremd.

Mal schämen sie sich, sind sich unsicher oder wollen einfach etwas für sich behalten. Manchmal möchten sich die Partner auch gegenseitig vor kränkenden oder ängstigenden Erfahrungen bewahren. Oder das Paar betrachtet frühere sexuelle Erfahrungen als unbedeutend oder als uninteressant. Manches erotische Detail kann auch als zu gefährlich empfunden werden: beispielsweise die Enthüllung eines Seitensprungs oder gleichgeschlechtlicher Neigungen. Ausgeschlossen können aber auch erotische Praktiken sein, von denen einer vermutet, dass der andere sie ablehnt. Und das kann zu Problemen führen.

Sehen wir uns noch einmal Karin und Michael an.

Fallbeispiel, Teil 2, »Karin und Michael«

Obwohl Michael und Karin sich anfänglich erotisch als zu einander passend erlebten, sind die beiden heute mit ihrem Sexualleben höchst unzufrieden. Sie schlafen kaum noch miteinander.

»Wir behindern uns gegenseitig«, sagt er.

»Wir stagnieren«, bestätigt sie. »Wir kommen als Mann und Frau nicht weiter.«

Karin spürt seit mehreren Jahren kaum mehr Lust. Wenn Michael sich ihr nähert, lehnt sie es meistens ab, mit ihm zu schlafen. Den Sex, wenn es denn dazu kommt, erleben beide als »wichtig«, nicht aber als befriedigend. Seit einem halben Jahr herrscht komplette erotische Funkstille zwischen den beiden.

Michael: »Ich möchte so gern mit Karin schlafen, fühle mich von ihr aber abgelehnt. Und ich weiß noch nicht einmal, warum. Ich versuche doch, auf sie einzugehen.« Aus seiner Sicht hat er das Ganze ausgereizt. Er weiß nicht, worauf sie anspricht. Er ist völlig ratlos.

Karin: »Ich verstehe meine Abneigung selbst nicht.«

Einen festen Platz im Hause Karin & Michael hat »das Problem«: Beide erzählen sich, dass ihre Sexualität schwierig und unbefriedigend sei. Sie

wissen, dass sie auf diese Weise ihre Unzufriedenheit nicht loswerden können. Michael und Karin organisieren ihre Sexualität so, dass Rücksicht und Schonung im Vordergrund stehen. Sie sind rücksichtsvoll miteinander, achten darauf, einander nicht zu kränken und sich nichts zuzumuten. Sich eins zu sein.
Genau der Versuch, eins zu sein, sich nicht zu unterscheiden, ist aber ihr Problem. Die beiden versuchen, die vorhandenen Unterschiede im Denken, Fühlen und Wollen möglichst klein zu halten. Übergriffe, Fordern, Bedrängen, also Annäherungsversuche, die erlebbar machen, wie verschieden beide sind, sind tabu. Wünsche und Fantasien, die sich unterscheiden, werden verharmlost.
Doch welche Wünsche und Fantasien? Das wird bei den beiden erst nach einigen Therapiesitzungen deutlich, als wir über sexuelle Fantasien sprechen. Karin berichtet, dass sie sich immer wieder mit zwei starke Fantasien beschäftigt. Sie möchte sich von einem Mann sexuell führen lassen und sich dem Sex so hingeben, wie der Mann es will. Die Fantasie ist auf keinen bestimmten Mann bezogen. Nur eines ist sicher: Michael ist es nicht. Und eine zweite, oft wiederkehrende Fantasie beschreibt sie so: »Ich finde es erregend, mehreren Männern ausgeliefert zu sein. Zugleich fürchte ich mich jedoch davor.« Wird Michael aktiv, befürchtet sie nichts. »Ich finde gut, dass er mich nicht bedrängt. Ich will aber auch nicht, dass er sich mit meiner Zurückweisung abfindet.«

Was ist los bei den beiden? Karin schätzt Michaels Zurückhaltung – einerseits. Aber ihre Leidenschaften liegen eigentlich woanders. Und die kann Michael nicht erfüllen. Karin ist in ihrer Fantasie von etwas fasziniert, was Michael gar nicht erfüllen will, nämlich sexuell zu führen. Das, was er zu bieten hat (Zurückhaltung), schätzt sie zwar, nimmt damit aber gleichzeitig die eigene sexuelle Unzufriedenheit in Kauf. So blockiert sich das Paar und die sexuelle Beziehung stagniert.

Aus der Kommunikation ausgeschlossen sind Michaels Wünsche – jenseits der Absicht, es seiner Frau recht zu machen. Er lehnt es ab, ein Macho zu sein. Er versteht sein erotisches Handeln als defensive Abgrenzung gegen etwas, was er nicht will. Es fehlt eine positive Beschreibung: Was will er wirklich? Die Bedeutung seiner früheren Beziehungen zu Frauen spielt er herunter. Und schließt sie auf diese Weise ebenfalls aus. Er signalisiert Karin damit: »Es gibt nur dich, sonst keine.« So bestimmt Michael unausgesprochen seine Grenze.

Karin schließt ihrerseits aus, was sie sexuell von ihrem Mann will. Sie spricht nur sexuelle Fantasien außerhalb der Partnerschaft an. Bezogen auf Michael äußert sie zum einen ihr Anliegen: »Sei bitte so sanft!« Und sie grenzt eine andere Seite ihrer Sexualität aus, die für Michael nicht erreichbar ist. Sie macht Michael ein uneinlösbares Beziehungsangebot. In der Folge kann es nicht zu gemeinsamer Sexualität kommen. »Es gibt einiges, aber nicht mit dir.« So bestimmt Karin ihre Grenze.

Vordergründig scheint Michael in der sexuell fordernden Offensive. Tatsächlich jedoch sind seine sexuellen Wünsche defensiv: Er möchte es Karin »recht machen«. Auf die Fantasie seiner Frau, sich »führen« zu lassen, geht er nicht ein. Er verbindet damit Machoverhalten – und das lehnt er ab. Michaels Wünsche, die darüber hinaus gehen, es Karin recht zu machen, sind in dieser Phase nicht erkennbar.

Karin ihrerseits ist auch nur vordergründig defensiv. Ihre Verweigerung ist doppeldeutig. Sie weist einerseits Michael klar zurück, andererseits bringt sie ungelebte Fantasien ins Spiel. Diese stellen für ihn ein unlösbares sexuelles Beziehungsangebot dar, das sich so zusammenfassen lässt: »Ich möchte geführt werden, aber nicht von dir.« Beide verstecken ihr sexuelles Begehren: Michael versteckt sich dahinter, die verrätselten Erwartungen seiner Frau zu entschlüsseln. Karin versteckt ihr Begehren hinter einem uneinlösbaren Beziehungsangebot.

Und das ist die Falle, in die Karin und Michael gegangen sind. Sie wollen es gut hinbekommen miteinander. Deshalb haben beide ihre Grenze geregelt, in der der gute, sanfte Sex eingeschlossen ist und der böse, nicht so rücksichtsvolle Sex ausgeschlossen. Und so haben sie ihr sexuelles Problem erzeugt. Vor lauter Es-gut-machen-Wollen haben sie sich rücksichtsvoll und schonend eine Vermeidungssexualität zugelegt, die keinem wehtut, die aber auch keinen befriedigt.

Sam:

Die ungemütliche Alternative lautet: Willst du es nett und unbefriedigend – oder riskant und mit Chance auf Lust!

Feste und durchlässige Grenzen

Jeder Partner zieht eine Kommunikationsgrenze. Diese Grenze legt auf der einen Seite fest, was die Partner einander sagen und mitteilen, und auf der anderen Seite, was sie voreinander geheim halten und verschweigen. Die beiden Partner regeln das nun in den meisten Fällen nicht direkt und ausdrücklich, indem sie sich zusammensetzen und verabreden, was geheim bleiben soll und was offen gelegt werden muss. Diese Grenzziehung ist meist ein subtiler und unausgesprochener Prozess, der »einfach so passiert«, der aber umso wirksamer ist. Er wird durch zweierlei definiert:

- Ich teile meine Sexualität nur teilweise mit.
- Ich nehme nur teilweise wahr, was mein Partner mitteilt.

Diese beiden Entscheidungen trifft zwar jeder Partner für sich. Dabei spielt aber eine maßgebliche Rolle, wie der Partner sich darauf einstellt.

Reden oder verschweigen – was ist besser?

Diese Grenze zu öffnen oder infrage zu stellen, kann die erotische Entwicklung fördern. Das, was ausgeschlossen ist, könnte als reizvoll empfunden werden und Neugier provozieren. Es kann aber auch von einem oder beiden Partnern als bedrohlich und ängstigend erlebt werden. Als Beispiel seien die sexuellen Erfahrungen mit früheren Partnern genannt. Für manche Paare stellen sie eine positive Grundlage dar, auf der sich aufbauen lässt. Andere empfinden diese Erfahrungen als schwer einlösbare »Vorgabe«, gegen die sich die Partner fortwährend behaupten müssen.

Es ist eben nicht so eindeutig, ob reden oder verschweigen, ob Mitteilung oder Geheimnis, ob einschließen oder ausschließen besser ist. Wenn etwas ausgeschlossen wird, muss das kein Zeichen von Verklemmtheit sein. Vielmehr kann es weise sein, dem anderen nicht alles zu sagen. Durch Ausschluss und Einschluss entsteht erst die besondere Identität des Paares. Auch ein Paar, das sein Sexualleben unter das Motto »Wir sagen uns alles« stellt, wird diesen Anspruch kaum erfüllen können. Nicht nur, weil das Universum des sexuell Möglichen, Erfahrbaren und Fantasierbaren unerschöpflich ist. Grundsätzliche Offenheit ist auch naiv: »Wer nach allen Seiten offen ist, ist nicht ganz dicht«, sagt der gnadenlose Aphorismus.

Die erotische Klugheit heißt weder »radikale Offenheit« noch »Geheimhaltung um jeden Preis«. Vielmehr zeigt sie sich in der Abwägung der Frage, was aufgenommen wird und was besser draußen bleibt. Diskretes Verschweigen kann Probleme verhindern. Aber manchmal auch genau das Gegenteil: Es kann Probleme erzeugen – und dann kann der Preis des Geheimnisses ziemlich hoch sein. Auch darum ist Erotik eine Frage der Entscheidung: Es ist notwendig, sexuell auszuwählen, das eine zu wollen, etwas anderes nicht. Dadurch entsteht ein erotisches Profil. Manchmal erscheinen die Grenzen dessen, was ein Paar einschließt und was es ausschließt, uneinheitlich, willkürlich oder gar widersprüchlich. Doch sexuell zu leben, heißt sexuell auszuwählen. Bei Karin und Michael führten die Widersprüche des Aus- und Einschlusses zu sexueller Unzufriedenheit. Anderen Paaren gelingt es dadurch, positiv zu formulieren, wie sie sich gemeinsam erotisch weiterentwickeln wollen.

Grenzen wandeln sich

Die Grenzen, die sich das Paar für den erotischen Austausch setzt, verändern sich. Ständig. Neue Erfahrungen führen zu neuen Bedürfnissen und Wünschen. Anregungen von außen (ver-)führen dazu, neue Ideen auszuprobieren. Eine Fantasie oder eine bestimmte Erfahrung eines Partners kann dem anderen unbekannt sein. Dennoch ist sie präsent. Gedanken und Ideen werden allenfalls aus der Kommunikation verbannt, aber nicht aus dem Bewusstsein. So liegt die Chance bereit, Ausgeschlossenes in die erotische Kommunikation hineinzuholen und Eingeschlossenes aus dem Paarprofil zu verbannen. Anders geht sexuelle Entwicklung auch nicht.

Sexuelle Fantasien eines Partners, sofern sie überhaupt mitgeteilt werden, kann der andere als belebende Inspiration sehen. Oder aber als schwer nachvollziehbare und fremde Eigenwelt seines Gegenübers. Diese befremdende Welt kann eine Liebesbeziehung in eine große Krise stürzen, wenn sie offenbar wird. So wie die Fantasie von Alice im Film »Eyes Wide Shut« die Ehe in eine Krise stürzt.

Das individuelle sexuelle Profil

Wir haben schon ein paar Mal vom sexuellen Profil einer Person gesprochen. Damit sind wir bei einer zentralen Frage angelangt. Was macht mich als sexuelle Person aus? Was ist meine sexuelle »Persönlichkeit«? Wer bin ich als sexuell begehrender und handelnder Mann? Wer bin ich als sexuell begehrende und handelnde Frau? Um das zu verwirklichen, was mich sexuell ausmacht, muss ich eine Vorstellung von mir haben. Sie kann sehr detailreich und subtil sein. Um es etwas einfacher und praktischer zu machen, unterscheide ich vier Komponenten des sexuellen Profils.

Vier Komponenten des individuellen sexuellen Profils

- erotische **Erfahrungen** (Was habe ich bereits sexuell erlebt?)
- sexuelle **Fantasien** (Welche erotischen Bilder geistern durch meine Vorstellungswelt? Was kommt mir in den Sinn, ohne dass ich das sogleich umsetzen möchte? Wie viel Kopf-Porno ist in mir?) und **Wünsche** (Was möchte ich gerne erleben? Welche Bedürfnisse möchte ich gern erfüllt bekommen?)
- erotische **Fähigkeiten** und **Fertigkeiten** (Wie viel Verführungskunst habe ich auf Lager? Was sind meine Stärken und Schwächen als Liebhaber?)
- **aktuell gelebter Sex** (Welchen Sex lebe ich mit meinem Partner, welchen mit anderen Partnern, welchen mit mir selbst?)

Die individuellen Profile der Partner (die beiden Kreise in der Grafik auf Seite 68) können deswegen niemals vollständig überlappen. Das ist auch kein sinnvolles Ziel. Zwar kann Selbstbefriedigung auch einmal als erotisches Spiel in die Partnerschaft einbezogen werden. Sie wird dennoch nicht im sexuellen Profil des Paares aufgehen, sonst wäre es keine Selbstbefriedigung mehr. Auch können sich die Partner die bisherigen sexuellen Erfahrungen erzählen und sie so zum Teil ihrer erotischen Folklore machen. Individuelle Erfahrungen sind dennoch nur Teil des individuellen Profils.

Das erotische Profil ist aus vielen biographischen Eigenheiten und persönlichen Vorlieben zusammengesetzt. Und es ist eine gute Übung nachzusehen, was in Ihrer partnerschaftlichen Erotik ausgeschlossen und was eingeschlossen ist. Was Sie wissen und was Sie nicht wissen. Beginnen wir mit dem sexuellen Profil Ihres Partners. Das ist etwas einfacher. Und nur Geduld: Zu Ihrem eigenen Profil kommen wir gleich. Zunächst aber Ihr Partner. Die folgende Aufgabe hilft Ihnen dabei:

▶ Übung 2: Was wissen Sie vom sexuellen Profil Ihres Partners?

Lesen Sie die folgenden Aussagen. Schreiben Sie für jede der vier Seiten des erotischen Profils Ihres Partners, wie gut Sie sich da auskennen. Tragen Sie links ein, was Ihnen vertraut und bekannt ist, und rechts, wo Sie sich gar nicht auskennen.

Das kenne ich ganz gut		Da kenne ich mich nicht aus
	die sexuelle Vergangenheit meines Partners/meiner Partnerin	
	die Wünsche und Fantasien meines Partner/meiner Partnerin.	
	die sexuellen Fertigkeiten und Fähigkeiten meines Partners/meiner Partnerin	
	wie mein Partner/meine Partnerin seine/ihre gegenwärtige Sexualität lebt und erlebt	

Auswertung: Sehen Sie sich die Aufstellung an: Wissen Sie so viel, wie Sie wissen wollen? Oder ist Ihnen der Stand Ihres Unwissens gerade recht?

Sam:

Pass bei dieser Übung auf, dass du dir nichts vormachst! Du glaubst ernsthaft, das erotische Profil deines Partners besonders gut zu kennen? Abwarten! Wer kann schon in die Abgründe eines anderen Menschen schauen – auch wenn es der eigene Partner ist? Es würde mich wundern, wenn du mehr als die Hälfte des erotischen Profils kennst. Aber nimm es nicht schwer. Noch hast du Zeit zu überlegen, ob du überhaupt mehr wissen willst.

Das sexuelle Profil 1: die Erfahrungen

Die sexuelle Vergangenheit: Woher komme ich?

Manchmal liest man in Büchern oder Zeitschriften, beim sexuellen Erleben gehe es nur um das Hier und Jetzt. Das Erleben sei also geschichtslos. Oder solle es sein. Das lässt sich durchaus machen: Wir können uns auf eine gegenwärtige Situation konzentrieren. Es gelingt uns dann, an nichts anderes zu denken als an das, was wir im Augenblick spüren. Wir nehmen nur das wahr, was wir momentan tun.

Trotz dieser Momente der Gegenwart bleibt das »reine« sexuelle Erleben eine philosophische Idee. Sexuelle Erregung ist immer an Erinnerung und Erfahrung gebunden – außer beim ersten Mal ... Und selbst beim ersten Mal ist unsere Erregung angereichert durch Erzählungen anderer, Bücher, Zeitschriften und Filme. Wie wir uns dem anderen nähern, ob voller Hingabe oder zögernd, aktiv oder passiv, ob wir den anderen streicheln oder gar nichts vom Streicheln halten, ist das Ergebnis eines Erfahrungsprozesses. Er schwingt in jeder sexuellen Handlung mit.

Erotische Erfahrungen sind einflussreich, weil sie uns Fragen beantworten helfen, die für die aktuelle Beziehung sehr wichtig sein können:

- Was hat uns früher angemacht?
- Was hat uns abgetörnt?
- Wiederholt der Liebhaber (ohne es zu wissen) ein Verhalten, das uns schon bei einem früheren Liebhaber gestört hat?
- Belasten wir eine neue Beziehung mit der (unausgesprochenen) Vorgabe, der Sex müsste mindestens so gut wie, wenn nicht besser sein als damals mit jener Frau oder jenem Mann, die/der uns verlassen hat?

Sexuelle Erfahrungen sind – wie andere Erfahrungen auch – eine Mischung aus schönen und erhebenden, aus stolzen und peinlichen Geschichten. Alles gehört dazu. Das macht die eigene Erotik farbig. Sie wird richtig reich, wenn wir nichts davon ausklammern. Erst wenn wir Zugang zu den unerfreulichen Erlebnissen haben, kommen die erfreulichen Erlebnisse richtig zur Geltung: Kontrasteffekt.

Sam:
Keine Angst vor unangenehmen Erinnerungen! Die gehören auch dazu.

Die nächste Übung dient dazu, sich Ihrer sexuellen Geschichte zuzuwenden. Beginnen Sie zur Abwechslung einmal nicht mit einer einfachen »Sex-macht-Spaß-Geschichte«, sondern mit einem unangenehmen sexuellen Erlebnis. Probieren Sie, wie sich die alte Geschichte heute anfühlt.

▶ Übung 3: Ein unangenehmes sexuelles Erlebnis

Verabreden Sie sich mit Ihrem Partner zu einem erotischen Gespräch über ein für Sie besonders unangenehmes sexuelles Erlebnis.

Gehen Sie folgendermaßen vor:

1. Machen Sie einen Termin aus.

2. Überlegen Sie vorher, welches Erlebnis Sie erzählen wollen.

3. Erzählen Sie Ihrem Partner das Erlebnis möglichst anschaulich.

4. Ihr Partner hört zu. In der Rolle des Zuhörers beschränken Sie sich unbedingt darauf, zusätzliche Informationen zu erfragen. Enthalten Sie sich einer wertenden Äußerung.

Verabreden Sie auf jeden Fall, dass es bei der Übung nur um Ihr Erlebnis geht. Sie können einen andern Zeitpunkt für das Erlebnis Ihres Partners verabreden. Machen Sie nicht beide am selben Termin. Dann haben Sie mehr davon!

Auswertung: Wenn Sie fertig sind, diskutieren Sie folgende Frage: »Inwiefern hat das damalige Erlebnis noch Einfluss auf mein heutiges Sexualleben und inwiefern ist es abgeschlossen?« Diskutieren Sie gut, aber zerreden Sie es nicht. Eine halbe Stunde ist genug.

Wie wichtig sind die alten Geschichten?

Wenn zwei Liebende sich Geschichten erzählen, gewähren sie Einblick in ihr erotisches Fotoalbum. Anhand dieses erotischen Erzählbands entscheidet das Paar, welchen Stellenwert sie der Vergangenheit für ihr aktuelles erotisches Profil geben. Beispielsweise zeigen sie, inwieweit biografische Erfahrungen von der erotischen Entwicklung ablenken oder diese unterstützen. Hängen sie noch in der Vergangenheit fest und kommen nicht in der Gegenwart an, weil die alten Geschichten so mächtig sind? Nicht selten können alte Geschichten dazu dienen, der Auseinandersetzung mit Gegenwart und Zukunft auszuweichen.

Um so wichtiger. Klar, es kann Verletzungen geben, offene Rechnungen mit der Vergangenheit, ohne deren Klärung ein entwickelnder Schritt in der Gegenwart nicht möglich ist. Sie brauchen dafür aber eine Haltung offener Anteilnahme. Diese Haltung lässt Sie zuhören, ohne sich ständig zu eigenen Bewertungen und Werturteilen verleiten zu lassen.

Manche unserer Verhaltensweisen erklären wir aus der Lebensgeschichte: »Das ist so, weil damals das und das passiert ist.« Deswegen sind die biografischen Erzählungen so bedeutsam wie die Fragen, die sich daran knüpfen. Sie machen verständlich, warum jemand gerade so geworden ist. Oft versteht man den Partner besser, wenn man seine Geschichte kennt.

Biografische Erzählungen bewerten und nutzen

Zuhören will gekonnt sein. Wenn es schlecht läuft, verdaut der zuhörende Partner eine alte Geschichte nicht gut. Oder er geht in Konkurrenz mit mir. Wer hat wem was voraus: Wer hatte mehr Partner oder die schärfere Geschichte oder mehr Wünsche gelebt als der andere? Oder umgekehrt: Wer hat es schwerer gehabt? Belasten neu gewonnene biografische Informationen die aktuelle Beziehung?

Das Paar entscheidet, wie es die biografischen Erzählungen bewertet und nutzt. Zum einen gibt es die Möglichkeit, die Lebensgeschichte als vergangen und nicht mehr veränderbar zu betrachten. Zum anderen haben beide die Chance, die neuen Kenntnisse der individuellen Biografien zur Zwischenbilanz zu nutzen: Wo sind wir gegenwärtig erotisch angelangt? Wie lässt sich das Vergangene in die erotische Weiterentwicklung einbauen? Die biografischen Erzählungen verlieren dadurch einen Teil ihrer Schwere und bekommen stattdessen eine in die Zukunft gerichtete Wendung, die neue Perspektiven entstehen lassen kann.

▶ Übung 4: Erzählen Sie die erotische Geschichte Ihres Partners

Teil 1: Wie bei der letzten Übung fangen wir nicht bei Ihnen selbst an, sondern bei Ihrem Partner. Erinnern Sie sich an all das, was er oder sie Ihnen bislang erzählt hat. Denken Sie an seine bisherigen Beziehungen, die erotischen Enttäuschungen und Höhepunkte. Nehmen Sie sich ein Blatt Papier und einen Stift. Notieren Sie stichwortartig, was Sie über Ihren Partner wissen, über seine Erlebnisse und Erfahrungen. Berücksichtigen Sie dabei eine Reihe von wichtigen Stationen, so weit Sie Informationen darüber haben.

Mit Hilfe der Notizen erzählt ein Partner zunächst die sexuelle Biografie des anderen. Der andere hört zu und macht sich Notizen. Anschließend bringt der Zuhörer seine Sicht der Dinge ein, ergänzt die Erzählung um bisher Unerzähltes, korrigiert, bewertet neu und erweitert somit das Wissen des anderen.

Teil 2: Nach ca. 30 Minuten gehen Sie in die zweite Runde. Sie wechseln die Seiten und lauschen nun der Erzählung Ihrer sexuellen Biografie durch Ihren Partner. Müssen Sie sich aus Zeitgründen vertagen, vereinbaren Sie auf jeden Fall einen festen Termin, damit Sie beide die Gelegenheit wahrnehmen können, Ihre Geschichte aus der Sicht des anderen zu hören.

Ereignisse, Erlebnisse, Erinnerungen

Unsere Vergangenheit ist uns in unterschiedlicher Form präsent. Zum einen haben wir sie gelebt. Sie hat sich wirklich ereignet: Der erste Sexpartner hieß wirklich Hermann. Die erste Monatsblutung war wirklich kurz vor dem 13. Geburtstag. Im Zusammensein mit Corinna hatte ich wirklich keine Erektion. Zum ersten Mal fremd gegangen bin ich mit Elvira, das war die Schwester meiner Freundin ... Das ist die Vergangenheit der **Ereignisse** und Sachverhalte.

Zum anderen haben wir die Ereignisse auf eine bestimmte Weise erlebt: Dass er Hermann hieß, hat mich damals amüsiert, weil mein Vater auch so heißt. Das mit der Monatsblutung war erleichternd, weil die Freundinnen sie alle schon hinter sich hatten. Die Erektionsstörung mit Corinna war beschämend. Die Elvira-Geschichte empfand ich als unglaublich aufregend ... Das ist die Vergangenheit der **Erlebnisse**. Sie bewertet. Diese Vergangenheit gibt den Ereignissen eine sehr persönliche Färbung.

Darüber hinaus sind jedoch die Ereignisse und die Erlebnisse von ganz unterschiedlicher Bedeutung. Deshalb erinnern wir sie in gezielter Auswahl: Wir vergessen Dinge ohne Bedeutung. Wir verdrängen Dinge voller Bedeutung, die wir als belastend empfunden haben. Wir bewahren einzigartige Erlebnisse in romantischen Träumen bis in die Gegenwart. Wir plagen uns mit Gedanken an ungute Erfahrungen, die uns nicht in Ruhe lassen. Oder wir vergessen bestimmte Situationen völlig, bis uns ein alter Freund daran erinnert.

All das fließt in unseren **Erinnerungen** zusammen. Das Erinnerte nun erzählen wir auf eine eigene Weise. Und erst diese Erzählung macht die Vergangenheit zur Geschichte. Wir erzählen uns die eigene Geschichte zunächst selbst. Wir bauen sie im eigenen Kopf zusammen. Dann berichten wir sie anderen. Dabei erzählen wir möglicherweise jedem, der zuhört, etwas anderes. Mit jeder Geschichte wählen wir bestimmte Teile für die Story aus. Dafür lassen wir andere weg. Einmal betonen wir etwas, was wir beim nächsten Mal weglassen. Auf diese Weise wird die Hermann-Geschichte zur Grundlage verschiedener lustiger Verwechslungs-Storys. Mit der Geschichte der ersten Monatsblutung stimmen wir später die pubertierende Tochter auf ihre geschlechtliche Reife ein. Die Geschichte von Corinna wird zu einer Beichte des Scheiterns. Und Elvira? Diese Geschichte baumelt wie ein Damokles-Schwert als bisher verschwiegene Sünde über der Ehe.

Der Blick auf die eigene Geschichte verändert sich

Sexuelle Entwicklung lässt sich nur subjektiv gefärbt erzählen. Wie wir die sexuelle Vergangenheit betrachten, ist also das Ergebnis einer mehrfachen Auswahl. Wir gestalten mit unserer Erzählung die Vergangenheit aktiv und bauen sie zu einer plausiblen Geschichte um. Weil wir aus unserer gegenwärtigen Gedanken- und Gefühlswelt heraus erzählen, ist die Vergangenheit lebendig, unabgeschlossen und immer wieder Veränderungen unterworfen.

Im Licht neuer Erfahrungen verändert sich auch der Blick auf unsere erotischen Geschichten. Wir erzählen die gleichen Geschichten auf andere Weise. Selbst die harten Fakten lassen sich manchmal anders interpretieren. Wir rücken dann eher das gut Gemeinte am schlecht Gekonnten in den Blickpunkt. Ein Vorwurf weicht eher der Nachsicht.

Erotische Entwicklung lässt sich also daran bemessen: Können wir die Geschichte der eigenen Sexualität, und damit der Entwicklung als Mann oder Frau, anders erzählen als früher? Ein Beispiel dafür gibt die Geschichte von Jonas. Sie illustriert, wie aus einer ursprünglich abwertenden Selbstsicht eine gelingende Neubestimmung entsteht.

Fallbeispiel »Jonas und die eigene Kleinheit«

Jonas verliebte sich unsterblich in Corinna. Jonas beschrieb die Verbindung zu Corinna als »intensiv, wahrhaftig, die große Liebe«. Und gleichzeitig litt er, denn Corinna hatte viel an ihm auszusetzen. Und sie hatte ja irgendwie Recht. Eine solche Frau konnte er nicht verdient haben! Er überhöhte die Frau so sehr, dass jede Kritik, jede minimale Nicht-Übereinstimmung zwischen ihnen, Jonas nur die eigene Unvollkommenheit bestätigte. Er idealisierte z. B. ihre Intuition, denn er war sicher, dass nur sie erkannte, wie er »wirklich« war. Jede Meinung, die von seiner abwich, bestätigte ihm die eigene Minderwertigkeit. Jeder Einwand, den sie gegen ein Argument von ihm vorbrachte, bekräftigte seine Kleinheit. Als die beiden ein Paar wurden, entwickelte er Erektionsstörungen: »Ausgerechnet bei der Frau meines Lebens«, schüttelte er den Kopf.

In seinen Erektionsstörungen sah er nur einmal mehr den Beweis, nicht richtig, nicht männlich, nicht stark zu sein. Er nahm sie als Indiz der Wahrheit, nicht gut genug für diese himmlische Frau zu sein. Da Corinna keinen Nutzen daraus ziehen konnte, dass sich ihr Partner so sehr selbst abwertete und klein machte, kam es zur Trennung. Erst später kamen die Erektionsstörungen zur Sprache. Das Gespräch darüber veränderte die Sicht auf die Vergangenheit. Je blasser die Corinna-Beziehung wurde, desto weiter entfernte er sich vom Kern seiner früheren Erzählung. Er lernte eine neue Partnerin kennen. Das Symptom trat nicht mehr auf. Er konnte von der Idee lassen, derzufolge die Erektionsstörungen die eigene Minderwertigkeit bewiesen. Im Rückblick kommentiert er die Geschichte so: »Ich habe damals besser wahrgenommen, als ich dachte. Im Grunde war die Erektionsstörung ein Warnsignal. Mein Penis hat gesagt: So will ich nicht! Und er hat Recht gehabt!«

So entwickelt sich aus einer Geschichte, deren Erzähler sich selbst als sehr klein und minderwertig sieht, über die Zeit eine Alternative: Die Sicht auf die Erektionsstörung verändert sich. Aus dem

Indiz der eigenen Kleinheit und Minderwertigkeit wird ein Hinweis auf die eigene Fähigkeit, Nähe und Distanz kompetent regulieren zu können.

Welche Geschichten wählen wir aus? Gute und schlechte Geschichten

Mittels Geschichten sind wir in der Lage, variantenreich von der eigenen Untauglichkeit zu sprechen. Auch die häufigen Klagen zählen dazu, mit denen wir jene Täter dingfest machen, die vermeintlich Schuld haben an unserem Leiden oder unserem verpfuschten Leben, an der Unzufriedenheit, am unerfüllten Dasein: kontrollierende Mütter, missbrauchende Stiefväter, egoistische Männer, kastrierende Frauen und/oder die herzlose Zeit heutzutage, das Patriarchat immer schon – und andere großen Missetäter auch.

Geschichten von Opfern und Tätern oder solche von der eigenen Minderwertigkeit, wie Jonas sie erzählt hat, ordnen das seelische Leben. Auch wenn es unsinnig erscheint, weil die Erzähler in diesen Geschichten häufig schlecht abschneiden: Die Erzählungen bringen bisher Unverständliches in bekannte und daher verstehbare Formen:

- Sie machen Leiden für uns selbst einleuchtend.
- Sie helfen mit, Dinge zu erklären.
- Sie ordnen die sonst unübersichtliche Gefühlslandschaft des Unwohlseins.
- Sie sind verlockend, denn sie bieten eine Ursache-Wirkung-Verbindung: »Ich fühle so, weil ...«
- Sie erzeugen Eindeutigkeit, verschonen von Mehrdeutigkeiten.
- Das Leiden bekommt Raum und Namen.
- Sie stabilisieren die Seele.

Meist werden Geschichten einem Gegenüber erzählt. Gerade sexuelle Erzählungen belassen es jedoch oft bei Ausschnitten. Zudem wird jedem Zuhörer etwas anderes zugetragen. Damit verschieben sich auch die Bedeutungen. Jeder Gesprächspartner bekommt einen anderen Eindruck.

Gute Geschichten können schlechte Wirkungen haben

Für ein Paar sind Erzählungen aus der sexuellen Biografie von besonderer Bedeutung. Erlebnisse, die den einen befriedigt und beglückt haben, können vom Partner, noch Jahre später, als unangenehm, ja bedrohlich aufgenommen werden. Großartige Erinnerungen (mit anderen Partnern) können die gemeinsame Gegenwart des Paares ärmlicher erscheinen lassen. Ein selbstunsicherer Partner kann die eigene Biografie dagegen als arm oder belastet darstellen. Damit bringt er den anderen womöglich in die Defensive. Das kann ohne Absicht passieren. Jeder kann ungewollt eine sensible Stelle des zuhörenden Partners berühren.

Manchmal jedoch kann die Wirkung sehr wohl auch beabsichtigt sein. Ein Streit beispielsweise kann ein Anlass sein, beeindruckende Erlebnisse aus der Vergangenheit zu aktivieren. Das wertet den anderen ab und stärkt die eigene Position – natürlich nur kurzfristig.

Schlechte Geschichten können gute Wirkungen haben

So ähnlich kann es bei unangenehmen Erlebnissen passieren. Zwar können sich Partner durchaus in Gewalterfahrungen des anderen einfühlen und an enttäuschenden Beziehungen Anteil nehmen. Gleichzeitig können solche Erzählungen auch dazu auffordern, den Partner weiterhin als Opfer zu behandeln und anzuerkennen. Dem Opfer ist es dann möglich, auf besondere Rücksicht zu pochen. Verbinden sich solche Partnerbiografien – eine als befriedigend, die andere als belastet erzählt –, kann dies leicht zu einer Umkehr der ursprünglichen Verhältnisse führen: Ein Partner ist unzufrieden und fordert Aufmerksamkeit vom anderen, der unter Umständen im Leben bisher mehr Glück gehabt hat.

Erotische Verlierer- und Gewinnergeschichten

Problemgeschichten spielen im Austausch zwischen den Partnern eine wichtige Rolle: Sie beinhalten meistens einen Appell, denn sie werden dem Partner selten absichtslos erzählt. Ein liebender Partner fühlt sich schnell eingeladen, das Problem zu lösen oder zumindest zu mildern. So können Problemgeschichten dazu führen, dass Intimität zwischen den Partnern hergestellt wird. Das Problem wird in die Beziehung eingebracht mit der Erwartung, der Partner solle es lösen.

Der zuhörende Partner folgt der Aufforderung, in die ausgleichende Position zu gehen. Er füllt die Lücke, die der erzählende Partner angeboten hat: Er versteht, tröstet, zeigt sich stark. Und so ist das Problem gut aufgehoben in der Partnerschaft. Gut aufgehoben? Wie das? Probleme stören doch, die sollen doch behoben werden. Ja, einerseits. Aber ganz so einfach ist es manchmal nicht. Probleme können auch heimliche Vorteile haben, die man nicht so schnell sieht. Und dann werden sie am Leben gehalten. Das gehört zu den interessanten Phänomenen in Paarbeziehungen: Probleme können Partner zusammenhalten. Probleme können Bindungsmittel in Beziehungen sein.

Fallbeispiel

Alain und Elfie, beide Ende 50, sind ein solches Beispiel. Sie waren nur zu zwei Beratungsgesprächen bei mir. Alain war Alkoholiker. Mehrere Entziehungskuren waren erfolglos geblieben. Er war ein leiser Trinker, begann meist am Mittag, heimlich zu trinken und saß abends initiativlos zu Hause. Sie kamen auf Betreiben von Elfie zu mir, die darunter litt, dass er sich nicht nur sexuell zurückgezogen hatte, sondern ihr auch kaum noch Zärtlichkeiten bot. Elfie hatte die typische Co-Alkoholiker-Rolle übernommen. Sie beklagte sich über sein Problem, unterstützte es aber indirekt, indem sie Alain alle praktische Verantwortung abnahm und sich um alles kümmerte. Dass er ihr wenigstens gelegentlich sexuell entgegenkäme, war ihr Anliegen. Auf meine Frage, was denn anders wäre, wenn Alain nicht mehr trinken und sich liebevoll um Elfie kümmern würde, ging Elfie für einen Moment erfreut ein: »Darauf warte ich ja seit Jahren!« Meine vorsichtigen zielgerichteten Nachfragen, wie denn ein Eheleben ohne Alkohol und mit Zärtlichkeit aussehen könnte, schienen beide Partner aber eher zu bedrücken als zu erleichtern. Zum dritten verabredeten Termin kamen sie dann nicht mehr.

Es mag sein, dass ich mit einem anderen Vorgehen mehr Erfolg gehabt hätte. Ich glaube es aber nicht. Beide hatten sich mit dem Problem eingerichtet, Elfie hatte sich auf einen Mann eingestellt, den sie gut kannte, der sie nicht überforderte und mit dem sie, wenn auch unzufrieden, leben konnte. Alain hatte in Elfie eine funktionierende Versorgung. Und mit der Alkoholabhängigkeit auch einen Grund, sich nicht um sexuelle Initiative bemühen zu müssen. Mit dem Problem konnten Alain und Elfie – so hart das klingen mag – einfacher leben als mit einer Lösung, die viel Aktivität, Umstellung und Aufwand bedeutet hätte. Lieber das bekannte Problem als die unbekannte Lösung – darauf lief es hinaus.

Halb leer oder halb voll?

Solche Erzählungen formen unser Selbstbild. Und vor diesem Hintergrund gestalten wir unser aktuelles Handeln. Damit gelangen wir zu der Frage, was eine gute, eine nützliche Geschichte ausmacht. Den Unterschied zwischen dem halb leeren und dem halb vollen Glas kennen wir alle. Auch unsere erotische Lebensgeschichte können wir uns halb leer erzählen. Wenn wir das tun, konzentrieren wir uns auf das, was fehlt, was schief gelaufen ist, was wehgetan hat. Und wir erklären damit die eigene Unfähigkeit, sich auf Intimität einzulassen, den inneren Knoten, der noch gelöst werden muss, den vom Konflikt, der sehr tief sitzt, die Grundangst, die immer dabei ist.

Oder wir erzählen unsere erotische Lebensgeschichte halb voll – mit zunehmender Tendenz. Das heißt, wir konzentrieren uns auf die Erinnerung an glückliche Momente, an befriedigende Begegnungen, an gelungene sexuelle Situationen, an warme Gefühle und geile Höhepunkte. Und wir verstehen unser Leben als eine gewachsene Sammlung von Erfahrungsreichtum.

So können wir verschiedene Geschichten über unser sexuelles Leben erzählen. Verschiedene Geschichten, die alle auf ihre Weise wahr sind. Probieren Sie es aus! Erzählen Sie Ihr sexuelles Leben in zwei gegensätzlichen Versionen, einmal als Gewinnergeschichte einer wunderbaren Entwicklung und einmal als Verlierergeschichte voller Enttäuschungen und Schicksalsschläge. Ziel der Übung ist, sich – als Erzähler und als Zuhörer – mit zwei Lesarten ein und derselben Lebensgeschichte vertraut zu machen.

▶ Übung 5: Meine sexuelle Lebensgeschichte als Gewinner- und als Verlierergeschichte

▪ Die Verlierergeschichte

1. Erzählen Sie Ihrem Partner (oder einem andern Menschen) Ihre sexuelle Lebensgeschichte als Verlierergeschichte.

2. Konzentrieren Sie sich dabei auf die unglücklichen Erlebnisse, auf Kränkungen und Misserfolge, auf Niederlagen und schlecht gelaufene Beziehungen.

3. Erfinden Sie nichts dazu! Erzählen Sie nur wahre Geschichten. Und lassen Sie angenehme Erlebnisse einfach weg.
4. Beachten Sie dabei, dass Sie Ihrem Partner die Geschichte glaubhaft schildern.

Und gleich drauf polen Sie um auf:

- **Die Gewinnergeschichte**

1. Erzählen Sie Ihrem Partner (oder einem andern Menschen) Ihre sexuelle Lebensgeschichte als Gewinnergeschichte.
2. Konzentrieren Sie sich dabei auf schöne Erlebnisse, auf Glücksmomente und Erfolge, auf erregende Begegnungen und befriedigende Beziehungen.
3. Erfinden Sie auf keinen Fall etwas dazu! Erzählen Sie nur wahre Geschichten. Und lassen Sie negative Erlebnisse einfach weg.
4. Beachten Sie dabei, dass Sie Ihrem Partner die Geschichte glaubhaft schildern.

Auswertung: Wie ist es, sich selbst als Gewinner darzustellen? Wie wirkt es, die eigene erotische Entwicklung aus der Verliererperspektive zu betrachten? Und fragen Sie Ihren Partner, welche Geschichte ihm glaubhafter vorkam. Und warum.

Sam:
Es geht nicht darum, erlebtes Leid einfach nur wegzuerzählen oder womöglich noch schönzureden. Sondern darum, die schönen Erfahrungen nicht zu vergessen. Pflege deinen Schatz! Und vergiss ihn nicht!

Die sexuelle Beziehungsgeschichte

Wir erzählen nicht nur unsere individuellen Geschichten. Wir erzählen auch die Geschichte unserer sexuellen Partnerschaft. Wie alles angefangen hat, welche Rivalen da noch im Spiel waren, wie es in der engen Wohnung mit dem alten Bett zuging. Und dann heute – naja. Das erzählen wir nicht einfach so, indem der eine vorträgt und der andere einer Story zuhört, die er ohnehin kennt, aber vielleicht ganz anders bewertet. Das Erzählen passiert ganz beiläufig. Und da kann es romantische Übereinstimmungen geben. Das sind die Weißt-du-noch-Geschichten. Und es kann Meinungsverschiedenheiten geben. Wo ich sicher bin, dass mein Partner das ganz verkehrt erinnert. Und wo ich mich schon immer geärgert habe, denn in Wirklichkeit war das ganz anders ...

Das kommt Ihnen bekannt vor? Dann lassen Sie es doch einmal darauf ankommen! Aber tun Sie es nur, wenn Sie gut ausgeschlafen haben – und wenn Sie gerade gut aufeinander zu sprechen sind. Denn die Nacherzählung der eigenen Liebesgeschichte, des Mythos unserer Geschichte, ist mit Fallen durchsetzt. Deshalb die Warnung vor Risiken und Nebenwirkungen: Die nächste Übung kann zu Streit führen! Wenn Sie ihn vermeiden wollen, lassen Sie es lieber. Aber der Hinweis auf die Chance, die hier liegt, gehört auch dazu. Sie können nochmal aufräumen, was da an unguten Erinnerungen oder auch nur an Missverständnissen liegen geblieben ist. Und das kann sehr heilsam sein!

▶ Übung 6: Unsere erotische Beziehungsgeschichte

Stellen Sie zusammen mit Ihrem Partner die eigene sexuelle Geschichte grafisch dar. Nehmen Sie drei Blatt Papier, am besten kariertes. Eines für Sie, eines für Ihren Partner und ein drittes für Sie beide.

Zeichnen Sie auf jedem Blatt zwei Achsen im rechten Winkel zueinander. Auf der waagerechten Achse tragen Sie die Zeit ein, vom Kennenlernen bis zur Gegenwart. Auf der senkrechten Achse markieren Sie dann Blatt für Blatt die sexuelle Zufriedenheit (von 0 bis 100), Ihr Wohlbefinden als Mann bzw. als Frau.

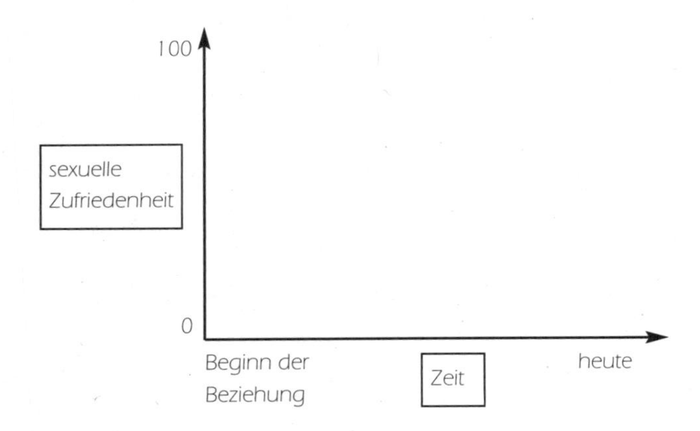

1. Verwenden Sie verschiedene Farben für Sie beide.
2. Sie sollten Ihrem Partner Ihre Grafik zunächst nicht zeigen. Damit vermeiden Sie, bereits vorab beeinflusst zu werden. Zusätzlich steigert es den Wert und die Spannung bis zur Auswertung.
3. Wenn Sie unabhängig voneinander den Verlauf eingetragen haben, zeigen Sie dem Partner Ihre Grafik. Erläutern Sie Ihre Verlaufskurve und erkundigen Sie sich bei Ihrem Partner, wie er seine Verlaufskurve gemeint hat.
4. Dann tragen Sie die beiden Verläufe auf das dritte Blatt. Hier können Sie nun direkt vergleichen.

5. Die Übung wird besser, wenn Sie auf die waagerechte Achse wichtige Beziehungsereignisse eintragen: Hochzeit, Geburt der Kinder, der erste Umzug, Krisen usw.

6. Vergleichen Sie jetzt Ihre unterschiedlichen Verläufe. Wo sind die großen Unterschiede? Wie erklären Sie sich diese?

Fallbeispiel

Dora (gestrichelte Linie) und Hans (durchgezogene Linie) kommen zu folgender Grafik:

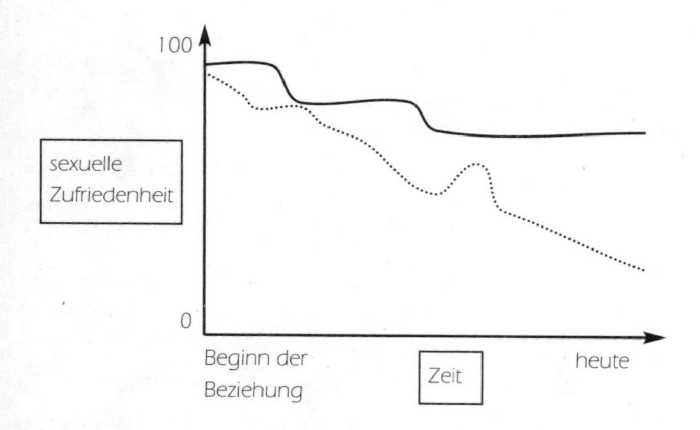

Vor dem direkten Vergleich stellten sie fest, dass ihre sexuelle Zufriedenheit abgenommen hatte. Wie weit sie diesbezüglich aber auseinander waren, wurde ihnen erst durch die Verlaufskurve klar. Der berufsbedingte Umzug nach München und die vielen Umstellungen waren für Dora der Beginn einer tiefen Frustration. Hans hatte das damals nur am Rand bemerkt und nicht wirklich ernst genommen. Die Verlaufsanalyse führte beide zu längeren und ernsten Gesprächen über die Frage, was sie in ihrer Partnerschaft ändern müssen.

Veränderung ist auf die Zukunft bezogen. Und bei der Zukunft spielen Wünsche und Fantasien eine zentrale Rolle.

Das sexuelle Profil 2: erotische Wünsche und Fantasien

Wenn Sie Ihr sexuelles Leben überblicken – von der ersten Erfahrung über die Gegenwart bis zum Ende Ihres Lebens –, würden Sie sagen, Sie haben die beste sexuelle Erfahrung schon hinter sich, oder würden Sie sagen, sie steht noch bevor?

Eine unbeantwortbare Frage. Wer weiß schon, was in der Zukunft kommt! Aber eine gute Frage, wenn man sie anders versteht, nämlich als Aussage über das Feeling, an welcher Stelle seiner sexuellen Lebensgeschichte man steht. »Sind die großen Zeiten vorbei und ich lebe von der erotischen Erinnerung?« Oder anders herum: »War das alles nichts bisher? Und muss jetzt endlich und unbedingt die Erfüllung her?« Oder: »Soll das alles gewesen sein?« Oder: »Ich habe gut gelebt und kann nicht genug kriegen?« Oder: »60 Jahre alt und kein bisschen weise?«

In all diesen Formeln ist eine Bewegung zu erkennen: Es geht abwärts, es geht aufwärts, es bleibt gleich. Und es ist zu erkennen, ob wir eher weg von der schlechten Vergangenheit wollen oder hin zur guten Zukunft. Sind wir geschoben oder gezogen in unserer sexuellen Lebensgeschichte? Nachdem wir uns eben ausführlich mit dem beschäftigt haben, was schon war, blicken wir jetzt nach vorn, in die Zukunft.

Wie lautet die Formel Ihrer erotischen Zukunft? Versuchen Sie es in einem oder zwei kurzen Sätzen auf den Punkt zubringen, was noch kommen soll. Oder muss.

▶ Übung 7: Meine Das kommt-noch-Formel

Sie lautet etwa so:

....

Sehen wir uns genauer an, was da noch ungelebt ist, was noch kommen soll. Und wie die erotische Zukunft aussehen könnte. Ob überhaupt alles gelebt werden soll, was ich mir in meiner Fantasie vorstelle. Dafür müssen wir eine wichtige Unterscheidung einführen zwischen sexuellen Wünschen und Fantasien.

Wünsche und Fantasien

- **Fantasien** sind traumartige Vorstellungen, was alles möglich wäre. Sie können völlig absurd und weltfremd sein. Sie leben zunächst nicht von der Absicht, danach zu handeln. Sie können völlig unabhängig von der Partnerschaft ihr stilles Eigenleben als »my secret garden« führen.
- **Wünsche** dagegen drängen nach Verwirklichung. Sie sind »realistische« und absichtsvolle Fantasien. »Das will ich wirklich machen!« Wünsche sind näher am Handeln.

Diese Unterscheidung ist wichtig. Sonst fühlen wir uns womöglich von uns selbst oder vom Partner aufgefordert, etwas in die Tat umzusetzen, was »einfach so«, als Fantasie ins Spiel gekommen ist. Sehen wir uns zunächst die Wünsche genauer an.

In erotischen Wünschen drücken sich Sehnsüchte, Erwartungen und auch konkrete Handlungsziele aus. Sie entwickeln eine eigene Schubkraft, um irgendwann umgesetzt zu werden. Wünsche können im Prinzip befriedigt werden.

Ein Beispiel: Ich möchte gern meinen Chef verführen. Also lege ich es darauf an, habe Erfolg – und der Wunsch ist befriedigt. Aber die Befriedigung ist noch nicht das Ende vom Lied. Hört es damit auf, dass ich den Chef verführt habe? Oder kommt gleich der nächste Wunsch hinterher? Mit dem Chef dann auch noch in den Urlaub fahren? Ist das genug? Oder will ich ihm dann noch seine Frau ausspannen? Reicht das? Oder will ich dann noch mit ihm zusammenziehen?

Mit der Befriedigung von Wünschen kehrt meist nur kurzfristig Ruhe ein. Wer seine Wünsche verwirklicht, dem gehen die Wünsche nicht aus. Aus erfüllten Wünschen wachsen schnell wieder neue. Wünsche sind somit ein mächtiger Antreiber für sexuelles Handeln.

Was wünsche ich mir? Was begehre ich? Wonach sehne ich mich?

Wünsche und Sehnsüchte machen unser Begehren aus. Das geschieht unabhängig von der aktuellen Paarbeziehung. Manche Wünsche werden erfüllt. Andere schlummern sanft und müssen erst frisch angestoßen werden. Manch andere Wünsche sind in Vergessenheit geraten, weil klar ist, dass sie in der gegenwärtigen Beziehung keinen Platz finden. Aber sie lauern und warten auf eine günstige Gelegenheit.

Wünsche und Sehnsüchte können sich im Lauf der Jahre verändern. Manche werden stärker, manche werden schwächer. Wer in seinem Leben bisher nur mit einem Menschen Sex gehabt hat, für den könnte mit der Zeit der Wunsch drängender werden, sich auf Sex mit jemand anderem einzulassen. Umgekehrt könnte sich jemand, der viele sexuelle Erfahrungen in kurzzeitigen, vorübergehenden Partnerschaften gemacht hat, danach sehnen, mit einem Menschen über einen längeren Zeitpunkt auszuloten, wie weit sich der Sex in einer solchen Beziehung entwickeln lässt.

Wünsche haben, Wünsche mitteilen, Wünsche erfüllen

Wünsche zu haben, ist eine Sache. Wünsche zu äußern eine andere. Wünsche brauchen ein Gegenüber. Nicht jeder Wunsch ist zu erfüllen. Nicht jeden Wunsch wird unser Partner gutheißen. Anders ausgedrückt: Um Wünsche erfüllt zu bekommen, müssen sie beim Partner anschlussfähig sein. Außerdem: Manche Wünsche teilen wir bereitwillig mit. Über andere wollen wir auf keinen Fall reden, nicht einmal mit dem eigenen Partner. Andere wiederum rücken wir unter bestimmten Voraussetzungen heraus – vielleicht, wenn wir sichergehen können, uns damit keinen Ärger, keine Ablehnung oder Enttäuschung einzuhandeln.

Deswegen sollten Sie im Anschluss an die Übung 8 »Was wünsche ich? Was wünscht sich mein Partner?«, Seite 102 f., über Ihre Wünsche ins Gespräch kommen und herausfinden, welche in die Kategorie »sofort erfüllbar«, »unter bestimmten Voraussetzungen erfüllbar« und »unerfüllbar« fallen.

Nun sind erotische Wünsche in einer Liebesbeziehung häufig ein Thema, egal ob wir darüber reden oder nicht. Oft erfüllen wir einander Wünsche – ohne dass wir dies so benennen. Vor allem am Anfang der Beziehung sind wir scharf darauf, dem Partner die Wünsche von den Augen abzulesen – und sie zu erfüllen, wenn es sich machen lässt. Lernen wir einander kennen, erfahren wir mehr über unsere erotischen Wünsche. Wir lauschen, was wir an Sehnsüchten im Gespräch heraushören. Wir achten darauf, auszuloten, was dem anderen gefällt und was ihm nicht so sehr behagt. Wenn wir etwas ausprobieren, registrieren wir, wie gut es ankommt oder nicht. Wir erfahren, was der eine will und was der andere will, was der eine nicht will und was der andere nicht will. All das bauen wir dann in unser zukünftiges Verhalten ein. Wenn der Partner eine kleine erotische Massage mag, bekommt er diese. Oder wir überraschen ihn mit einem romantischen Abendessen, das er sich schon lange wünscht.

Gehen die Jahre ins Land, verlieren wir die Wünsche unseres Partners leicht aus dem Blick. Allerdings passiert uns das meist unbemerkt und ohne böse Absicht. Wir vernachlässigen diese Wünsche nicht, weil sie nicht mehr erfüllbar wären. Vielmehr kommen sie im alltäglichen Routinebetrieb unter die Räder. Außerdem ist uns nicht mehr so unmittelbar daran gelegen, dem Partner die Freude der Wunscherfüllung zu machen. Immerhin hat der sich ja schon für uns entschieden ... Weil die Beziehung stabil scheint und wir uns um den anderen nicht mehr bemühen müssen, hören wir auf, uns die Wünsche des anderen zu eigen zu machen.

Vorwürfe und Erotik

Und irgendwann setzen dann die Beschwerden ein und die Hoch-Zeit der Vorwürfe beginnt. Was zuerst ganz unschuldig beginnt: »Ich hätte zu gern mal wieder eine Massage von dir«, geht bitter weiter: »Die Zeiten, dass du mir die Wünsche von den Augen abgelesen hast, sind ja wohl auch lang vorbei.«

Hier sind wir bei einem besonders wirksamen Erotikkiller, den erotischen Vorwürfen. Wünsche, die vorwurfsvoll geäußert werden, sind nicht zu erfüllen! Jedenfalls nicht auf erotische Weise.

Fallbeispiel

Marie sagt zu Friedrich»Ich finde es enttäuschend, dass du dich so wenig sexuell um mich bemühst.« Maries Vorwurf bringt Friedrich in eine paradoxe Lage: Nimmt er ihn auf und bemüht er sich um Marie, wird sie schnell das Gefühl bekommen, es tue es nur ihr zuliebe und nicht, weil er es wirklich will. Tut er es aber nicht, gibt er ihrem Vorwurf Recht.

In beiden Fällen entkommt er dem Vorwurf nicht. Vielleicht ist das sogar Maries Absicht. Vielleicht will sie prüfen, wie ernst es Friedrich ist. Und vielleicht ist sie selbst in der Falle des eigenen Vorwurfs gefangen. Weil sie ihm seine erotische Initiative nicht mehr abnimmt. »Mir zuliebe brauchst du das nicht zu machen«, war dann der Todesstoß für jede Aktivität von Friedrich.

Vorwürfe spielen bei partnerbestimmter Sexualität eine wichtige Rolle. Wenn der Partner, der die Vorwürfe empfängt, es dem anderen recht machen will – macht er es grade verkehrt. Und wenn er es nicht will, auch. Was also tun? Wie kommt man aus der Vorwurfsfalle heraus.

Dazu eine einfache Regel, um gar nicht erst in den Vorwurf hineinzukommen, und eine zweite, etwas schwierigere Regel, um wieder herauszukommen:

1. Regel: Erkläre nicht deinem Partner, was er falsch macht, sondern sag ihm, was dein Wunsch ist.

2. Regel: Sage, was dein Wunsch ist, auch wenn dein Partner dich dazu auffordert. Werde deinem Wunsch gerecht, nicht dem Vorwurf des Partners.

Friedrich kriegte die Kurve. Beim gemeinsamen Kochen umfing er Marie von hinten, nahm ihre Brüste in die Hände und drückte seinen Unterleib gegen ihr Gesäß. »Du bist so scharf«, raunt er ihr ins Ohr. Marie reagiert verdutzt: »Du hast ja ein Timing. Gerade jetzt, wo die Gäste gleich kommen.« Friedrich lacht: »Genau jetzt, wo die Gäste gleich kommen …« Er lässt nicht ab von ihr und verführt sie zu einem Quickie in [illegible] Küche. Und als kurz darauf die Gäste klingeln, sagt Friedrich auf [illegible] Wohnungstür lachend zu Marie. »Ich hab's nur für dich

Mit dieser Aktion befreit sich Friedrich von ihrer Erwartung. Er tut, wonach ihm gerade ist. Und er macht sich nicht abhängig von ihrem Einwand und von den alten Vorwürfen, die bisher immer mitgelaufen sind. Vor allem übernimmt Friedrich selbst die Initiative – ohne Marie erst zu fragen!

Warten wir auf die Wunscherfüllung und tritt diese nicht ein, reagieren wir meist gekränkt, zweifeln am Partner und an seiner Liebe. Wir legen dann ein inneres Konto an, auf dem wir all unsere unerfüllten Wünsche auf einer Vorwurfsliste für den Partner verbuchen.

Das Aufrechnen unerfüllter Wünsche gehört zu den quälendsten Beschäftigungen innerhalb von Partnerschaften. Quälend, weil es etwas reparieren will, das die Partner auch verhindern könnten. Das geht auch, ist aber keine einfache Angelegenheit. Und nicht immer bekommt man die Kurve so elegant wie Friedrich in unserem Beispiel.

Wollen wir nicht, dass unsere Beziehung in eine solche Aufrechnungssituation gerät, müssen wir rechtzeitig handeln. Lang bevor wir das Nicht-Erfüllungskonto anlegen und die Vorwurfsspirale antreiben, können wir dafür sorgen, dass der andere sich um unsere Wünsche kümmert. Das ist u.a. eine Frage der klugen Einladungen und Verführungen.

Die folgende kleine Übung soll Sie aktuell mit den Wünschen, Vorlieben und Sehnsüchten vertraut machen, die Ihr Partner hegt. Es reicht nämlich nach einigen Jahren nicht mehr aus, sich einfach nur auf die anfänglich bekannt gewordenen Wünsche zu beziehen: Wünsche verändern sich, Vorlieben entwickeln sich und verschwinden wieder. Die folgende Übung ist dafür gedacht, das Wissen über den Partner auf den aktuellen Stand zu bringen.

▶ Übung 8: Was wünsche ich? Was wünscht sich mein Partner?

Dies ist eine gemeinsame Übung für beide Partner

▪ Nehmen Sie ein Din-A4-Blatt und teilen Sie es im Querformat in vier gleich große Felder.

▪ Tragen Sie links oben ein, was Ihre drei wichtigsten Wünsche sind.

▪ Tragen Sie rechts oben ein, wie gern Ihr Partner Ihnen jeden dieser Wünsche erfüllen würde – unabhängig davon, ob Ihr Partner den Wunsch tatsächlich schon erfüllt hat.

Das sieht etwa so aus:

Meine drei wichtigsten erotischen Wünsche: a. b. c.	So gern erfüllt mein Partner diesen Wunsch a. b. c.
Die drei wichtigsten erotischen Wünsche meines Partners a. b. c.	So gern erfülle ich meinem Partner diesen Wunsch a. b. c.

▪ Schätzen Sie nun seine Bereitschaft ein. Verwenden Sie dafür folgende Skala

1. Diesen Wunsch würde er/sie sehr ungern erfüllen.

2. Diesen Wunsch würde er/sei eher ungern erfüllen.

3. Diesen Wunsch würde er/sie weder gern noch ungern erfüllen.

4. Diesen Wunsch würde er/sie eher gern erfüllen.

5. Diesen Wunsch würde er/sie sehr gern erfüllen.

- **Links unten tragen Sie die drei wichtigsten Wünsche Ihres Partners ein.**
- **Und rechts unten Ihre Bereitschaft, wie gern Sie ihm/ihr jeden dieser Wünsche erfüllen würden. Auch hier unabhängig davon, ob Sie das schon getan haben. Verwenden Sie dafür dieselbe Skala.**

Ihr Partner führt auf seinem Blatt das Entsprechende aus.

Auswertung: Natürlich gibt es in der Übung keine richtigen oder falschen Antworten. Aber Sie können das Ausmaß an Passung einschätzen. Sie können die Wunschliste auf einem eigenen Blatt jederzeit erweitern und ergänzen. Die Stärke dieser Übung entfaltet sich durch den Wechsel der Perspektive (was denke ich, was sich mein Partner wünscht?) und das gemeinsame Gespräch darüber. Besprechen Sie:

- welche Ihrer Wünsche Ihr Partner kennt;
- wie Ihr Partner Ihre Bereitschaft einschätzt, auf seine Wünsche einzugehen;
- wie gut Sie die Wünsche Ihres Partners kennen;
- wie Ihr Partner Ihre Bereitschaft findet, auf seine vermutlichen Wünsche einzugehen.

Die Übung hat etwas von einem Ratespiel (wie gut kenne ich eigentlich meinen Partner?) – aber sie ist viel mehr. Sie ist auch eine Neuerkundung, wo Sie beide mit Ihren Wünschen jeweils stehen. Versuchen Sie nicht, dabei eine Haltung einzunehmen, einen Wunsch, der Ihnen bisher nicht bekannt war und der Ihnen vielleicht nicht gleich in den Kram passt, als persönlichen Angriff oder als Bedrohung für Ihre Liebe zu interpretieren. Sondern hören Sie lieber erst einmal zu und teilen Sie sich mit. Das Gleiche gilt, wenn

Sie erfahren, dass Ihr Partner nur wenig bereit ist, auf bestimmte Wünsche einzugehen. Hören Sie erst einmal zu und teilen Sie sich mit.

Nachdem wir so viel Wert auf die Unterschiede gelegt haben, können Sie in dieser Übung auch das Gegenteil überprüfen: wie gut Ihre Wünsche anschlussfähig sind. Beides liegt drin: die Unterschiede und die Ähnlichkeiten, das Fremde und das Vertraute. Und was freudig erfüllt werden kann – und was auch unerfüllt stehen bleibt. Wie im richtigen Leben.

Fantasien

Wünsche zielen darauf ab, verwirklicht zu werden. Fantasien bleiben dagegen – bis auf weiteres – im Kopf. In Fantasien sind die Gesetze von Raum und Zeit aufgehoben. In dieser Vorstellungswelt lässt sich Unvereinbares zusammenbringen. Wir handeln in unserer Fantasie losgelöst von Schwerkraft und Schmerzen, von körperlichen Notwendigkeiten, körperlichen Fähigkeiten und gesellschaftlichen Rücksichten. In dieser Welt führen nur wir selbst Regie. Alles ist ausschließlich unter unserer eigenen Kontrolle: Wir bestimmen, wer darin vorkommt, wer was tut und was wir empfinden. Wir fangen an, wann wir wollen. Wir hören auf, wann wir wollen. Die einzige Grenze liegt in der Begrenztheit der Fantasie selbst. Alles andere ist sowohl möglich als auch erlaubt – wenn wir es uns gestatten.

Zu den Fantasien gehören auch all jene Praktiken, Techniken, Verhaltensweisen, die wir nie in die Tat umsetzen wollen, die wir ablehnen, die uns unangenehm sind, denen wir aus dem Weg gehen. So kann ich mir Sex mit Personen fantasieren, auf die ich mich im echten Leben nie und nimmer einlassen würde. Und Dinge treiben, die mir den Atem rauben.

Ist das mein sexuelles Wesen?

Bei solchen heiklen und zwiespältigen Fantasien kann einem die besorgte Frage kommen: »Drückt das, was ich mir da vorstelle, mein eigentliches sexuelles Wesen aus? Bin ich wirklich so aggressiv, so egoistisch, so masochistisch oder was noch alles?« Ja und nein. Ja, die Fantasien gehören zu mir, sind Teil meines sexuellen Profils. Ich habe diese Fantasie, nicht jemand anderes. Ich bin der Autor meiner Fantasien. Und nein: Die Fantasien sind auch nicht wichtiger oder wahrer als alles andere, das meine Sexualität ausmacht.

Es ist ein interessantes Phänomen, das mir in Therapien häufig begegnet. Eine Klientin oder ein Klient (häufiger sind es allerdings Frauen) klagt über sexuelle Unzufriedenheit. Auf meine Frage, was sie sich denn vorstelle, was sie sich denn wünsche, kommt dann oft die Antwort: »Ich weiß nicht.« Und auch die Frage danach, was in ihrer Fantasie lebendig sei, bleibt oft unbeantwortet: »Ich habe keinen Zugang dazu.« Oder: »Das ist so weit weg.« Wenn ich mir bei den Klienten die Erlaubnis dafür geholt habe, ist es meine Aufgabe als Therapeut, mit Geduld und Vorsicht diesen Zugang zu erleichtern.

Wenn Sie wollen, können Sie sich in diese Position versetzen und Ihren Partner/Ihre Partnerin interviewen. Das ist die nächste Übung. Stellen Sie sich vor, Sie sind Sexualforscher oder Sexualtherapeut und Ihr Partner ist Ihr Interviewpartner. Diese Übung hat es allerdings in sich! Es ist schwer, in der neutralen Interviewerrolle zu bleiben, wenn einen die Fantasien des eigenen Partners aufwühlen, anziehen oder auch erschrecken: Und es ist schwer, dem Partner alles zu erzählen, wonach er fragt. Überlegen Sie sich deshalb vorher, ob Sie sich darauf einlassen wollen. Das ist eine Übung für Fortgeschrittene, wenn Sie guter Laune und risikofreudig sind. Und wenn Sie das Gefühl haben, dass Ihnen die bisherigen Übungen schon genug zugesetzt haben, dann lassen Sie diese Übung für heute bleiben und heben Sie sie sich für später auf.

▶ Übung 9: Besuch vom Sexualforscher

Stellen Sie sich vor, Sie erhalten folgenden Brief:

Sehr geehrter Herr, sehr geehrte Frau X,

unser Institut führt eine Studie zum Thema »Erotische Fantasien und Wünsche« durch. Deswegen besucht Sie heute der Sexualforscher/die Sexualforscherin Y. Er/sie besucht Sie zu Hause und möchte sich eine Stunde lang mit Ihnen unterhalten. Dabei geht es darum herauszufinden, welche Wünsche in Ihrem sexuellen Leben noch offen geblieben sind und welche sich bereits erfüllt haben. Außerdem interessiert unser Forschungsprojekt Ihre erotischen Fantasien: Welche Gedanken bewegen Sie, wenn Sie an Sex denken? Was erregt Sie und was törnt Sie ab?

Unser Institut hat großes Interesse daran, darüber mehr von Ihnen zu erfahren. Um Ihnen nämlich ein maßgeschneidertes Angebot zu machen, das Ihr Sexleben verbessert, müssen wir zunächst unsere Datenlage auf den neuesten Stand bringen. Da das letzte Interview mit Ihnen bereits einige Jahre zurückliegt, halten wir es für angemessen, Sie erneut zu den angesprochenen Themen zu befragen.

Wir hoffen auf Ihre interessierte Mitarbeit, um Sie zukünftig der Erfüllung Ihrer eigenen Wünsche näher bringen zu können.

Mit freundlichen Grüßen

Nehmen Sie und Ihr Partner sich innerhalb einer Woche an zwei verschiedenen Tagen dazu jeweils eine Stunde Zeit. Verabreden Sie sich zu einem Interviewtermin.

Vorbereitung: Denken Sie sich Fragen aus, die Sie als Sexualforscher interessieren würden. Achten Sie darauf, möglichst nicht nur Fragen zu stellen, auf die Ihr Partner bloß mit »Ja« oder »Nein« antworten kann. Offene Fragen, auf die Ihr Interviewpartner ausgiebiger eingehen kann, bringen mehr. Wählen Sie – auch wenn es Ihnen im ersten Moment komisch erscheinen mag – für das Gespräch die Höflichkeitsform »Sie«. Dieser Kunstgriff erleichtert Ihnen die Neutralität des Interviewers.

Fragen, die Sie Ihrem Partner stellen können:

- Auf welche Weise haben Sie sich in Ihren Beziehungen bislang über Ihre Wünsche und Fantasien ausgetauscht?
- Welchen Einfluss haben Ihre Partner auf Ihre Wünsche und Fantasien genommen?
- Was möchten Sie von Ihrem jetzigen Partner gern erfahren?
- Was möchten Sie Ihrem jetzigen Partner mitteilen?
- Welche Fantasien können Sie beschreiben, die Sie garantiert niemals erleben möchten?
- Wie haben sich Ihre Fantasien im Lauf Ihres Sexlebens verändert?
- Welche Wünsche haben Sie früher umgesetzt, könnten sich das heute aber nicht mehr vorstellen?
- Wie lange können Sie noch warten, bis Ihre Wünsche erfüllt werden? Eher fünf oder eher zehn Jahre?
- Auf welche Weise tauchen andere Menschen in Ihren Fantasien auf?
- Mit welchem »Helden« oder Popstar hatten Sie erotische Träume?
- Welchen Sex stellen Sie sich schon lange vor, ohne dass Sie bisher jemandem davon erzählt haben?

Manchmal stockt das Gespräch. Oder Sie verstehen irgendetwas nicht. Dann ist es sinnvoll, nachzufragen. Erkundigen Sie sich nach Details. Bitten Sie um illustrative Beispiele.

Als Interviewpartner beantworten Sie so wahrheitsgemäß wie Sie mögen. Wenn Sie eine Frage nicht beantworten wollen, haben Sie das Recht zu verweigern.

Am Ende des Gesprächs fassen Sie als Interviewpartner zusammen, was Sie verstanden haben. Bewerten Sie dabei ruhig, was Sie als wichtig, was als nebensächliche Aspekte gesehen haben.

Wenn Sie die Rollen tauschen und sich andersherum interviewen möchten, tun Sie das an einem anderen Tag. Lassen Sie sich Zeit. Bloß kein schneller 1:1-Ausgleich! Das erste Interview will erst einmal verarbeitet sein.

Wünschen und Fantasieren hören nie auf

Sexuelle Fantasien sind keinen Grenzen und Begrenzungen unterworfen. Andere Menschen werden in das erotische Drehbuch nach Belieben eingebaut und wieder hinausgeworfen.

Mit Hilfe der (realen oder auch fiktiven) Anderen stellen wir uns dann Erlebnisse vor, die:

- so nicht stattgefunden haben,
- so hätten stattfinden sollen,
- tatsächlich so stattgefunden haben,
- vielleicht in abgewandelter Form so einmal stattfinden könnten.

Wir haben den Unterschied zwischen Wünschen und Fantasien betont. Aber das eine kann ins andere übergehen. Aus Fantasien können sich Wünsche entwickeln, die zur Tat drängen. Und Wünsche können sich wieder in das geschlossene Haus der Fantasie zurückziehen. Das Wünschen und Fantasieren hört nie auf.

Das sexuelle Profil 3: Fähigkeiten und Fertigkeiten

Mit den erotischen Fähigkeiten und Fertigkeiten ist es so ähnlich wie in der Schule: Der eine ist in Mathe besonders gut, dafür liegt ihm der Kunstunterricht nicht so. Ein anderer zeigt im fremdsprachlichen Unterricht sein Bestes, bleibt aber in den Naturwissenschaften eher mittelmäßig. Bei erotischen Handlungen verhält es sich genauso. Der eine ist beim Küssen gut, aber das Massieren liegt ihm nicht so. Es gibt erotische Naturtalente. Und Lernwillige. Manches konnte man immer schon, manches kann man lernen. Anderes muss man sogar lernen, ob man will oder nicht. Weil es sonst mit dem Partner nicht weitergeht. Egal, ob talentiert, gelernt oder keines von beiden, Fähigkeiten und Fertigkeiten gehören zum erotischen Profil.

Zwar meldet der Körper von ganz allein, dass er sexuell erregt ist. Was wir dann aber daraus machen, hängt ganz davon ab, was wir uns zutrauen, was wir uns zumuten wollen und was wir in der Lage sind, zum Ausdruck zu bringen. Unser Partner tut das seine, um unser erotisches Potenzial abzurufen, um mit uns erotisch zu kommunizieren.

Freiheit verpflichtet

Früher, als der Sex noch von Zwängen befreit werden musste und noch nicht so frei zur Verfügung stand wie heute, war der Gedanke an ein erotisches Potenzial kein wichtiges Thema. Man lebte in der Vorstellung, dass der Sex sich schon von selbst entfalten würde, wenn die Unterdrückung durch die sexualfeindliche Moral erst einmal abgeschüttelt sei. Und wenn man sich dann entspannt dem sexuellen Geschehen zuwenden würde, könne eigentlich nichts mehr schief gehen. In der Tat: Ohne eine gewisse Gelassenheit wird der Sex zu einer anstrengenden Übung. Aber mit der Befreiung von der sexualfeindlichen Moral fängt die nächste Herausforderung an: Was machen wir mit dieser Freiheit? Freiheit verpflichtet – so könnte man etwas anspruchsvoll sagen. Oder nicht ganz so streng: Freiheit liefert das leere Blatt und den Stift – schreiben muss jeder selbst.

Die Grenzen des eigenen erotischen Potenzials kennen

Wir hatten im Kapitel »Vom Können und Wollen« den Unterschied zwischen sexuellem Können und sexuellem Wollen besprochen. Wenn wir über unser erotisches Potenzial sprechen, beinhaltet das beides: Wollen und Können. Aber Können nicht in dem engen Sinn von sexuellem Funktionieren, eher im Sinne von Kunst. Und in diesem Sinn sind wir auch erotische Künstler, mit unterschiedlichen Stilen und Schwerpunkten, mit unterschiedlichen Fähigkeiten und Tricks sowie mit speziellen Grenzen und Unfähigkeiten.

Wie jede Kunst beruht auch erotische Kunst auf ausgefeiltem und erprobtem Können und der Bereitschaft, es weiterzuentwickeln. Und sie beruht auf dem Wissen um die Grenzen der eigenen Kunst.

Wie gut kenne ich meine eigenen Verhaltensmuster? Wie flexibel oder wie festgelegt bin ich? Wie gut kenne ich meinen Körper? Wie gut kann ich ihn bei einer sexuellen Begegnung einsetzen? Wie viel Neugier und Experimentierfreude habe ich – oder wie viel Angst vor Neuem? Wie viel Humor, Einfühlungsvermögen, Lernbereitschaft habe ich? Und wo hört bei mir der Spaß auf?

Stärken und Schwächen

Was eine Stärke und was eine Schwäche ist, das steht nicht so ohne weiteres fest. Stärken und Schwächen befinden sich in einem raffinierten Verhältnis zueinander. Eine Schwäche kann sich zu einer

Stärke entwickeln. Ein schönes Beispiel dafür gibt der amerikanische Sexualtherapeut Ian Kerner in seinem Buch »She comes first«. Er beschreibt darin, wie er lange an seiner Tendenz zu einem frühzeitigen Samenerguss gelitten hatte und endlose vergebliche Versuche machte, den Samenerguss hinauszuzögern. Schließlich gab er es auf, seine Schwäche zu kompensieren und entwickelte eine alternative Kompetenz. Er wurde zu einem Cunnilingus-Experten. Sein Buch ist ein beeindruckendes Beispiel, wie jemand sozusagen das Fach wechselt und Kompetenz in einem anderen Gebiet entwickelt. Und es ist ein Appell, nicht wie gebannt auf die eigenen vermeintlichen Schwächen zu blicken, sondern sich selbstbewusst auf das zu beziehen, was man bereits kann oder noch entwickeln kann.

Das könnte einen aus dem befreien, was Therapeuten eine Problemtrance nennen: wie hypnotisiert immer nur auf meine eigenen Schwachpunkte sehen, nicht nach links und rechts sehen, was ich kann und zur Verfügung habe, und schließlich zur lähmenden »Gewissheit« kommen, dass ich wirklich ein »Versager« bin. Es gibt keine objektiven Versager, es gibt nur Menschen, die sich dafür halten – nachdem sie es sich lang genug eingeredet haben. Niemand muss erotisch »nachsitzen«.

Das kann ich gut! Das finde ich erotisch stark!

Sich mit den eigenen Fähigkeiten und Fertigkeiten auseinander zu setzen, fällt schon in anderen Lebensbereichen wie dem Beruf oder beim Sport nicht leicht. Und das, obwohl wir alle wissen, dass wir uns nur weiterentwickeln können, wenn wir um die Dinge wissen, die gut gelingen, und jene benennen können, die verbesserungsbedürftig sind. Oft möchten wir uns selbst und anderen gegenüber vor allem in positivem Licht erscheinen.

Deswegen neigen wir nicht selten dazu, unsere Stärken zu überschätzen und gleichzeitig unsere Schwächen auszublenden. Dem gegenüber steht die Tendenz, die eigenen Stärken klein zu reden, sich abzuwerten und sich selbst nicht gut zu finden. Die Schwächen herauszuheben, führt also zu einem genauso verzerrten Bild von den eigenen Fähigkeiten wie die alleinige Herausstellung der Stärken.

Sich im Licht dessen zu fragen, wie es mit dem eigenen erotischen Talent aussieht, ist besonders heikel. Sexualität berührt Kernbereiche unserer Persönlichkeit. Selbstwert, Selbstvertrauen und Selbstbild fließen in eine solche Einschätzung ein. Je nachdem, wie wir uns selbst sehen, entscheiden wir uns dafür, entweder unsere Schwächen zu betonen oder die Stärken zu glorifizieren.

Das allerdings führt zu ganz unterschiedlichen Konsequenzen:

- Wer seine Stärken überbewertet, tut sich zumindest selbst erst einmal Gutes. Wie viel von der guten erotischen Selbsteinschätzung beim Partner ankommt, bleibt dabei zunächst offen.
- Wer jedoch mehr Wert darauf legt, sich selbst im kleinsten erotischen Licht erscheinen zu lassen, könnte sich schnell in einer quälenden Selbstwertkrise wiederfinden. Rasch können wir in einer solchen Situation dann den Eindruck gewinnen, alle anderen können viel mehr, seien besser und hätten ein sehr zufrieden stellendes Sexleben.

Dagegen hilft ein Sicherungsmechanismus, der im nächsten Test eingebaut ist. Er besteht darin, dass Sie und nur Sie bewerten, worauf es Ihnen erotisch überhaupt ankommt. Lassen Sie sich nicht von den Normen andere Leute beeindrucken! Und schon gar nicht von dem, was Sie in den Medien lesen, sehen oder hören. Sie sind Ihr eigener Prüfungsvorsitzender! Schätzen Sie Ihr eigenes erotisches Potenzial und Ihre erotischen Schwachpunkte ein.

Test 5: Mein erotisches Potenzial

Beantworten Sie die folgenden Fragen:

	Ja	nein
1. Ich kann gut auf meinen Partner eingehen.	O	O
2. Ich kann ihm gut klar machen, wie ich erotisch »drauf« bin.	O	O
3. Ich bringe gelegentlich beim Sex neue Ideen ins Spiel.	O	O
4. Ich kann das erotische Geschehen so gestalten, wie es mir entspricht.	O	O
5. Ich weiß, wie ich zur Befriedigung kommen kann.	O	O
6. Ich weiß, wie mein Partner zur Befriedigung kommt.	O	O
7. Ich kann gut mit meinen erotischen Schwächen umgehen.	O	O
8. Ich kann gut vermitteln, wenn ich etwas nicht möchte.	O	O
9. Ich bekomme gut mit, wie mein Partner erotisch »drauf« ist.	O	O
10. Ich kann ihm meine speziellen Wünsche gut vermitteln.	O	O
11. Ich kann mit seinen Schwächen gut umgehen.	O	O
12. Ich kann mit seinen Stärken gut umgehen.	O	O
13. Ich kann mich gut auf seine Wünsche einstellen.	O	O
14. Ich gehe keine faulen sexuellen Kompromisse ein.	O	O
15. Ich kann gut damit umgehen, wenn mein Partner etwas anderes will als ich.	O	O
16. Ich kann ihn verführen, auf meine Wünsche einzugehen.	O	O

Auswertung: Addieren Sie, wie oft Sie »Ja« angekreuzt haben.

- ▶ 14- bis 16-mal: Sie können Ihr erotisches Potenzial optimal zur Geltung bringen. Sie brauchen dieses Buch nicht weiterzulesen. Freuen Sie sich Ihres erotischen Lebens!
- ▶ 11- bis 13-mal: Sie haben Ihr erotisches Potenzial weitgehend entwickelt. Aber da ist noch Spiel drin! Weiter so!
- ▶ 7- bis 10-mal: Sie haben Ansätze, Ihr erotisches Potenzial auszudrücken, nutzen Sie aber wenig. Sie haben noch große Entwicklungsmöglichkeiten. Da liegt mehr für Sie drin!
- ▶ 0- bis 6-mal: Sie haben Ihr erotisches Potenzial noch wenig zur Geltung gebracht. Sie haben sich noch nicht recht entschieden, das in Angriff zu nehmen. Lassen Sie sich nicht entmutigen! Das Buch bietet Ihnen viel Ansätze, wie Sie anfangen können.

Und jetzt die Gegenprobe – Ihre erotischen Schwachpunkte

Lassen Sie mich aber vorweg noch eine wichtige Bemerkung machen: Stärken und Schwächen schließen sich nicht aus!

Die meisten Menschen haben beides. Auch erotisch kann ich sowohl Stärken als auch Schwachpunkte haben. Manche Stärke ist von einem Zweifel begleitet. Und oft hängt es einfach vom Partner, von der Situation und/oder von der Tagesform ab, was gerade zur Geltung kommt. Das sieht zwar aus wie ein Widerspruch, ist es aber nicht. Das erotische Profil ist nicht so simpel.

Und wenn Sie gleich feststellen sollten, dass Sie sowohl ein ordentliches erotisches Potenzial als auch erotische Schwachpunkte haben – dann sind Sie kein widersprüchlicher, sondern ein lebendiger Mensch!

Test 6: Meine erotischen Schwachpunkte

Beantworten Sie die folgenden Fragen:

	Ja	Nein
1. Manchmal weiß ich nicht, was mein Partner will.	○	○
2. Manchmal kann ich schwer ausdrücken, was ich sexuell will.	○	○
3. Manche erotischen Wünsche meines Partners sind mir unangenehm.	○	○
4. Manchmal lasse ich mich sexuell auf etwas ein, das ich eigentlich nicht möchte.	○	○
5. Ich kann mit manchen sexuellen Schwächen meines Partners schlecht umgehen.	○	○
6. Gelegentlich lasse ich meinen Partner im Unklaren, was ich will.	○	○
7. Hin und wieder gebe ich mehr sexuelles Interesse vor, als ich wirklich habe.	○	○
8. Ich traue mich nicht, offen zuzugeben, wenn ich keine sexuelle Lust habe.	○	○

Auswertung: Zählen Sie, wie oft Sie mit »Ja« geantwortet haben.

- 6- bis 8-mal: Dass Sie so viele Schwachpunkte sehen, ist eine ganz gute Voraussetzung dafür, dass Sie in Ihre erotische Entwicklung investieren können. Dass Sie sich selbst kritisch beurteilen, ist gut. Selbstkritik ist der Beginn der Veränderung. Aber lassen Sie sich dadurch nicht lähmen. Es ist eine Momentaufnahme, die nichts über die Zukunft sagt.
- 4- bis 5-mal: Sie sehen einige Schwachpunkte, die Sie in Angriff nehmen können. Lassen Sie sich dadurch nicht entmutigen. Lesen Sie weiter, wie Sie erotisch besser kommunizieren können als bisher.
- 2- bis 3-mal: Sie haben sich nicht auf erotische Perfektion festgelegt, sondern gönnen sich ein paar Schwachpunkte. Mit denen können Sie eventuell ganz gut leben.
- 0- bis 1-mal: So ganz ohne Schwachpunkte? Sie können optimal erotisch kommunizieren. Einerseits. Aber legen Sie sich nicht auf Perfektion fest. Und seien Sie nachsichtig gegen sich, wenn sich gelegentlich mal ein Schwachpunkt zeigt, den Sie nicht vorgesehen haben.

Der Test soll Sie dabei unterstützen, Ihre eigenen Fähigkeiten und Fertigkeiten einzuschätzen. Er soll Ihnen helfen, sich klarer darüber zu werden, worauf Sie erotisch bauen können, wo Sie sich entwickeln könnten (wenn Sie wollen), wo sich Schwachpunkte erkennen lassen und Risiken lauern.

Diesen Test sollten Sie allein durchführen, ohne Ihren Partner. Sie allein sollen sich mit Ihrer Sicht auf Ihre erotischen Möglichkeiten beschäftigen. Ihr Partner soll nichts erfahren, was Sie nicht später preisgeben möchten. Auch wenn Sie bisher die eine oder andere Übung oder einen Test gemeinsam ausprobiert haben, gilt an dieser Stelle eine strenge Trennung: Sie können die Aufgabe beide angehen, aber unabhängig voneinander. Es geht nur um Ihre individuelle Sicht auf Ihre Möglichkeiten und Unmöglichkeiten, unabhängig von der aktuellen Beziehung, in der Sie leben.

Techniken und Praktiken

Sie wundern sich vielleicht, dass bisher nicht die Rede von speziellen Sexualpraktiken oder -techniken war. Das stimmt. Und dazu kommt auch nichts mehr. Aus zwei Gründen: Erstens würde das ein ganzes Buch füllen. Die sexuellen Möglichkeiten sind unerschöpflich. Und Menschen sind unendlich erfinderisch darin, wer was mit wem wie, wo und wann anstellen kann. Solche Bücher gibt es bereits genug. Zweitens kommt es bei den Techniken und Praktiken nicht so sehr darauf an, was man macht, sondern wie die Partner sich darauf verständigen, welche Bedeutung es hat, wie weit jemand damit sein sexuelles Profil ausdrücken kann.

Ein Beispiel: Ob Sie sich von Ihrem Partner beim Sex fesseln lassen oder nicht, ist für sich genommen bedeutungslos. Der Witz einer solchen Praktik ist nur am Rande die handwerkliche Kunst (Wie knotet man? Wie gehen die Knoten nachher wieder auf? Welches Material verwendet man?). Erst durch die sexuelle Kommunikation und die Entwicklung eines sexuellen Profils bekommt das eine Bedeutung für die Partner: Wie riskant ist es, diesen Wunsch auszudrücken? Wie wird es verhandelt? Wer tut wem einen Gefallen damit? Was tun Sie, wenn es der eine will, der andere aber nicht? Was bringt es, sich darauf einzulassen, obwohl es einen ängstigt? Erst wenn zwischen den Partnern Leidenschaft, Angst und Wünsche ausgedrückt werden, entsteht Intimität und Intensität. Egal, ob Sie den Partner fesseln oder ob Sie ihn zart küssen.

Jetzt haben Sie eine ungefähre Einschätzung Ihres erotischen Potenzials und Ihrer erotischen Schwachpunkte. Um die Details geht es jetzt bei Übung 10. Sie braucht etwas Zeit zum Nachdenken, weil hier Fragen aufgeworfen werden, deren Antwort nicht sofort bereit liegt. Auch hier gibt es keine richtigen oder falschen Antworten, höchstens lustlose oder engagierte. Das liegt an Ihnen!

▶ Übung 10: Mein Repertoire

Nehmen Sie sich ein Blatt Papier und unterteilen Sie es in vier Viertel. Schreiben Sie dann in jedes Viertel eine Frage:

1. »Was sind meine erotischen Stärken? Was kann ich besonders gut?« Hier benennen Sie das genauer, was Sie oben bereits als »erotisches Potenzial« getestet haben.

2. »Ungenutzte Möglichkeiten, Chancen – das würde ich gern in mein Repertoire aufnehmen!« Hier benennen Sie erotische Lernziele, die Sie noch erreichen wollen.

3. »Erotische Schwachpunkte – das mache ich nicht gut.« Nennen Sie hier nur Punkte, die Sie selbst als Schwachpunkte sehen. Lassen Sie sich von niemandem etwas einreden. Auch nicht vom Liebespartner.

4. »Risiken – da sehe ich Gefahren für meine Beziehung!« Schreiben Sie die verunsichernden Seiten Ihres sexuellen Profils auf. Das sind die Fähigkeiten und Fertigkeiten, von denen Sie denken, dass sie für Ihre Beziehung gefährlich sein könnten – wenn Sie das, was Sie denken, umsetzen, leben, ansprechen oder gar von Ihrem Partner einfordern.

Das Blatt sieht also etwa so aus:

1. Meine erotischen Stärken	2. Ungenutzte Möglichkeiten ....
3. Meine erotischen Schwachpunkte	4. Risiken für die Beziehung ....

Auswertung/Zusammenfassung: Wagen Sie nun eine Gesamtschau auf Ihre erotischen Talente. Stellen Sie sich folgende Fragen:

- In welchem Viertel finden sich die meisten Einträge?
- Wo ist es mir am schwersten gefallen zu antworten?
- Aus welchem Tabellenviertel würde ich meinem Partner etwas erzählen?

Sam:
Verrate deinem Partner nicht alles! Erst denken, dann reden! Komm' erst mal mit dir selbst klar, ehe du deinen Partner einbeziehst!

Das sexuelle Profil 4: aktuelle Praxis und gelebtes Verhalten

Das aktuelle Handeln schließt den Spannungsbogen zwischen unseren erotischen Erfahrungen und dem erotischen Hier und Jetzt. Und es öffnet den nächsten Spannungsbogen in die sexuelle Zukunft. Nach dem Sex ist vor dem Sex! Was wir sexuell tun, ist – für sich genommen – banal. Erst durch unsere Erfahrungen, unsere Wünsche und Fantasien bekommt es Bedeutung und wird lebendig. Erst gemessen daran sind wir sexuell zufrieden oder unzufrieden. Erst gemessen an unserer sexuellen Lebensgeschichte und mit Blick auf unsere Erfahrungen und Wünsche verwirklichen wir uns als Mann oder als Frau. Oder auch nicht.

Auch die Häufigkeit unserer sexuellen Aktivität ist belanglos. Die Frage, wie oft jemand pro Woche Geschlechtsverkehr hat und die dazu gestellte Geschwisterfrage, wie oft »normal« sei, gehört zu den häufigsten – und belanglosesten – sexualwissenschaftlichen

Fragen. Wie oft ist oft? Wie selten ist selten? Und was ist normal? Diese Frage nach der Normalität ist **die** Schlüsselfrage sexueller Fremdbestimmung. Wer sich nach sexueller Normalität richtet, also nach dem, was die meisten tun und denken, hat sich gegen sexuelle Selbstbestimmung entschieden. Das kann man natürlich tun. Die Entscheidung, sich an der Normalität zu orientieren, ist legitim. Aber langweilig. Und wer sexuelle Normalität sucht, wird in diesem Buch nichts finden.

Viel interessanter ist die Frage, wie zufrieden ich mit dem bin, was ich tue. Lebe ich die Sexualität, die ich möchte? Wie groß ist meine Ist-Soll-Differenz? Der Wiener Kabarettist Bernhard Ludwig beginnt seine »Anleitung zur sexuellen Unzufriedenheit« mit einer Formel. Mit ihr lässt sich das Maß sexueller Unzufriedenheit einschätzen. Der Ludwigs-Quotient der sexuellen Unzufriedenheit errechnet sich so:

$$\text{Sexuelle Unzufriedenheit} = \frac{\text{Erwartetes}}{\text{Erreichtes}}$$

Es ist offensichtlich, dass die Unzufriedenheit umso größer wird, je mehr ich erwarte. Das, was ich erreiche, wird umso besser, je weniger ich erwarte. Ihren Ludwigs-Quotienten können Sie leicht selbst errechnen. Die genaue Zahl ist natürlich unwichtig. Wichtig ist, dass Sie mit dem Ludwigs-Quotienten gedanklich spielen können: Wie groß habe ich meine Erwartungen aufgeblasen? Wie groß mache ich den Abstand zwischen meinen Wünschen und meinem gelebten Verhalten? Kann ich meine Erwartungen reduzieren und werde dadurch zufriedener?

Um sich solche Fragen zu stellen, ist es günstig, sich nicht um Normalität zu scheren. Denn sie lenkt nur von den eigenen Wünschen ab.

Aber Vorsicht!
Der Ludwigs-Quotient kann auch zur Selbstüberlistung führen. Ich stelle mich zum Schein wunschlos – und sofort sinkt die Unzufriedenheit. So einfach ist die Sache nicht! Denn die andere Option heißt ja: die Wünsche ernst nehmen und nach Möglichkeiten sehen, wie ich sie verwirklichen kann. Damit steigt der Nenner des Ludwigs-Quotienten und die Unzufriedenheit nimmt ab.

Die Rechen-Tricks mit dem Ludwigs-Quotienten dienen dazu, sich vor Augen zu führen, in welches Verhältnis wir unsere sexuellen Erwartungen und unsere sexuelle Wirklichkeit setzen. Und wie groß wir die Spannung zwischen Ist und Soll machen, liegt allein an unseren Maßstäben. Das sagen uns nicht die Medien und nicht die Normalität. Wir sind unsere eigenen Maßstabgeber.

Unterschiedliche sexuelle Beziehungen

Bisher war die Sexualität mit dem festen Partner im Vordergrund unsere Überlegungen. Aber das ist nur ein Ausschnitt des gesamten Geschehens. Im Prinzip können wir Sex in drei Arten von Beziehungen haben: Sex mit sich selbst (Selbstbefriedigung), Sex mit dem gegenwärtigen Partner und Sex mit einem anderer Menschen außerhalb der Partnerschaft.

Welche Bedeutung hat welche Art von Sex für Sie?

Selbstbefriedigung
So großer Beliebtheit sich dieses sexuelle Verhalten erfreut, in einer Paarbeziehung bleibt es häufig geheim. Viele Menschen denken gar nicht an diese Art von Sex, wenn sie danach befragt werden, wie viel Sex sie gegenwärtig haben. Selbstbefriedigung gilt nämlich oft als eine Art sexueller Ersatzhandlung, die nur dann zum Einsatz kommt, wenn der »richtige Sex« (also der mit dem Partner) entwe-

der nicht mehr stattfindet oder momentan unmöglich ist. Dabei ist Selbstbefriedigung eine eigene sexuelle Spielart. Im Wortsinn also »Selbst«-Befriedigung.

Sich selbst zu befriedigen, ist mit Nähe zu sich selbst verbunden. Den eigenen Fantasien kann ungebremst Ausdruck verliehen werden. Es ist nicht selten der Fall, dass die Selbstbefriedigung die einzige zufrieden stellende Form von Sex ist.

Partner in der Liebesbeziehung

Die Häufigkeit von Sex in Liebesbeziehungen ist immer wieder Gegenstand des kulturellen Smalltalk. Meist hinter vorgehaltener Hand und angeheizt durch Studienergebnisse, die Häufigkeiten von Geschlechtsverkehr und anderem erotischem Verhalten erfragen, machen wir uns darüber Gedanken, wie viel Sex wohl angemessen ist. Ist zweimal in der Woche ausreichend? Oder müssen es mindestens drei erotische Akte pro Woche sein, um sich nicht sexuell vernachlässigt zu fühlen? Dass es in Beziehungen zu langen Phasen ohne partnerschaftlichen Sex kommen kann, bleibt bei diesem Mythos außen vor.

Die Gründe dafür, keinen Sex mit dem Partner zu haben, sind so vielfältig wie die Gründe für den im Mythos versteckten, so genannten Normalfall, nämlich Sex mit dem Partner zu haben.

Partner außerhalb der Liebesbeziehung

Diese dritte Art sexueller Beziehungen ist für die Beteiligten meist die heikelste. Deshalb werden sie auch von den Beteiligten meist verschwiegen. Solange es geht jedenfalls. Die harte Probe für die Partner beginnt, wenn die Außenbeziehung auffliegt. Eine Außenbeziehung, die nicht völlig trivial ist, stellt für alle drei beteiligten Akteure die Grundlage der Beziehung infrage. Nicht wegen »des bisschen Sex«. Sondern wegen der Bedeutung, die »dem bisschen«

gegeben wird – und das kann ziemlich viel sein. Ist es mit dem anderen Partner besser? Besser, weil Liebe im Spiel ist? Besser, weil es leidenschaftlicher zugeht? Besser, weil ich mich als Mann oder Frau mehr verwirklichen kann?

Für die meisten Partner ist Liebe an sexuelle Exklusivität gebunden. Das Eine nicht ohne das Andere. Nicht, weil Sex Spaß macht, sondern weil beide Partner sich im Sex bestätigen, dass sie zusammengehören. Genau das ist durch die Außenbeziehung bedroht.

Das heiße Eisen

Die drei sexuellen Aktivitäten – Selbstbefriedigung, Sex mit dem festen Partner und Sex mit anderen Partnern – unterscheiden sich in einem wichtigen Punkt, nämlich wie gut die beiden Partner hier übereinander Bescheid wissen. Logischerweise sind sie über den Sex in der festen Beziehung gegenseitig im Bild. Aber die Selbstbefriedigung und die Außenbeziehung(en) ...

Fassen wir das heiße Eisen an. Und damit es nicht zu heiß wird, beschränken wir uns auf Vermutungen und Einschätzungen. Bei der nächsten Übung können Sie prüfen, wie viel Sie über sexuelle Aktivitäten Ihres Partners wissen, bei denen Sie nicht beteiligt sind. Und Sie können noch einmal für sich selbst überlegen, was Sie überhaupt wissen wollen. Denn mancher lebt mir der Devise »Was ich nicht weiß, macht mich nicht heiß« am besten. Falls Sie dazu gehören, überspringen Sie die Übung einfach. Und wenn Sie sie doch ausführen, tun Sie es allein! Ihr Partner braucht davon nichts zu wissen.

▶ Übung 11: Selbstbefriedigung und Sex mit anderen

- **Wie und wie oft mein Partner Selbstbefriedigung macht, weiß ich:**

a. genau

b. einigermaßen

c. kaum

d. gar nicht

... und mein Interesse daran:

a. Ich will es unbedingt wissen.

b. Ich will es eher wissen.

c. Es ist mir egal.

d. Ich will es eher nicht wissen.

e. Ich will es auf keinen Fall wissen.

- Ob und mit wem mein Partner sonst noch Sex hat, weiß ich:

a. genau

b. einigermaßen

c. kaum

d. gar nicht

... und mein Interesse daran:

a. Ich will es unbedingt wissen.

b. Ich will es eher wissen.

c. Es ist mir egal.

d. Ich will es eher nicht wissen.

e. Ich will es auf keinen Fall wissen.

- Wie und wie oft ich Selbstbefriedigung mache, weiß mein Partner:

a. genau

b. einigermaßen

c. kaum

d. gar nicht

… und sein Interesse daran:

a. Er will es unbedingt wissen.

b. Er will es eher wissen.

c. Es ist ihm egal.

d. Er will es eher nicht wissen.

e. Er will es auf keinen Fall wissen.

- **Ob und mit wem ich sonst noch Sex habe, weiß mein Partner:**

a. genau

b. einigermaßen

c. kaum

d. gar nicht

… und sein Interesse daran:

a. Er will es unbedingt wissen.

b. Er will es eher wissen.

c. Es ist ihm egal.

d. Er will es eher nicht wissen.

e. Er will es auf keinen Fall wissen.

Auswertung: Sie können jetzt den aktuellen Stand der gegenseitigen Offenheit und Klarheit prüfen. Überlegen Sie, ob Sie so viel wissen, wie Sie wissen wollen. Und ob Sie Ihrem Partner so viel sagen wollen, wie dieser wissen will.

Das sexuelle Profil des Paares: erotische Paarkultur

Bisher haben wir uns nur auf das individuelle Profil konzentriert. Wenn zwei Menschen sich ineinander verlieben, treffen dabei zwei verschiedene erotische Profile aufeinander. Verbinden sich die beiden in einer Partnerschaft, entwickeln sie mit der Zeit ein Paarprofil. Das Paarprofil ist allerdings mehr als die Summe der beiden individuellen Profile.

Zum Volksmund in Bezug auf die Paarbildung zählen zwei Sätze, die sich auf den ersten Blick gegenseitig ausschließen: »Gleich und Gleich gesellt sich gern.« Und: »Unterschiede ziehen sich an.«

- Es gibt also Partner, bei denen die Gemeinsamkeiten überwiegen und die auch von außen als ähnlich wahrgenommen werden: kein Wunder, dass es passt!
- Und es gibt Partner, deren Unterschiede deutlich hervorstechen: So viel Gegensätzlichkeit muss sich ja attraktiv finden!

Beide Sprichwörter fassen jeweils eine Teilwahrheit zusammen. Jede für sich wäre kritisch: Bestünde die Beziehung nur aus Gegensätzen, würden sich die Partner schnell entfremden. Vollständige Übereinstimmung – das andere Extrem – sieht wie Harmonie aus, ist aber das Gespenst der Langeweile, in der es nichts mehr zu sagen gibt, weil schon vorher alles klar ist.

Die beiden Pole ausbalancieren

Deshalb liegt der Reiz einer erotischen Beziehung in der Balance dieser beiden Pole. Diese können sich im schlechten Fall bekämpfen, im günstigen Fall beleben. So entwickelt sich eine Paarkultur. Und eine sexuelle Kultur. Die Partner definieren damit, wie sie sich sexuell begegnen, was ihnen wertvoll ist, welche Regeln und Ideale gelten. Sie entwickeln miteinander Vorstellungen, was sie ablehnen und anstreben, was sie als guten, was als schlechten Sex ansehen, welche Wünsche sie als berechtigt, welche als unberechtigt ansehen, wie ernst oder spielerisch sie ihre erotischen Begegnungen inszenieren. Zu einer sexuellen Kultur gehören auch Rituale.

Paare entwickeln also sexuelle Umgangsformen. Damit regeln sie, wer wie eine sexuelle Begegnung initiiert, in welcher Situation, an welchem Ort, in welcher emotionalen Stimmung sie stattfinden sollte. Die Rituale umfassen nicht nur die kulturell üblichen sexuellen Benimmregeln, also die Vorstellung, was von Männern und was von Frauen erwartet wird. Jedes Paar entwickelt seine eigenen speziellen Nuancen.

Fallbeispiele

- *Für Ilse und Heinz ist es klar, dass sie sich vor dem Sex duschen und die Zähne putzen.*
- *Für Emilio und Esther gehört es dazu, dass sie sich nach dem Sex waschen.*
- *Elisa und Marco, die sich wenig sehen, haben sich angewöhnt, beim Wiedersehen erst übereinander herzufallen und sich halb ausgezogen mit einem Quickie zu begrüßen und sich im Verlauf des Abend ausführlicher sexuell miteinander zu befassen.*
- *Anka ist irritiert, wenn ihr Michel beim Vorspiel nicht ins Ohr flüstert, dass er sie liebt. Diese verbale Geste gehört für sie dazu.*

So haben alle Paare bestimmte Stile und Rituale, wie sie es miteinander treiben. Dazu gehören Signale, mit denen sie den Übergang vom Plaudern zum Sex kennzeichnen (»Jetzt geht es los«), wie sie das Tempo der Interaktion regeln und wie sie die sexuelle Interaktion beenden, wann »fertig« ist. Aber auch die Umgebung, die sie sich beim Sex schaffen. Für das Paar A gehören Wein und Kerzen selbstverständlich dazu, für das Paar B die unaufwändige Nummer vor dem Einschlafen, für das Paar C das Outfit, wenn sie sich für ihren Besuch im Swinger-Club bereit machen. Und das Paar D kann sich guten Sex nur am Wochenende nach dem Frühstück im Bett vorstellen.

Die Nische

Der Paartherapeut Jürg Willi hat für die Analyse der Paarkultur den Begriff der »Nische«. Er versteht darunter den Teil der Umwelt, den ein Paar selbst wählt, gestaltet oder schafft und der zur aktiv gebauten »Behausung« geworden ist. Die Nische enthält sowohl unbelebte Teile wie Wohnung und Besitz als auch belebte wie Kinder, Freunde und Verwandte. Indem das Paar seine Nische gestaltet und ausbaut, schafft es eine eigene Umwelt, die wiederum auf das Paar zurückwirkt. Die Nische enthält also die Spuren der eigenen Geschichte. Mit der Gestaltung geht eine Begegnung von einer folgenlosen Liebschaft in eine Paarbeziehung über. Erst damit wird sie für die Umwelt sichtbar und hinterlässt als historisches Faktum nicht auslöschbare Spuren. Dies spielt auch bei Trennungen und neuen Paarkonstellationen eine große Rolle.

▶ Übung 12: Was macht unsere erotische Gemeinsamkeit aus?

Dies ist eine Übung für beide Partner.

- **Nehmen Sie ein großes Blatt Papier, mindestens DIN A3. Auf dieses Blatt malen Sie einen Kreis. Er soll Ihre erotische Nische darstellen. Besprechen Sie dann, was in Ihre erotische Nische hineingehört. Schreiben Sie das in den Kreis.**
- **Und besprechen Sie, was nicht hineingehört. Schreiben Sie dies außerhalb des Kreises.**
- **Lassen Sie sich dafür Zeit! Sie haben nichts davon, wenn Sie nur »Zärtlichkeit« in den Kreis schreiben und »Gewalt« außerhalb. Überlegen Sie Feinheiten. Überlegen Sie, ob es Verhaltensweisen oder Eigenschaften gibt, die Sie erst diskutieren müssen, weil sie nicht sofort klar sind. Nehmen Sie sich Zeit, wenn Sie sich nicht einig sind.**

- **Diskutieren Sie den wichtigsten Unterschied!**
- **Diskutieren Sie die wichtigste Gemeinsamkeit!**

Als Beispiel hier die erotische Nische von Margret und Horst:

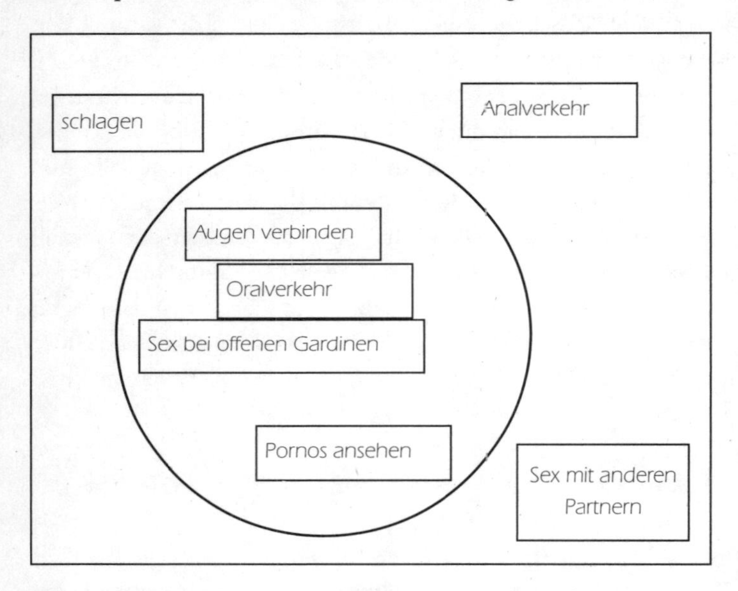

Warum sind Gemeinsamkeiten und Unterschiede so wichtig für das erotische Profil?

Bisher haben wir die Unterschiede mehr betont als die Gemeinsamkeiten. Um zu gelingen, brauchen Liebesbeziehungen beides: Gemeinsamkeiten und auch Unterschiede. Beide Partner brauchen gemeinsame Ansichten, Überzeugungen und Einstellungen. Genauso beschäftigt sie, ob es Ähnlichkeiten in der Biografie gibt und welche sexuelle Erfahrungen es gibt, die der aktuellen Beziehung vorausgingen. In denen wir uns ähnlich sind, bestätigen wir indirekt die Zusammengehörigkeit des Paares und wie bedeutsam die Liebe ist. Gemeinsamkeiten legen das Beziehungsfundament.

Häufig ist es aber das Anderssein, was uns einander attraktiv macht. Wir spüren, der andere bietet uns Erfahrungsmöglichkeiten, die uns bisher verborgen geblieben sind. Das sorgt für Erregung und Hingabe, für die Lust, zu experimentieren und einander kennen zu lernen. Je »fester« die Partnerschaft dann aber wird, desto stärker können die Unterschiede im sexuellen Begehren das Beziehungsgefüge und das Lusterleben gefährden.

Nur wer beide Seiten des erotischen Profils betrachtet, kommt näher heran an die eigene Wirklichkeit. Wer nur die Unterschiede anschaut, ohne die Gemeinsamkeiten zu würdigen, macht das Trennende zum Mittelpunkt der Beziehung. Wer nur die Gemeinsamkeiten in den Blickpunkt rückt, bei dem kommen Bereiche zu kurz, in denen sich später Konflikte entwickeln können.

▶ Übung 13: Die Geschichte unserer erotischen Beziehung!

Noch eine gemeinsame Übung: Erzählen Sie sich die Geschichte Ihrer erotischen Beziehung. Die Übung ist eine Fortsetzung von Übung 5 (siehe Seite 90 f.). Was Sie dort als Grafik aufgezeichnet haben, können Sie hier detailliert fortsetzen.

- **Suchen Sie einen ruhigen Moment. Setzen Sie sich in Ruhe zusammen. Ein Glas Wein kann dabei nicht schaden. Sie sind beide Erzähler Ihrer erotischen Geschichte.**
- **Beginnen Sie mit dem ersten Blick.**
- **Wechseln Sie sich ab: Mal erzählt der eine und der andere hört zu, dann wieder umgekehrt.**
- **Was hat Sie aneinander angezogen? Wer ist auf den anderen zugegangen? Wie war der erste Kuss? Aber auch: Wie sind Sie mit kritischen Situationen umgegangen? Wer hat wen in seinem Stolz gekränkt? Gehen Sie so vor, als würden Sie ein Fotoalbum Ihrer erotischen Beziehung ansehen.**

- **Korrigieren Sie Ihren Partner nicht, auch wenn er eine ganz andere Erinnerung hat! Dies ist keine Streitübung, sondern eine Gemeinsamkeitsübung.**
- **Irgendwann sind Sie in der Gegenwart angekommen. Beenden Sie dann die Übung mit einem Schlusssatz. Jeder mit einem eigenen.**

Gewohnheit oder Ritual?

Welche Bedeutung hat die Sexualität für die Paarkultur, für die Nische? Sex mit dem Beziehungspartner hat nicht nur die Aufgabe, sich gegenseitig Lust zu bereiten und zu befriedigen. Für die meisten Paare ist Sex ein Ritual, das mehr umfasst, als nur den Sexualtrieb zu befriedigen. Sex ist nicht nur Spaß. Das sexuelle Ritual bekräftigt, dass die Beziehung beständig ist. Es sorgt für Nähe zwischen den Partnern. Es bestätigt, dass Verabredungen und Verbindlichkeiten weiterhin gültig sind. Es bezeugt, dass nichts infrage gestellt ist. Die Wiederholung des Rituals soll vor Veränderung schützen und weist damit in die Zukunft. Die Gemeinsamkeit wird beschworen, damit alles gleich bleiben kann.

Verlust der Rückversicherung

Wenn man sich vergegenwärtigt, dass der Sex in langen Beziehungen auch ein solches Bestätigungsritual ist, versteht man viele sexuelle Probleme besser. Insbesondere die sexuelle Lustlosigkeit erscheint in einem anderen Licht. In der Klage über die Lustlosigkeit schwingt nämlich die verlorene oder gefährdete Bedeutung des sexuellen Rituals mit. Nicht das fehlende sexuelle Interesse als solches ist das Problem. Vielmehr gehen mit dem sexuellen Interesse auch die festigenden Kräfte verloren, die der Beziehung Halt geben. Die Rückversicherung der Partner geht verloren.

Zunächst erachten wir es als selbstverständlich, einander in den Arm zu nehmen, uns aneinander zu kuscheln und uns gegenseitig durch unser Begehren der Liebe zu versichern. Bleibt das aus, kann der Verdacht keimen, es sei nicht mehr so weit her mit der Liebe, der Nähe und der gemeinsamen Basis für die Liebesbeziehung. So wird auch verständlich, warum zunächst der lustlosere Partner in Begründungsnot kommt: Er ist im Verdacht, die Bedeutung aufzukündigen. Der sexuelle Rückzug wird vom Partner so interpretiert, dass der andere sich weniger engagiert. Die sexuelle Lustlosigkeit berührt den Kern der Beziehung. Ihre Beständigkeit wird infrage gestellt. Die Wertschätzung als Mann oder als Frau wird in Zweifel gezogen.

Rituale sind nicht langweilig

Und deshalb sind diese Rituale nicht mit Langeweile zu verwechseln. Als ich als junger Wissenschaftler bei einem Forschungsinterview eine ältere Frau über die Beziehung zu ihrem Mann fragte, sagte sie: »Ich hab mich an ihn gewöhnt.« Ich verstand das zunächst so, dass sie sich in ihr unglückliches Schicksal gefügt habe und eigentlich unzufrieden sei. Dies umso mehr, als sie mir von einer über viele Jahre konstanten Beziehung und gleichförmige Sexualität berichtete. Das meinte sie aber nicht. Sie wollte sagen: »Ich habe mich darauf eingestellt und kann damit gut leben.« Was ich als »Langeweile« missverstanden hatte, war von ihr als Lebensqualität gemeint. Die immer gleiche – ritualisierte – Sexualität war ihr nicht langweilig geworden. Sex hieß für sie »mit meinem Mann zusammengehören«, nicht »Leidenschaft«. Ritualisierter Sex heißt nicht unbedingt langweiliger Sex.

Und damit sind wir bei einer Bilanzübung. Sie fasst mit zwei Fragen etwas zusammen: den Stand der Waage zwischen Vertrautem und Neuem.

▶ Übung 14: Meine erotische Zwischenbilanz

Diese Übung sollten Sie allein durchführen. Erst wenn Sie beide Fragen genau beantwortet haben, sollten Sie sich mit Ihrem Partner darüber austauschen, was Sie aufgeschrieben haben.

▪ Nehmen Sie sich rund zehn Minuten Zeit, ein Blatt Papier und einen Stift.

▪ Beantworten Sie für sich die folgenden beiden Fragen:

1. Was in Ihrer sexuellen Partnerschaft ist so wertvoll, dass Sie es unbedingt hegen und pflegen möchten?

Bleiben Sie in der Beantwortung konkret und an erotischen Handlungen orientiert. Ziel der Übung ist, sich selbst bewusst zu machen, wie viel (oder wie wenig) vom bisherigen sexuellen Erleben überhaupt als erhaltens- und bewahrenswert gilt. Es geht nicht darum, zu dem Schluss zu kommen, »gute Gefühle« zu bewahren oder »schönen Sex« zu haben. Es ist recht schwierig, Gefühle zu bewahren, da sie das Ergebnis von Handlungen sind und sowieso dynamischen Veränderungen unterliegen.

2. Was müssen Sie in Ihrer sexuellen Partnerschaft unbedingt noch tun, was Sie bisher noch nicht verwirklicht haben?

Berichten Sie hier, welche erotische Handlung Sie auf jeden Fall noch in die Tat umsetzen wollen. Erzählen Sie sich, was Sie erotisch ausprobieren möchten. Machen Sie sich Gedanken zu Ihrer Zukunft als sexuell handelndes Wesen.

Beschreiben Sie nicht Erlebnisse, für die Sie selbst gar nicht verantwortlich sind. Vermeiden Sie auch, etwas zu beschreiben, worauf Sie warten. Konzentrieren Sie sich auf das, was Sie aktiv gestalten wollen.

Sam:

1. Mutet euch einander mehr zu! Nehmt keine falsche Rücksicht aufeinander! Dein Partner kann mehr aushalten als du denkst! Einfühlungsvermögen ist sicherlich eine wichtige soziale Kompetenz. Wenn du dich jedoch so in deinen Partner einfühlst, dass du keinerlei Konflikt mehr mit ihm riskierst, verlierst du dich selbst, wirst konturlos. Dein erotisches Profil verkümmert.
2. Suche nach den erotischen Dingen, die brach liegen! Stelle die Ressourcen, über die du verfügst, in den Mittelpunkt! Richte deine Aufmerksamkeit auf jene Aspekte deines sexuellen Profils, die auf Aktivierung warten!
3. Erinnert euch an jene erotischen Begegnungen, die euch besonders behagt haben! Grabt nach Gold – und zwar auf eurem eigenen Grundstück!!
4. Betrachte den Unterschied zwischen dir und deinem Partner als Chance, nicht als Bedrohung. Dein Partner bringt andere Ideen ein, hat andere Vorlieben und greift auf andere Erfahrungen zurück. Davon könnt ihr gemeinsam profitieren!

Nachdem Sie sich soeben noch einmal gedanklich mit Ihren erotischen Gemeinsamkeiten beschäftigt haben, kommen wir nun wieder auf die Unterschiede zwischen Ihnen zu sprechen. Und zwar ganz genau.

Das »Ideale sexuelle Szenario« (ISS)

Sie wissen nun, was zum sexuellen Profil eines Menschen gehört. Vielleicht haben Sie mit Ihrem Partner bereits die eine oder andere Aufgabe besprochen. Damit haben Sie eine Basis für den nächsten Schritt geschaffen. Diese Basis brauchen Sie jetzt auch. Denn die nächste Übung fordert Sie beide. Falls Sie also das Gefühl haben, dass Ihre partnerschaftliche Kommunikation auf etwas wackligen Füßen steht, verschieben Sie die Übung lieber auf eine günstigere Zeit.

Worum geht es? Wir haben ausführlich erörtert, dass bei aller Gemeinsamkeit in einer Liebesbeziehung gerade die erotischen Seiten der Partner sehr verschieden voneinander sein können. Wie gehen Sie als Partner mit diesem Unterschied um? Dafür möchte ich Ihnen eine Übung vorstellen, das »Ideale Sexuelle Szenario«, kurz: ISS. Ich habe das ISS als Technik in der Sexualtherapie entwickelt. Paare können es aber auch selbst anwenden, also ohne einen Therapeuten. Das ist nicht ganz einfach, weil das Paar dann ohne den Therapeuten als Vermittler und Mediator vorgehen muss. Es geht aber!

Mein sexuelles Profil und mein Partner

Aufgabe ist es, sich vorzustellen, wie Ihre ideale erotische Begegnung aussieht. Frei von moralischen Erwägungen und frei von einer Verantwortung für eventuelle Folgen, und vor allem frei von Rücksichten auf Ihren Partner entwerfen Sie Ihr ideales erotisches Drehbuch.

Um das Drehbuch zu entwickeln, müssen Sie sich entscheiden: Was genau möchte ich tun? Wo? Draußen? Drinnen? Wie genau? Mit welchem Partner? Zu zweit? Zu dritt?

Das Wichtigste ist, dass Sie eine gute Geschichte daraus machen. Eine Geschichte, in der Sie optimal zur Geltung kommen. In der Sie als sexuelle Person so handeln, wie es für Sie am erregendsten und am stimmigsten ist. Wie verläuft eine solche Begegnung? Wie wird sie angebahnt? Was sind die Spannungsmomente?

Sie sind Ihr eigener Regisseur und Ihr eigener Hauptdarsteller. Sie können sich die eigene Traumrolle auf den Leib schreiben! Das

ISS bringt Sie in eine günstige Lage: Ohne Rücksicht auf die Befindlichkeiten Ihres Partners können Sie ein erotisches Szenario entwickeln! Das ISS gehört nur Ihnen.

Ob und auf welche Weise Ihr Partner davon erfährt, ist eine zweite Frage. Das hängt von Verhandlungen zwischen Ihnen und Ihrem Partner ab. Dazu später.

Mit dem ISS kommen Sie ins Zentrum Ihres erotischen Profils. Mit dem ISS verdichten Sie Ihr Begehren zu einem erotischen Drehbuch. Dabei sind zwei Kriterien zentral. Das ISS soll:

- eine optimal erregende Begegnung sein;
- authentisch sein, also Sie selbst als sexuelle Person optimal zur Geltung bringen.

Ein Experiment mit Doppelrolle

Erinnern Sie sich an die Unterscheidung zwischen partnerbestimmter und selbstbestimmter Sexualität! Das ISS ist **die** Übung zu selbstbestimmter Sexualität. Damit können Sie überprüfen, wie weit Sie auf dem Weg zur selbstbestimmten Sexualität schon sind.

Mit dem ISS lassen Sie sich auf ein Experiment ein, bei dem Sie eine Doppelrolle spielen: Sie inszenieren einen erotischen Film mit sich in der Hauptrolle. Sie führen Regie und sind der Star Ihrer erotischen Fantasie – ohne jemand anderem dafür verantwortlich zu sein. Alle Gestaltungsmacht liegt bei Ihnen. Sie entwerfen einen Ablauf, der unabhängig ist vom Partner, aber auch unabhängig von Ihrem realen erotischen Handeln. Sie müssen das, was Sie aufschreiben, nicht in die Tat umsetzen! Es sei denn, Sie wollen ...

Im ISS können Sie auf Ihre eigenen Ängsten und Befürchtungen verzichten. Wenn Sie sich darauf einlassen, sich nicht selbst zu zensieren, kann das ISS höchst überraschend für Sie selbst werden. Sie können von Ihrem ISS allerhand Aha-Erlebnisse über Ihr erotisches Profil erwarten. Doch das ISS wird Sie auch fordern. Es fordert Sie, Farbe zu bekennen. Sie sollen sich selbst nichts vormachen. Eventuell entdecken Sie Seiten an sich, von denen Sie lieber nichts gewusst hätten. Außerdem kann es zu unangenehmen Einsichten führen, sich selbst und die eigenen Sehnsüchte und Wünsche zu betrachten. Unüberwindbar scheint dann manchmal die Lücke zwischen dem idealen Entwurf und dem realen Leben.

Vorteile und Risiken des ISS

Wie die meisten Medikamente hat das ISS neben seinen hilfreichen Wirkungen auch mögliche unerwünschte Nebenwirkungen.

Die Vorteile

- Es bringt Licht ins Dunkel des eigenen erotischen Profils.
- Sie können unbeeinflusst wichtige Seiten Ihres sexuellen Profils ausdrücken.
- Sie können als Paar über neue Entdeckungen ins Gespräch kommen.
- Sie erfahren Neues über das sexuelle Profil Ihres Partners.
- Sie entdecken ungenutzte Ressourcen Ihrer Sexualität.
- Sie können Farbe bekennen, ohne sich auf Kompromisse einzulassen.

Die Risiken

- Es bringt Licht ins Dunkel des eigenen erotischen Profils.
- Sie muten Ihrem Partner etwas zu. Es kann sein, dass Ihr Partner nicht gut verdaut, was Sie offen legen.
- Es mutet Ihnen selbst etwas zu: Es kann sein, dass Sie nicht gut verdauen, was Ihr Partner offen legt.
- Das kann zunächst Distanz in die Beziehung bringen, obwohl Sie doch eigentlich mehr Nähe anstreben.

Dass der Punkt »bringt Licht ins Dunkel des eigenen erotischen Profils« sowohl in der Liste mit den Vorteilen als auch in der mit den Risiken auftaucht, hat einen guten Grund. Licht im Dunkel kann einerseits zu einer neuen Ordnung führen. Es kann Vermisstes zutage fördern. Es kann Vergessenes in das Leben zurückholen. Das Licht hilft Ihnen womöglich, die Lücke zwischen dem Sexleben, das Sie aktuell unzufrieden macht, und dem eigentlich erwünschten Sexleben besser wahrzunehmen.

Das Licht kann aber auch Dinge erhellen, die Ihnen verborgen sehr viel lieber sind als erleuchtet. Unter Umständen holt das Licht abseitige Gegenden Ihres erotischen Profils in den Blickpunkt. Manches schieben Sie zur Seite, weil es Ihnen nicht ins gegenwärtige erotische Leben passt. Das ISS könnte dies wieder an die Oberfläche bringen.

Der Unterschied zwischen den Partnern kann nach einem unzensierten ISS spürbarer sein als davor.

Das ISS umreißt das sexuelle Profil eines Menschen in einem fiktiven Handlungsablauf. Dadurch kommt das Profil ins Laufen und bekommt lebendige Konturen. Dabei bleibt das ISS nicht folgenlos, wenn Sie sich mit Ihrem Partner darüber austauschen. Das ISS ist eine ernsthafte Übung. Dessen Aussage, beispielsweise die, ob Sie im ISS Ihrem Partner eine Hauptrolle geben oder einem Dritten, ist anschließend nicht mehr rückgängig zu machen. Das ISS ist kein Experiment, das Sie mit einem lockeren »Schau'n mer mal« relativieren können. Vielmehr resultiert daraus: »Gesagt ist gesagt.« Danach kann man dann schwer zurück.

Übung 15: Das ideale sexuelle Szenario

Das ISS besteht aus drei Schritten:

1. Schritt: Erstellen. Das ISS wird von beiden Partnern individuell erstellt.

2. Schritt: Verhandeln. Die Partner verhandeln, ob sie ihr ISS offen legen und ob sie das des Partners erfahren wollen.
3. Schritt: Auswerten. Die Partner werten aus, welche Konsequenz das ISS für ihr weiteres Sexualleben hat.

1. Schritt: Erstellen Sie unabhängig voneinander Ihr ISS!

- **Nehmen Sie sich Zeit und Ruhe, ein Blatt Papier und einen Stift.**
- **Sorgen Sie dafür, dass Sie ungestört sind. Am besten sollte Ihr Partner nicht in der Nähe sein.**
- **Stellen Sie sich vor, Sie dürften sexuell völlig egoistisch sein. Ihr Partner hätte nichts zu sagen. Sie müssten keinerlei Rücksicht nehmen. Stattdessen hätten Sie die freie Wahl, Ihre sexuellen Träume und Bedürfnisse genauso aufzuschreiben, wie es Ihnen entspricht. Sie hätten keine moralische Instanz zu fürchten und Ihr Verhalten bliebe für Ihre Beziehung ohne weitere Folgen.**
- **Schreiben Sie auf: Was ist die für Ihre persönlichen Bedürfnisse ideale sexuelle Begegnung? Also: Was würden Sie mit wem wo wie tun? Notieren Sie, was genau für Sie erotisch höchst befriedigend und am stimmigsten wäre. Was bringt Ihre individuelle persönliche sexuelle Art, Mann bzw. Frau zu sein, am besten zur Geltung? Schreiben Sie es so auf, dass man es sich gut vorstellen kann. Konzentrieren Sie sich dabei nicht so sehr auf Ihre Gefühle, sondern auf Ihre Handlungen.**
- **Wenn Sie das aufgeschrieben haben, verschließen Sie das Papier in einem Umschlag und sprechen mit Ihrem Partner zunächst nicht darüber.**
- **Ob Sie das aufgeschriebene ISS Ihrem Partner zeigen, wann Sie das tun, ob vollständig oder teilweise oder nur unter bestimmten Umständen, das liegt ausschließlich in Ihrer Ent-**

scheidung. Dass Sie es aufgeschrieben haben, verpflichtet Sie nicht dazu, es offen zu legen! Und dasselbe gilt natürlich für Ihren Partner.

Achtung: Vermeiden Sie zwei Fehler, die bei dieser Übung leicht vorkommen können:

▸ **Fehler 1: Nett sein.** Wahrscheinlich denken Sie beim Aufschreiben bereits daran, was Ihr Partner dazu denken könnte. Wie reagiert mein Partner? Was kommt zurück nach der Mitteilung? Was habe ich von meinem Partner zu erwarten, wenn ich mich erotisch so profiliere? Welche Bedeutung gibt mein Partner dem Mitgeteilten? Und weil Sie das besorgt, schreiben Sie etwas ihm zuliebe auf oder lassen etwas ihm zuliebe weg. Wenn Sie das tun, ist das zwar nett von Ihnen. Aber auf die Art und Weise wird das ISS harmlos und kraftlos. Wenn Sie dies dann vorlesen, werden Sie das Gefühl haben: »Na und – war das alles?«

▸ **Fehler 2: Vorwürfe machen.** Vermeiden Sie, im ISS verdeckte Vorwürfe, Forderungen und Klagen unterzubringen. Die kennt Ihr Partner ohnehin schon. Und sie führen dazu, dass er sich verteidigt oder Sie angreift – statt Ihnen zuzuhören. Das ISS ist nicht für Sie geeignet, wenn Sie Ihrem Partner nur mitteilen wollen, was er oder sie Ihrer Ansicht nach in Zukunft besser oder anders machen soll. Denn das ISS soll etwas über Sie aussagen, nicht über Ihren Partner!

2. Schritt: Verhandeln Sie über die Offenlegung!

Haben Sie den ersten Teil des ISS erledigt und Ihr erotisches Drehbuch geschrieben, steht der spannende zweite Teil noch vor Ihnen: das Verhandeln über die Offenlegung.

So erkenntnisreich es für Sie sein kann, sich über sich selbst klarer zu werden, wer Sie als sexuelle Person sind, so aufregend ist die Frage, wie das ISS des Partners aussieht. Das erotische Profil des Paares gewinnt nur dann bei dieser Aufgabe, wenn beide Partner zumindest ansatzweise bereit sind, sich ein bisschen in die erotischen Karten schauen zu lassen.

Wollen Sie das ISS für sich als Paar nutzen, kommen Sie nicht umhin, sich über Ihre erotische Selbstbetrachtung auszutauschen. Wie das geschieht, hängt ganz von Ihren Verhandlungen über die Offenlegung statt. Dabei ist es zunächst zweitrangig, was Sie beide tatsächlich aufgeschrieben haben.

Verhandlungen über die Offenlegung sind unabdingbar, weil es sich beim ISS nicht um ein Spiel handelt. Vielmehr stellen Sie sich erotisch so dar, wie Ihr Partner Sie vielleicht noch nie gesehen hat, wie er es vielleicht auch nie von Ihnen erwartet hätte. Sie offenbaren Ihr Profil und machen sich damit vielleicht auch angreifbar. Sie könnten sich schutzlos fühlen. Das ISS ist kein umkehrbarer Vorgang: Wer sein ISS offen legt, kann nicht mehr dahinter zurück. Plötzlich stehen nicht mehr oder weniger unverbindliche Fantasien und Wünsche zur Debatte, die man realisieren kann oder auch nicht. Das ISS bringt nicht hervor, was die Partner eventuell sexuell **tun könnten**. Es offenbart, wer Sie sexuell **sind**.

Verhandlungen, wie Sie das ISS offen legen wollen, dienen also in erster Linie dem Selbstschutz. Außerdem verabreden Sie so das Ausmaß der Offenheit. Und Sie einigen sich auf den Modus der Offenlegung. Aber achten Sie auch darauf, dass der Selbstschutz kein Selbstzweck wird – und das gesamte Gespräch über das ISS blockiert. Wenn wir eine Seite von uns offenbaren, die unserem Partner womöglich fremd ist, greifen wir manchmal zu radikalen Maßnahmen und verweigern jede Kommunikation.

Das ISS und die Verhandlungen über dessen Offenlegung sind eine ernste Angelegenheit:

- weil die Aufforderung, keine Rücksicht auf den Partner zu nehmen, die **Hintertür** des Kompromisses verschließt, immer nur das zu wünschen, was den Partner nicht bedroht;
- weil das ISS an **Handlungen** ausgerichtet ist. Handlungen drücken konkreter und verbindlicher aus, was passieren soll und was gemeint ist. Gefühle sind in einer solchen Situation wenig handfest und lassen sich schlecht anschaulich machen;
- weil das ISS einen heiklen Punkt beinhaltet: **Wer** besetzt die weiteren Hauptrollen in Ihrem ISS? Ist es Ihr Partner oder ist es jemand anderes? Beide Alternativen haben Folgen: Ist der Partner im ISS der reale Partner, muss er sich zu dem Szenario auf irgendeine Weise verhalten. Was ihm daran zusagt oder nicht, was ihn erregt oder was ihn langweilt, es wird Folgen für die weitere partnerschaftliche Sexualität haben. Ist dagegen der ISS-Partner nicht der reale Partner, entsteht für beide ein bedrohliches Szenario. Da es um die ideale Szene geht, sind Bagatellisierungen kaum möglich (»Das hat nichts zu bedeuten« usw.). Das gedankliche Fremdgehen im ISS spitzt den sexuellen Unterschied der beiden Partner dramatisch zu. Beide müssen sich die Frage stellen, wie weit sie sich damit konfrontieren wollen.

Verabreden Sie mit Ihrem Partner einen festen Termin, um über das ISS zu sprechen. Bringen Sie zu dieser Verabredung den Umschlag mit Ihrem Szenario mit. Zeigen Sie Ihrem Partner zwischendurch auf keinen Fall, was Sie aufgeschrieben haben. Sprechen Sie auch nicht mit ihm darüber.
Nun haben Sie verabredet, dass Sie beide Ihr ISS offen legen können, aber nicht müssen. Das wird jetzt verhandelt. Beim Verhandeln geht es um zwei Fragen:

1. Will ich mein ISS offen legen?
2. Will ich das ISS meines Partners erfahren?

Jetzt haben Sie verschiedene Möglichkeiten:

a. Beide wollen ihr ISS offen legen und erfahren. Das ist der einfachste Fall. Wenn Ihnen damit ernst ist, steht dem ja nichts mehr im Weg.

b. Beide wollen ihr ISS weder offen legen noch das vom Partner erfahren. Vordergründig betrachtet sind sich beide dann auch einig und könnten es dabei bewenden lassen. Damit liegen aber beide auf der Lauer vor dem anderen. Oder sie haben Angst vor der eigenen Courage.

c. Nur einer von beiden will offen legen. Dem steht auch nichts im Weg, sofern beide mit der Einseitigkeit einverstanden sind. Wahrscheinlich stellt sich aber die Frage, was den anderen hindert, sein ISS zu zeigen.

d. Ein Partner will offen legen, aber nichts vom anderen erfahren. Das mag überraschen. Aber so klar ist es nicht für alle Partner, dass sie vom anderen alles erfahren möchten. Es gibt Partner, die große Vorbehalte und Befürchtungen wegen des ISS des Partners haben. Dann gibt es einiges zu besprechen.

e. Ein Partner möchte nur einen Teil offen legen, einen andern Teil aber für sich behalten. Dagegen spricht zwar nichts. Aber es stachelt natürlich die Fantasien an, was da verschwiegen werden soll.

f. Einer oder beide Partner wollen nur unter bestimmten Voraussetzungen offen legen und/oder erfahren. Das ist eine häufige und für das weitere Vorgehen interessante Möglichkeit. Im ungünstigsten Fall können sich die Partner gegenseitig blockieren, etwa wenn beide sagen: Ich lege erst dann raus, wenn du beginnst.

Bei genauem Hinsehen ist nur der erste Fall (a.) unkritisch. Bei allen anderen kommen Sie nicht darum herum, genauer zu besprechen, warum die Lage so ist, wie sie ist. Betrachten Sie das Verhandeln mit Ihrem Partner jetzt aber nicht als lästige Hürde, die Sie überwinden müssen, um endlich gegenseitig Ihr ISS auszutauschen. Vielmehr ist das Verhandeln ein zentraler Teil Ihrer erotischen Entwicklung. Denn Sie kommen dabei mit Ihren emotionalen Grenzen in Kontakt. Und die sind nichts Überflüssiges oder Falsches. Die Frage, die Sie selbst beim Verhandeln beschäftigen wird: »Mute ich mir etwas zu und mache einen Schritt nach vorn – oder schone ich mich und bleibe auf vertrautem Terrain?« Komfortzone oder Risikozone?

Damit Sie vom Verhandeln etwas haben, hier ein paar wichtige Regeln:

- **Drängen Sie sich selbst und Ihren Partner nicht zu einem schnellen Ergebnis.**
- **Gönnen Sie sich eine Zeit des Abwägens, ehe Sie Ihre Entscheidung treffen.**
- **Erinnern Sie sich und Ihren Partner an das Recht, Ihr ISS nicht offen zu legen.**
- **Seien Sie ehrlich mit sich selbst, was Sie sich zumuten können und wollen. Das ISS ist zwar auch eine Mutprobe, aber keine Übung zur Selbstschädigung.**

Allein die »egoistische« Vorgabe (»Stellen Sie sich vor, Ihr Partner hätte nichts zu sagen ...«) ist für Sie womöglich überraschend. Die Vorgabe steht gar im Gegensatz zu der Einstellung, Rücksicht auf den Partner sei ein hohes Gut. Dennoch ist das ISS ein wichtiger Baustein, wenn es darum geht, sich **gemeinsam** erotisch weiterzuentwickeln. Mit Hilfe des ISS kann nämlich ein Unterschied im erotischen Profil erst einmal hervorgelockt werden. Häufig wollen wir von dieser Verschiedenheit aus Rücksicht oder wegen eines stark ausgeprägten Bedürfnisses nach Harmonie gar nichts wissen. Das ISS eröffnet Ihnen die Chance, in einem geschützten Rahmen zunächst einmal das individuelle Profil zu bestimmen. Erst dann treffen Sie die Entscheidung, ob und wenn ja, unter welchen Umständen Sie Ihr ISS preisgeben wollen.

Um später als Paar bei der Offenlegung des jeweiligen ISS zu gewinnen, ist es notwendig, die erotischen Abläufe auf der **Verhaltensebene** zu beschreiben (»Ich tue das«, »Ich mache jenes«, »Der Partner im ISS handelt so und so«). Das ISS auf der **Gefühlsebene** anzusiedeln ist wenig fruchtbar (»Ich möchte mich einfach wohl fühlen«, »Hauptsache, es ist geil«).

Ein beschriebenes Verhalten fordert Sie stärker heraus. Verhalten ist klarer abzugrenzen und einzuordnen als Gefühle. Darüber hinaus sind Gefühle (der Stimmigkeit, der Befriedigung) Teil der Vorgabe des ISS. Sie sollen ja die Situation schildern, die Ihnen am meisten behagt, in der Sie sich selbst am wohlsten fühlen würden. Erst wenn Sie konkret schildern, was es ist, wobei Sie sich wohl fühlen, zeigt sich das sexuelle Profil auf greifbare Weise.

Ein paar Regeln, damit das ISS für beide ein Gewinn wird

- **Verabreden Sie die Ausarbeitung des ISS verbindlich! Lesen Sie die gestellte Aufgabe unabhängig voneinander. Fragen Sie sich gegenseitig, ob Sie wirklich bereit sind, sich der Aufgabe zu widmen und sich für die Auswertung zu verabreden. Verbindlichkeit liegt allerdings nicht vor, wenn ein Partner zusagt, er oder sie wolle es »versuchen«. Auch eine Zustimmung mit dem Halbsatz, »wenn ich dazu komme«, ist nicht verbindlich. Solche Formulierungen zeigen vielmehr, wie hin- und hergerissen ein Partner von der Aufgabe ist. Wer sich jedoch eine Hin-**

tertür offen halten möchte, sollte an dieser Stelle auf das ISS verzichten. Vielleicht ist es noch zu früh, das erotische Profil bereits zum gegenwärtigen Zeitpunkt öffentlich zu machen.

- **Besprechen Sie ebenso verbindlich das weitere Vorgehen mit dem ISS! Das Verhandeln darüber, was mit dem ISS geschieht, ist mindestens so wichtig wie das Aufschreiben. Hier gilt die Regel, dass jeder Partner zu jedem Zeitpunkt allein entscheidet, ob er oder sie das eigene ISS offen legen möchte.**
- **Beachten Sie, dass das ISS dem Paar die Chance auf beide Optionen wahrt: offen legen oder verschlossen halten. Es gibt keinen Zwang, das ISS offen zu legen. Als Ergebnis Ihrer Verhandlungen könnten Sie sich darauf einigen, das einer von Ihnen offen legt, der andere das ISS jedoch verschlossen hält.**

3. Schritt: Auswertung des ISS
Damit Sie das ISS optimal auswerten, hier noch ein paar Hilfen vorneweg.

▸ **Das ISS ist eine Selbstaussage, kein Appell.** Der Partner, der sein ISS offen legt, sagt damit etwas über sich. Es kommt jedoch vor, dass ein Partner Appelle in das ISS hinein strickt und/oder dass der zuhörende Partner einen Appell heraushört. Beide Situationen können schnell unerquicklich werden. Stellen Sie sich auf dem Appell-Ohr taub. Alles, was im ISS gesagt wird, sagt etwas über den Autor, nicht über den Zuhörer. Wenn Ihr Partner etwa schreibt: »Ich werde am ganzen Körper geküsst und geleckt«, dann heißt das nicht, das Sie das tun sollen. Es heißt lediglich, dass Ihr Partner das erregend findet. Lassen Sie seine ISS-Szene bei ihm, übernehmen Sie nicht gleich Verantwortung für das sexuelle Wohlbefinden Ihres Partners. (»Das ist sein Problem«, kommentierte in einer Therapie eine Klientin hart, aber zutreffend das ISS ihres Partners.)

▸ **Das ISS prüft, wie weit die Partner selbstbestimmte Sexualität verwirklichen.** Sein »Ideales Sexuelles Szenario« offen zu legen und dasjenige des Partners kennen zu lernen, braucht Neugier, ein gewisses Maß an Selbstvertrauen und die Bereitschaft, auch einen Konflikt nicht zu scheuen. Auf der Seite des offen legenden Partners erfordert es den Mut, Farbe zu bekennen. Auf der Seite des zuhörenden Partners besteht die Kunst darin, das ISS des Partners nicht »persönlich« zu nehmen. Das ISS hat mit seinem Autor etwas zu tun, nichts mit dem Zuhörer. Gleichwohl ist es kaum zu vermeiden, dass der Zuhörer aus dem ISS des Erzählers Schlüsse für sein eigenes Verhalten zieht. Weil es das erotische Profil des Partners ist und der Unterschied zum Profil des anderen schnell ganz groß werden kann, könnten Sie daraufhin versucht sein, die zutage tretenden Unterschiede sofort wieder zu bagatellisieren. Geben Sie sich dieser Versuchung nicht hin! Auch wenn Sie den Unterschied wegerklären wollen – real bleibt er Ihnen erhalten. Beginnen Sie stattdessen, über den Unterschied zu reden. Wo können Sie sich annähern? Wo wollen Sie es überhaupt? Worüber möchten Sie gern mehr erfahren? Wo rechnen Sie damit, dass Distanz und die ausgelöste Fremdheit bleiben? Und wo kommt Ihnen dieser Abstand gerade recht?

▸ **Ob das ISS eine Fantasie oder ein Wunsch ist, bleibt offen.** Nicht jedes ISS drückt einen Wunsch aus, der unbedingt realisiert werden muss. Daran sollten Sie denken, wenn Sie als Zuhörer das ISS als Appell, als Aufforderung mit einem Erwartungsdruck verstehen. Zugleich dürfen Sie die Möglichkeit, das ISS als Wunsch zu verstehen, nicht ausschließen.

Der Umgang mit dieser Aufgabe ist so unterschiedlich wie Paare unterschiedlich sind. In der Gestaltung der Aufgabe inszeniert das

Paar seine eigene erotische Choreografie. Nicht nur, was aufgeschrieben wird, sondern wie mit der gestellten Aufgabe umgegangen wird, zeigt den Zugang zur Mann-Frau-Dramaturgie des jeweiligen Paares.

Beispiele für Verhandlungsverläufe

Die Verhandlungen über das ISS können sehr verschieden verlaufen. Häufig stehen die ausgelöste Bedrohung und der eventuelle Zweifel an der Beziehung im Mittelpunkt. Ein paar charakteristische Beispiele möchte ich Ihnen hier zeigen:

1. »Flucht in die Zärtlichkeit«, Mascha und Armin

Sie ist sexuell unzufrieden, weil er sich sexuell zurückzieht. Nachdem beide ihr ISS aufgeschrieben haben, zeigen sie es sich gegenseitig. Sie warten den vereinbarten Termin eine Woche später nicht ab. Sie fanden das jeweilige ISS sehr schön. Deswegen setzten sie es sogleich in die Tat um. So haben sie sich gleich am darauf folgenden Wochenende viel Zeit für Zärtlichkeiten genommen. Mascha sagt: »Ich schätze es sehr zu spüren, dass ich ihm die Zeit wert war.«
Armin und Mascha haben auf den ersten Blick davon profitiert, das ISS »unterlaufen« zu haben. Ihre Bewertung kam zu dem Schluss, sich damit etwas Gutes getan zu haben. Auf jeden Fall ist die Begegnung, die sie beschreiben, nicht zu unterschätzen. Sie hat freundliche Nähe und Gemeinsamkeit ermöglicht.

Allerdings hat sich das Paar auf diese Weise nicht mit seinem sexuellen Unterschied auseinander gesetzt. Beide haben vermieden, die Spannung des Nichtwissens bis zur nächsten Sitzung auszuhalten. Sie sind der Absicht aus dem Weg gegangen, auf den Unterschied zu kommen und sich darüber auszutauschen. Sie haben sich in eine kuschelige Komfortzone begeben.

Dagegen wäre auch nichts einzuwenden, wenn die Zärtlichkeit nicht etwas ganz Dramatisches versteckt hätte: Ich habe später von beiden erfahren, dass Mascha dahinter kam, dass Armin gelegentlich Sex mit Männern gehabt hatte. Beide hatten sich innerhalb der Wohnung getrennt und gingen weitgehend eigene Wege.

2. »Das ISS wird noch nicht offen gelegt«, Ina und Michael

Ina und Michael, beide Ende 30, kommen im Lauf ihrer Verhandlungen zu dem Schluss, das ISS nicht offen zu legen. Ina hatte sich sexuell zurückgezogen, weil sie das Gefühl hat, Michael sei zwar an Sex mit ihr interessiert, gehe aber wenig aufmerksam mit ihr um.
»Ich fühle mich von ihm zu wenig gesehen.« Michael versucht immer wieder, sexuell aktiv zu werden. In seinem Begehren geht er also in die Offensive. In der Auseinandersetzung mit Ina ist er allerdings in der Defensive. Er sieht sich in einer schwierigen Position: »Ich mache alles falsch, ich muss mich für alles rechtfertigen.«
Beim Vorverhandeln über das ISS sagen beide Partner, es käme ja ohnehin nichts Neues heraus: Sie könnten sich schon denken, was der andere aufgeschrieben habe. Da seien ja nur die alten Erwartungen drin und es gebe eh nur Streit. Ina sagt: »Von wegen.« Sie versucht, Michaels Interesse mit dieser Bemerkung herauszufordern. Er geht aber nicht darauf ein.

Bei Ina und Michael ist die Zeit noch nicht reif, sich erotisch weiterzuentwickeln. Noch gelingt es nicht, sich aus dem Streit herauszudenken. Die beiden quälen sich damit. Aber das bekannte Unglück scheint ihnen immer noch besser als das Risiko eines unbekannten neuen Schritts. Bei Ina und Michael könnte man sagen, dass das ISS nichts gebracht hat. Das stimmt insofern, als sie keinen neuen Gesichtspunkt ins Spiel gebracht haben und in der Vorwurfsfalle hängen geblieben sind. Mit einer etwas optimistischeren Sicht könnte man aber auch sagen: noch nicht. Immerhin spielt Ina darauf an, dass es noch etwas Neues bei ihr zu entdecken gäbe. Der Ball liegt damit bei Michael. Und er hat keine schlechten Karten, wenn er einen günstigen Moment nutzt, um sein Interesse an Inas ISS auszudrücken.

3. »Nicht offen legen als positive Entscheidung«, Lea und Erich

Das Beispiel ist aus einer Therapie. Die beiden haben ihre Entscheidung also nicht ganz allein getroffen. Ich bringe es aber, weil es schön deutlich macht, dass die Nichtoffenlegung auch eine gute und vorwärts weisende Entscheidung sein kann.

Lea ist schon lange damit unzufrieden, dass Erich wenig Interesse an ihrer Sexualität hat. Beide schlafen zwar miteinander, Lea klagt, ihr sei das zu fade, Erich reagiert darauf nicht. Die partnerschaftliche Lage hat sich verschärft, nachdem Erich von ihr erfahren hat, dass sie ihn mit einem Kollegen betrogen hatte. Er reagiert gekränkt und depressiv, zieht sich sexuell vollends zurück. Er will sich nicht von ihr trennen, will sich aber auch sexuell nicht wieder auf sie einlassen. Lea möchte mit ihm »einen neuen Anfang machen«. Aber der Neuanfang geht für sie nur, wenn sie auch Sexualität miteinschließt. Lea möchte »diese dumme Geschichte« hinter sich lassen. Erich ist zögernd, möchte einerseits aus seiner Kränkung herauskommen, hat andererseits durchaus etwas davon, dass Lea aus ihrem Schuldgefühl heraus immer wieder auf ihn zugeht.

Nachdem beide das ISS aufgeschrieben haben, kommt Erich zu dem Ergebnis, dass er ihr ISS nicht wissen möchte. Er geht davon aus, dass ohnehin ihr Kollege darin vorkomme. Das wolle er sich nicht zumuten. In einer längeren Auseinandersetzung, die sich anschließt, bleibt er dabei, entwickelt aber eine ärgerliche Abgrenzung gegen »diesen Typ«. Er entscheidet sich, sein ISS zu zeigen und sich mit dem seiner Frau nicht zu beschäftigen.

In diesem Beispiel besteht der Selbstbestimmungsakt von Erich darin, sich nicht mehr von der befürchteten Sexualität seiner Frau beeindrucken zu lassen und sich stattdessen seiner eigenen Sexualität zuzuwenden. So entgeht er der Befürchtung, in ihrem ISS nur zweite Wahl zu sein, sondern er konzentriert sich auf seine eigene Sexualität. Indem er es nicht wissen will, setzt er sich nicht ihrer Fantasie aus, sondern bleibt bei sich.

Die Entscheidung von Erich ist dadurch stark, dass er sich nicht von ihr abhängig macht, sondern sich selbst wieder zum Mann seiner Frau macht. Und das wirkt sich bei beiden entsprechend aus. Sie kommen aus der Krise, indem Erich wieder die Handlungsinitiative ergreift.

4. »Die neue Erkenntnis«, Rita und Peter

Peter hat sich wegen seiner gelegentlich auftretenden Erektionsschwierigkeiten sexuell von Rita zurückgezogen. Es ist ihm peinlich, vor ihr nicht »bestehen« zu können. Rita fühlt sich als Frau missachtet und nicht begehrt. Beide schieben die gegenseitige Vermeidung vor sich her.
Bei ihrem ISS beschreibt Rita eine Szene, in der sie sich in einem Liebesraum eingerichtet hat. In der Mitte des ansonsten leeren Raums ein großes Bett, alles lichtdurchflutet und in hellen Farben. Sie hat ihren Liebhaber (Peter!) dorthin zu einem bestimmten Zeitpunkt eingeladen und empfängt ihn. Ihr ISS hört an dieser Stelle auf. Als sie ihr ISS vorgelesen hat, fragt Peter. »Und dann?« Rita: »Dann ist es egal. Wichtig ist, dass mein Liebster in meinen Raum kommt und ich nicht auf ihn warten muss.« Zu Peters Erstaunen kommt es Rita in ihrem ISS nicht auf sexuelle Details an. Sie hat ihren erotischen Kick in der Empfangs-

szenerie. Peter merkt, dass er damit nicht in der sexuellen Bringschuld ist, in die er sich immer hineingedacht hatte. Er steigt darauf ein: »Das sollten wir mal so verabreden.«

Für Rita und Peter brachte das ISS eine entscheidende Wende. Peter sah Licht am Ende des sexuellen Tunnels. Das ISS lieferte den entscheidenden Anstoß.

Sam:
Das ISS zu machen ist eine ernste Entscheidung.
Tue es für dich und nicht für deinen Partner.
Überlege es dir gut und bespreche es vorher mit deinem Partner.
Dass ISS wirkt nicht, wenn du nur für deinen Partner sexuell nett sein willst oder wenn du ihm bloß Vorwürfe machen willst.
Es wirkt, wenn ihr euch gegenseitig sagt, wer ihr als sexuelle Personen seid. Auch wenn es der Partner nicht gleich toll findet.

Neugier trotz Bekanntheit

Mit dem Begehren spielen

Fallen und Problemmuster

Es gibt eine Falle, in die Paare oft hineingeraten: Sie versuchen, ihre sexuellen Probleme durch ernsthafte Anstrengungen »in den Griff« zu bekommen. Das ist auf den ersten Blick auch plausibel. Die Probleme sind ernst entstanden, also sind sie auch ernst zu lösen.

Beide Partner bemühen sich. Sie sprechen, grübeln, analysieren. Dabei kommen unvermeidlich Fragen nach den Ursachen auf: »Wie ist es zu deiner Lustlosigkeit gekommen?« »Was habe ich falsch gemacht?« Keine schlechten Fragen. Eigentlich. Aber die Partner kreisen ständig um das Problem, verbohren sich in die Suche nach den Ursachen und nach der Bedeutung, die das Problem für die Beziehung hat. Die Partner merken, dass sie mit viel Energie- und Zeitaufwand auf der Stelle treten. Die erotische Langeweile wird nicht kleiner. Das Begehren hebt nicht ab wie gewünscht. Die alten Vorwürfe können bald schon als Refrain gesungen werden: »Du bist zu wenig aufmerksam!«, »Du bist zu wenig rücksichtsvoll!«, »Du bist Neuem gegenüber zu wenig aufgeschlossen!«.

Die »Problemhypnose«

Dabei geraten die Partner leicht in etwas, was Therapeuten eine Problemhypnose nennen. Das Problem erzeugt einen Benebelungszustand. Auch wenn sich hier und da eine kleine Erleuchtung zeigt – es breitet sich ein Zustand der Lähmung oder auch der Gereiztheit aus. Wie in einem tranceartigen Zustand können die Partner an kaum etwas anderes mehr denken als an »ihr« Problem. Die grüblerischen Überlegungen wiederholen sich, die gegenseitigen Vorwürfe auch. Sie haben nicht nur das Problem – im Gegenteil: Das Problem hat sie. Es ist, als ob »das Problem« das Gespräch bestimmt und nicht mehr die Partner.

Wie kann das passieren? Es gehört zu den interessantesten Fragen von Partnerschaften, wie es funktioniert, dass zwei Partner mit bester Absicht ein Problem lösen wollen und es dabei noch schlimmer machen. Um das zu verstehen, muss man zweierlei auseinander halten:

- den Auslöser für das Problem, der lange zurückliegen kann
- den Mechanismus, wie das Problem aufrecht erhalten wird

Meist spielt der erste Punkt kaum noch eine Rolle, höchstens als Grund, den Partner zu beschuldigen (»Du hast angefangen!«). Viel wichtiger ist der zweite: die Art und Weise, wie Partner ein Problem am Leben halten, obwohl sie es eigentlich loswerden wollen.

Fallbeispiel

Hans möchte gern öfter Sex mit Elvira haben als sie mit ihm. Das ist noch kein Problem, sondern zunächst einfach ein Unterschied. Nun fühlt sich Hans aber abgelehnt, wenn er die Initiative ergreift und Elvira umwirbt, sie aber nicht darauf eingeht. Hans versucht deshalb verstärkt, Elvira zu gewinnen. Elvira empfindet das erst recht als bedrängend und reagiert auf Hans' verstärktes Bemühen mit verstärkter Ablehnung. Diese verstärkte Ablehnung ist für Hans wiederum der Anstoß, sich noch mehr zu bemühen. So wird unversehens das, was Hans für eine »Lösung« hält – nämlich Elvira durch verstärktes Umwerben doch herumzukriegen –, für Elvira zum Problem. Und umgekehrt wird das, was Elvira für eine Lösung hält – nämlich Hans auf ihre zurückhaltenderen Bedürfnisse hinzuweisen –, für Hans zum Problem. Und so schaukeln sich die beiden hoch: Je mehr Hans drängt, desto mehr weist Elvira ihn zurück – und umgekehrt. Die Lösung des einen ist das Problem des anderen.

Das nennt man ein Problemmuster. Ein Problem wird dadurch am Leben erhalten, dass das Verhalten zweier Partner sich gegenseitig hochschaukelt.

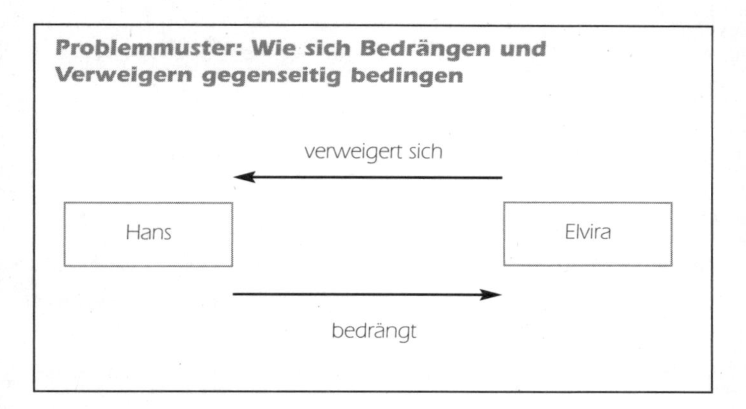

Solche Problemmuster sind jedem geläufig, der sich schon einmal in einem langen Streit verzettelt hat. Das Problem liegt nicht an Hans, weil seine Wünsche zu übertrieben sind. Es liegt auch nicht an Elvira, weil sie zu wenig Lust hat. Und es liegt auch nicht einfach daran, dass sie nicht zusammenpassen. Das Problemmuster entsteht durch den Versuch, etwas zu verändern.

Es ist dabei zum Verständnis des Problemmusters ziemlich belanglos, wie das Ganze angefangen hat. Ob Hans vor vier Jahren einmal angetrunken zu weit gegangen ist. Ob Elvira ihn vor fünf Jahren einmal beleidigt hat. Ob sie sich mit ihrer Figur und ihrer Körperlichkeit schwer tut oder ob er ein Problem damit hat, allein zu sein. Solche Fragen nach den tieferen Ursachen erklären nicht, warum das Problem und der Streit der Partner so lange bestehen bleiben.

Das Verrückte dabei ist, dass das Problem irgendwann von selbst funktioniert – und keiner der Beteiligten hat es gewollt.

Problemmuster

Von Problemmustern spricht man, wenn die unerwünschten Verhaltensweisen zweier Partner so miteinander verbunden sind, dass sie sich gegenseitig verstärken. Dadurch wird das Problem aufrecht erhalten, obwohl beide Partner es lösen wollen.

Der »Gewinn« durch ein Problemmuster

Warum funktioniert so ein Problemmuster überhaupt, wenn es keiner will? Problemmuster haben eine teuflische Eigenheit: sie bringen den Partnern heimliche Vorteile. Der wichtigste ist, dass Stabilität zwischen den Partnern erzeugt wird. Eine oft quälende Stabilität, aber eine Stabilität: Man kennt sich aus. Problemmuster machen Beziehungen berechenbar, stabil, vorhersagbar, vertraut, gut eingeübt. Man kennt sich aus mit dem typischen Verhalten des Partners. Das stört den anderen zwar, aber er weiß wenigstens Bescheid. So kann man sich auf das Bekannte beziehen: »Das ist typisch für dich.«, »Da sieht man mal wieder, dass du ...«. Und im Streit ist man wenigstens mit dem Partner verbunden.

Die Muster solcher Konflikte sind oft durch das Hin- und Herschieben von Verantwortlichkeit gekennzeichnet:

- Wenn du den ersten Schritt machst, mache ich auch einen!
- Komme auf mich zu, dann komme auch ich auf dich zu!
- Du machst nicht das, was ich will, deswegen mache ich nicht, was du willst!
- Ich verweigere mich dir, weil du dich mir verweigerst!

Die Grundmelodie des Problemmusters lautet: Weil du (Vorwurf) – deswegen ich (Rechtfertigung). Oder: Erst musst du handeln, dann handle ich auch. Jeder erwartet also in solchen Situationen vom anderen den ersten Schritt. Immer soll der andere in Vorleistung gehen. Das misstrauische Gefühl, für die eigene Vorleistung keinerlei Anerkennung zu erhalten, ist weit verbreitet: »Ich habe schon so viel gegeben. Nun bist wirklich du dran!«

Solche Muster ruinieren regelmäßig die besten Beziehungen und töten die intensivsten Liebesgefühle, die zwei Menschen füreinander hegen können.

Wie sich Problemmuster unterbrechen lassen

Muster lassen sich nur dann unterbrechen, wenn die Partner noch eine gewisse Bereitschaft mitbringen, Neues am Partner zu entdecken und spielerisch auszuprobieren, wie es denn wäre, ein gewohntes Muster einmal nicht auf die gewohnte Weise bis zum meist bitteren Ende auszureizen, sondern bereits inmitten einer harschen Auseinandersetzung bzw. eines routinierten Konfliktes einen anderen Pfad zu betreten. Aber wie geht das?

Sam:

Du erwartest vom Partner etwas? Da kannst du warten, bis du schwarz wirst. Am besten legst du dir schon mal heruntergezogene Mundwinkel und ein mürrisches Enttäuschungsgesicht zu, damit der Partner auch bestimmt viel Freude am Verändern hat.

Sam ist giftig, aber sie hat recht: Die Regel dafür, dass alles so bleibt, wie es ist, lautet: warten, bis der Partner sein Verhalten ändert. Die Regel für das Gelingen ist sehr einfach: selbst mit der Veränderung anfangen.

Und wie geht das? Hier ist der Kreativität keine Grenze gesetzt! Wir kommen gleich zu Übungen, wie Sie sich aus dem Sumpf des Problemmusters ziehen können. Beginnen wir aber mit einem einfachen Tipp: Tue das Gegenteil von dem, was du spontan tätest!

Fallbeispiel

Der Frau ist es ein Anliegen, dass ihr Mann mehr mit ihr spricht. Der Mann findet, er spräche schon genug. Die Frau wirft ihrem Mann vor, sie allein zu lassen, nur den eigenen Gedanken nachzuhängen, sich nicht mitzuteilen. Der Mann sagt, sein Job sei so anstrengend. Zu Hause zu sein, sei für ihn Erholung, die er dringend brauche. Er wirft ihr vor, ihn zu bedrängen, sie wirft ihm vor, dass er sich zurückziehe. Das Problemmuster: Je mehr sie ihn bedrängt, desto mehr zieht er sich zurück.

Wie könnten die Partner das Muster unterbrechen? Was heißt hier: das Gegenteil von dem tun, was man spontan täte?

- Die Frau reagiert auf seinen Rückzug fordernd. Das Gegenteil von fordern ist gewähren. Wie könnte das aussehen? Sie könnte sich vornehmen, ihn erst einmal eine Viertelstunde in Ruhe zu lassen, wenn er von der Arbeit nach Hause kommt. Wenn sie ihn nicht anspricht, kann er sich auch nicht zurückziehen.
- Der Mann reagiert auf ihre Erwartung mit Rückzug. Das Gegenteil von Rückzug ist auf sie zugehen. Wie sähe das aus? Er könnte, statt sich vor ihren Gesprächen zu retten, mit einem eigenen Gesprächsanliegen auf sie zugehen und mit ihr über das sprechen, was ihn beschäftigt: seinen Job.

Zu simpel? Gerade bei sehr verhakten Problemmustern sind simple Lösungen oft die besten. Nur weil ein Problem kompliziert ist, muss es die Lösung nicht auch noch sein. Probieren Sie es doch mit den beiden nächsten Beispielen selbst aus!

Übungsfall »Tilmann und Heike«

Heike ärgert sich schon lange darüber, dass Tilmann sich im größten Durcheinander wohl fühlt und deshalb in der Wohnung nie eine Ordnung herrscht, wie Heike sich das vorstellt. »Ich sehe gar nicht, dass es unaufgeräumt ist«, sagt Tilmann. »Wie soll ich dann aufräumen?« Heike kann das nicht verstehen. Sie bittet ihn inständig, doch einfach die Augen aufzumachen und nicht alles liegen und stehen zu lassen. »Alles hat seinen Platz und da gehört es auch hin. Ich möchte nicht im Chaos leben.« Je mehr Heike klagt, desto mehr beteuert er, dass man sich doch auch wohl fühlen könne, wenn ein paar Dinge nicht am Platz lägen. Und je mehr es das beteuert, desto mehr räumt Heike demonstrativ auf, während Tilmann es sich gemütlich machen will.

▶ Übung 16: Musterunterbrechung A

Überlegen Sie, wie die beiden Partner ihren Streit unterbrechen könnten.

Was wäre eine Unterbrechung des Musters? Was wäre das Gegenteil dessen, was die beiden spontan tun?

- **Tilmann müsste ...**
- **Heike müsste ...**

Übungsfall »Albert und Greti«

Albert schläft nach dem Geschlechtsverkehr immer schnell ein, während Greti wach liegen bleibt und enttäuscht ist, dass sie nicht weiter mit ihm in Kontakt bleiben kann. Albert hat sich auch schon bemüht, wach zu bleiben. Greti fand aber seine müde Gegenwart und seinen Kampf gegen den Schlaf auch nicht als das, was sie sich vorgestellt hatte, und ist nicht wirklich einverstanden damit. Als sie darüber sprechen, meint sie, von einer angestrengten Wachheit habe sie auch nichts. Albert kann aber mittlerweile auch nicht mehr guten Gewissens einschlafen. Er möchte es ihr recht machen und hat sich angewöhnt, vor dem Sex noch einen doppelten Espresso zu trinken. Greti findet, er solle machen, was für ihn richtig sei, und nicht ihr zuliebe. Je mehr sie ihn aber zu Echtheit auffordert, desto mehr bemüht er sich, ihren Wünschen zu entsprechen. Beide sind unzufrieden.

▶ Übung 17: Musterunterbrechung B

Überlegen Sie, wie Sie diesen sexuellen Konflikt unterbrechen könnten. Was wäre hier eine Unterbrechung des Musters?

- **Albert müsste ...**
- **Greti müsste ...**

Der alltägliche Ernst: Vorwurf und Rechtfertigung

Besonders ernst ist es Partnern, wenn sie sich gegenseitig vorwerfen, an der sexuellen Misere schuld zu sein. Beiden haben feste Vorstellungen, warum alles so ist. Und die Lösung liegt beim anderen.

Fallbeispiel »Bernhard und Carla«

Die beiden sind seit 15 Jahren ein Paar und verstricken sich regelmäßig in der Frage, wer das erotische Geschehen einleitet und wer das Tempo bestimmt. Carla hat das Gefühl, bei Bernhards sexuellen Initiativen nicht auf ihre Kosten zu kommen und wirft ihm vor, nicht auf sie einzugehen. Bernhard sieht sich unter dem Druck, sein Verhalten rechtfertigen zu müssen und seine Handlungsfreiheit zu verlieren.
Ein typischer Dialog zwischen ihnen sieht so aus:
Carla: »Du könntest ja mal etwas mehr Geduld haben.«
Bernhard: »Hab ich doch, aber lass mich doch nicht so auflaufen!«
Carla: »Immer bestimmst du das Tempo. Und wenn du mich anfasst, dann tust du das, um zu prüfen, ob ich schon feucht bin. Dann vergeht es mir gleich. Es ist dir lästig, dass ich eben meine Zeit brauche.«
Bernhard: »Wie ich es mache, ist es nicht recht.«
Und beiden vergeht der Spaß.

Am Ende einer solchen Auseinandersetzung ist Carla enttäuscht. Und Bernhard ist genervt und ratlos. Zwar haben die beiden Sex, aber eben nicht auf eine Weise, dass wirklich beide damit zufrieden sind. Carla hofft seit vielen Jahren auf Bernhards Einsicht. Und er wiederum hofft darauf, dass Carla ihre Ansprüche an ihn zurücknimmt.

Enttäuschte Hoffnung

Paarkonflikte dieser Art entfalten sich nach einem bestimmten Muster. Der eine Partner erwartet etwas (Carla erwartet Rücksicht auf ihr Tempo). Der andere erfüllt die Erwartungen nicht und rechtfertigt sich dafür (Bernhard tut sein Bestes, merkt aber, dass das nicht gut genug ist). Wer die Erwartungen nicht erfüllt, rechtfertigt sich dafür. Der Partner, dessen Erwartungen enttäuscht wurden, beginnt mit Vorwürfen, wenn sich das Ganze wiederholt. Es stellt sich relativ schnell ein Muster von Vorwurf und Rechtfertigung ein: Je mehr der eine Partner Vorwürfe macht, desto mehr verteidigt sich der andere.

Ein wesentliches Merkmal des Vorwurfes ist die enttäuschte Hoffnung. Enttäuschungen sind Hoffnungen, die nicht erfüllt sind, aber noch aufrechterhalten werden. Wer von einem Partner enttäuscht ist, hat den Gedanken noch nicht aufgegeben, der Partner könne die Hoffnung doch noch irgendwann erfüllen. Weil die Hoffnung für Carla auch nach so vielen Jahren noch sehr relevant ist, wird sie weiterhin versuchen, Bernhard zu einer Verhaltensänderung zu bewegen.

Um eine Verhaltensänderung anzuregen, steht einem Partner ein umfangreiches Methodenarsenal zur Verfügung: Verführen, Schmeicheln, Argumentieren. Fruchtet dies nicht, kommt es zu Vorwürfen. Der Vorwurf bringt einen moralischen Dreh in die Erwartung an den Partner. Er suggeriert nämlich: Du kannst, wenn du nur willst. Dabei nimmt der Vorwerfende sein Gegenüber in die moralische Pflicht eines gemeinsamen, höherwertigen Zieles – so wie im beschriebenen Fall ein gemeinsames erotisches Tempo:

Carla geht davon aus, dass Bernhard dieses Ziel mit ihr teilen müsse bzw. dass es Zeiten gegeben habe, in denen Bernhard dieses Ziel mit ihr geteilt habe. Er verfolgt dies aber aus Nachlässigkeit oder Ignoranz nicht mehr. Der Vorwurf beinhaltet also ein Defizit. Dafür ist Bernhard verantwortlich und es ist prinzipiell behebbar. Die Stärke einer solchen Vorwurfsposition besteht darin, die moralisch »bessere« Seite zu besetzen.

Rechtfertigen stärkt den Vorwurf
Bernhard, der Vorwurfsempfänger, akzeptiert nun seinerseits diese Voraussetzung: Im Zuge der formulierten Rechtfertigung führt er einen Grund an, der das Defizit legitimieren soll. Bernhard gibt dem Vorwurf in der Sache Recht. Gleichzeitig lädt er damit dazu ein, den Vorwurf aufrechtzuerhalten. Der Vorwurf: »Du willst nur nicht richtig. Wenn du nur wolltest, wäre alles gut.« Die Rechtfertigung: »Ich würde ja wollen, aber du willst ja genauso wenig.« Vorwurfs- und Rechtfertigungsposition bedingen sich gegenseitig.

So wird genau das zum Problem, was eigentlich als Lösungsversuch gedacht war: Je mehr und je ernsthafter sich das Paar bemüht, den erotischen »Karren aus dem Dreck zu ziehen«, desto tiefer versinkt das Gefährt im Schlamm. Mit durchdrehenden Rädern wühlt sich die Beziehung tiefer in die erotische Krise. Was tun?

Wie man aus dieser Mühle herauskommt

Der Clou ist dieser: Man muss die Ursachen des Problems nicht unbedingt kennen, um sie zu lösen. Diese Überlegung mag auf den ersten Blick überraschend sein. Auf den zweiten Blick aber nicht mehr. Gehen wir zum Bild des im Dreck festgefahrenen Karrens zurück: Man muss nicht wissen, wie der Karren in den Dreck geraten ist, um ihn herauszuziehen. Ob man nicht aufgepasst hat, ob es dunkel war, ob der Kutscher betrunken war, ob die Pferde scheu geworden sind. All das ist für die Lösung des Problems belanglos. Wichtig ist es für etwas anderes: für die Frage nach der Schuld. Deshalb sind wir hier an einer bedeutenden Stelle: Ist es Ihnen wichtiger zu klären, wer an Ihrer sexuellen Unzufriedenheit schuld ist oder wie Sie aus der Unzufriedenheit herauskommen? Diese Frage ist nicht zu unterschätzen. Vorwürfe und Rechtfertigungen, Angriff und Verteidigung sind oft die festen Begleiter sexueller Unzufriedenheit. Und dabei geht es immer um die Schuldfrage: Wer hat angefangen? Wer hat es weitergemacht? Wer hat nicht aufgehört? Viele Paare entfalten eine große Leidenschaft beim Streit um die Schuld. Oft größere Leidenschaft als beim Sex. Das macht es schwer, damit aufzuhören. Deshalb die Frage noch einmal langsam zum Mitdenken: Ist Ihnen wichtiger, wer schuld am Problem hat oder wie Sie aus dem Problem herauskommen?

Fallbeispiel

In einer Therapiestunde stellte ich Horst und Anja diese Frage. Anja hatte sich sexuell zurückgezogen, als sie herausbekam, dass Horst sich ein paar Mal mit einer gemeinsamen Freundin getroffen hatte. Sie nahm ihm ab, dass es bei den Treffen nicht zum Sex gekommen war. Gleichwohl fühlte sich Anja um Horsts Zuwendung betrogen, da er in dieser Zeit kaum sexuelles Interesse an ihr gezeigt hatte. Für Horst war ihre Reaktion zunächst verständlich und er nahm anfangs die Schuld für das Problem auf sich. Als Anja aber verschlossen blieb, begann er sich immer mehr zu ärgern und warf ihr vor, das Problem künstlich zu vergrößern, »obwohl doch gar nichts war«. Er blieb aber ratlos, wie er Anja erotisch wiedergewinnen konnte. Anja suchte nach einer Möglichkeit, sich von ihrer Kränkung zu befreien, die sie mit zwiespältigen Gefühlen beschrieb: »Ich will die Geschichte ja auch hinter mir lassen, aber irgendwas hängt da noch.« Anja und Horst hatten über ihr Problem keinen

lauten Streit, sie kamen aber nicht aus den gegenseitigen Vorwürfen heraus, die sie sich – vorsichtig zwar – eben doch machten. So stagnierten sie zunehmend in einer grüblerische Ratlosigkeit, wie das alles hatte kommen können.
In dieser Situation stellte ich die Frage: »Wollen Sie sich weiter damit befassen, wer mehr zum Problem beigetragen hat, wer also – mit anderen Worten – mehr Schuld hat, oder mit der Frage, wie Sie unabhängig von der Ursache zu einer Lösung kommen?«
Für Horst war die Antwort klar: »Vergessen wir die Schuldfrage, suchen wir nach einer Lösung.« Anja tat sich etwas schwerer: »Ich möchte schon nach vorn schauen, aber ich kann das nicht richtig, wenn ich die Ursachen nicht verstehe.« Ich fragte Anja, ob sie sich vorstellen könnte, die Frage nach den Ursachen für eine Zeit ruhen zu lassen, um sich auf mögliche Lösungen zu konzentrieren. Ich schlug vor, zunächst eine Experimentierphase einzulegen. Die Ursachenfrage sei damit ja nicht aufgehoben. Sie könne sie dann wieder aufnehmen, wenn sie merke, dass wir anders nicht weiterkommen. Auf diese Perspektive konnte sich Anja einlassen.

Nicht alle Partner können sich so entscheiden wie Anja. Deshalb wirkt das im Augenblick leichter gesagt als getan. Inmitten Ihrer ernsthaften Versuche, alles besser zu machen, können Sie sich gar nicht mehr vorstellen, wie es eigentlich ist, Spiel und Erotik gemeinsam zu denken. Ein wenig ist Ihnen wahrscheinlich auch die Erinnerung daran abhanden gekommen, wie es einmal war zwischen Ihnen und Ihrem Partner. Damals, als Sie sich kennen lernten – und kaum anders als spielerisch begannen, einander zu entdecken, einander die erotischen Bedürfnisse abzulauschen und auszuprobieren, was einer mag und was nicht so sehr. Damals konnten Sie auch noch miteinander lachen, wenn Ihnen etwas nicht gelang. Oder Sie nahmen es mit Humor, wenn Sie sich mal missverstanden hatten. Das führte zwar auch damals zu Irritationen. Aber zu jener Zeit waren Sie in der Lage, anders darauf zu reagieren. Angesichts des festgefahrenen erotischen Karrens bleibt Ihnen heute das Lachen im Hals stecken. Sie können all dem nichts Komisches mehr abgewinnen. Sie sehen Ihr gemeinsames erotisches Leben – und damit wohl irgendwann auch Ihr Beziehungsleben insgesamt – ernsthaft gefährdet.

Solche Vorwurfs-Rechtfertigungs-Muster erzeugen Stagnation. Und bitteren, verbitterten Ernst. Ein solcher Ernst kommt ganz von selbst in die Beziehung. Deshalb brauchen wir uns um ihn für eine Weile nicht zu kümmern – um das Spiel schon.

Wenn wir nämlich erotische Spannung spielerisch gestalten, gestatten wir uns, etwas auszuprobieren – und es rückgängig zu machen, wenn es uns nicht passt. Wir lassen offen, was entsteht, und geben uns der Vielfalt der Möglichkeiten hin, die sich bieten.

Ernst und Spiel

Damit sind wir bei einer ganz wichtigen Unterscheidung, die wir brauchen, um von der Problemtrance zu den besseren Alternativen, zu Lösungen zu kommen. Die Unterscheidung zwischen Ernst und Spiel. Problemen kann man sich ernst und spielerisch nähern.

Erinnern Sie sich an die dritte Botschaft: Zu gutem Sex gehört der Mut zum **Spiel** und eine Haltung der **Neugier**: Es gibt bei unserem Partner immer noch etwas Neues zu entdecken!

Nicht selten sorgen Einladungen zu Spiel und wieder erwachender Neugier für Verstörung. Ein Partner ist vielleicht irritiert, weil er beispielsweise eine spielerische Inszenierung als unecht erlebt. Spielen will gelernt sein. Aber wie geht das: erotisch spielen?

Ernst

Wenn wir ernst machen, dann engen wir Möglichkeiten ein, weil wir sie sehr streng prüfen. Wir analysieren, grübeln. Und wir sehen uns gezwungen, uns gleich richtig zu entscheiden. Es gibt keinen Freischuss. Alles gilt. Ohne Hintertür. Wenn wir ernst machen, haben wir ziemlich feste Vorstellungen, was der Fall ist, wie die Lage wirklich ist. Wie es sexuell ist und wie es zu sein hat.

Spiel

Wenn wir spielen, dann öffnen wir Spielräume. Dann probieren wir etwas unverbindlich aus. Wir erfinden, experimentieren. Und wenn es uns nicht gefällt, probieren wir eben weiter. Wir haben ja ein paar Versuche frei. Wenn wir spielen, geht es uns darum, was sein könnte. Wir sind im Reich der Möglichkeiten. Wie es sexuell sein könnte – aber nicht muss.

Erotisch spielen

Das erotische Geschehen ist kreativ und mit Spielregeln verabredet. Das erscheint vielen von uns im Zusammenhang mit Liebesgefühlen befremdlich. Bezogen auf Sex finden wir es sogar oft unnatürlich, wenn erotische Momente geplant und vorhersehbar erzeugt werden. Oder der Partner ist irritiert, weil mit einem Mal der tägliche Trott, die erotische Routine in ein neues Spannungsfeld gerät. Denkbar, dass beim Partner Fragen auftauchen wie: »Was mache ich mit einem solchen Angebot? Gestehe ich ein, dass es mich durcheinander bringt? Oder nutze ich die Chance, einmal etwas Neues zu erleben?« Je nachdem, wie der Partner reagiert, sind wir herausgefordert, das Spiel fortzusetzen – oder uns ein neues auszudenken, wenn der erste Versuch daneben ging.

Handeln auf Probe

Den Begriff »Spiel« verwende ich dabei in einem Sinn, der es dem Paar ermöglicht, auszuprobieren – ohne sich gleich festlegen zu müssen. Rollenspiele, Kommunikationsspiele, Gedankenspiele dienen dazu, neue Denk- und Handlungsmöglichkeiten ins Auge zu fassen, an die keine Verpflichtungen für die weitere Zukunft gekoppelt sind. Zur Unzufriedenheit und Langeweile in der erotischen Beziehung kommt es auch, wenn die Partner aufhören, über Handlungsalternativen nachzudenken. Sie können sich gar nicht mehr vorstellen, sich eventuell auch anders zu verhalten als sie es gewohnt sind. Ihnen fehlt die Spielfreude. Spaß und Mut, es miteinander hinzubekommen, sind dann bereits an ihre Grenze geraten. Der Ernst herrscht. Alles ist festgelegt. Die Problembeschreibungen beider Partner (die voneinander abweichen können) sind oftmals schon so ernst, dass keiner mehr Spaß versteht.

Erektionsschwierigkeiten oder sexuelles Desinteresse werden tragisch erlebt. Sie sind verbunden mit großem Leidensdruck. Hinzu kommen Gefühle des Versagens und der Enttäuschung, oft auch Wut und Empörung über den Partner. Das Verhalten eines Partners, über das der andere sich beschwert, ist fest gefügt. Auch die Wahrnehmung des anderen konzentriert sich auf die Mängel und Defizite, statt auf die Ressourcen zu schauen. In vielen Beziehungen sind die Täter- und Opferrollen fest vergeben: Du bist schuld und ich leide. Dieses enge Korsett zu verlassen, fällt nicht leicht bzw. ist häufig ohne fremde Hilfe kaum möglich.

Wo die Lage so eindeutig ist, gibt es nichts zu lachen. Da kann es nichts zu lachen geben. Das verschärft sich überdies, wenn die beiden Partner uneinig sind in ihrer Problemsicht. Die Übungen in diesem Kapitel haben zum Ziel, den sich unweigerlich einstellenden Krampf etwas zu lockern. Sie sollen der Leichtigkeit eine Chance geben. Das geschieht mit »Handeln auf Probe«.

Das ist in mancher Hinsicht ein kleines Abenteuer. Denn bei den folgenden Übungen kann es passieren, dass Sie nicht nur sich selbst, sondern auch Ihren Partner ganz anders als gewohnt erleben. Möglicherweise denken Sie, Sie wüssten über Ihren Partner schon alles. Sie könnten überrascht werden!

Die Übungen zielen allerdings nicht darauf ab, irgendein sexuelles Verhalten zu proben. Ich habe weder Vor- oder Fesselspiele noch sonstige Spielarten sexuellen Verhaltens in diese Übungen eingebaut. Weil hier im Mittelpunkt steht, die Kommunikation zwischen den Partnern zu beleben, sind spezifische sexuelle Verhaltensweisen von geringerem Interesse.

Lassen Sie sich auf die Übungen ein, werden Sie schnell bemerken, dass die Partner- und die Selbsteinschätzung nicht übereinstimmen müssen. Im Verlauf Ihrer erotischen Wiederentdeckung wundern Sie sich vielleicht über manche Einschätzungen Ihres Partners. Das ist nicht ungewöhnlich: Je länger eine Beziehung dauert, je vertrauter wir uns sind, desto berechenbarer erscheinen wir uns. Wir erwarten Übereinstimmung, wo bei genauerem Hinsehen keine vorhanden ist. Wirklich gut kennen wir unseren Partner nur, wenn sich die Ausgangsbedingungen nicht verändern, wenn uns z. B. nur noch der kleinste gemeinsame erotische Nenner verbindet. Wir inszenieren dann immer wieder das gleiche Drehbuch mit dem immer gleichen Resultat: sexuelle Unzufriedenheit.

Erotische Neugier

Aus dieser Falle kann uns erotische Neugier helfen. Dadurch kann der Partner wieder zum möglichen Objekt des eigenen Begehrens werden: Tatsächlich, so mögen Sie sich fragen, an dem Menschen, mit dem ich seit vielen Jahren das Bett teile, soll es ungeahnte Seiten zu entdecken geben?

»Neugier trotz Bekanntheit« ist das Motto für eine erotisch spannende Liebesbeziehung. Erlauben Sie sich, einander ein wenig fremder zu sein, als Ihnen ansonsten lieb ist. Bei den Übungen und Aufgaben stehen die Vorläufigkeit und die Inszenierung im Vordergrund. Es kommt nicht darauf an, sich das Bekannte zu bestätigen. Viel wichtiger ist die Lust, die Unterschiede zu entdecken, das Unbekannte zu sehen, alt bewährte Sichtweisen zu hinterfragen. Die Übungen unterstützen Sie dabei, wieder neugierig aufeinander zu werden, obwohl Sie sich seit Jahren kennen.

Sam:

Die Aufgaben fordern euch heraus, euch gemeinsam auf eine Reise hin zu euren erotischen Profilen zu begeben. Im Verlauf des Trips könnt ihr bisher verschwiegene Seiten eures sexuellen Profils in die Beziehung hineinbringen. Viel Spaß beim Spiel!

Spiele

Jetzt wird es konkret. Ich schlage Ihnen einige Aktivitäten vor. Sie passen unterschiedlich gut zum erotisch-sexuellen Stand Ihrer Partnerschaft. Da wir hier beim erotischen Spiel sind, sollen Sie sie nicht nacheinander »abarbeiten«. Betrachten Sie die folgenden Übungen als Katalog der Möglichkeiten und »blättern« Sie ihn durch. Wählen Sie und probieren Sie aus! Sie finden nach einer einfachen Startübung interessante Partner-Rollenspiele, paradoxe Übungen und einige erotische Geschenkideen.

▶ Übung 18: Erotischer Tratsch

Diese Übung eignet sich, wenn Ihnen bei dem Spiel-Gedanken noch nicht recht wohl ist und Sie erst einmal eine Übung zum Aufwärmen brauchen. Der »erotische Tratsch« ist eine Möglichkeit, spielerisch über Erotik ins Gespräch zu kommen. Damit sind Sie noch auf sicherem Boden, denn es geht nicht um Sie. Sie tratschen über andere. Das ist einfacher. Über Freunde, Ver-

wandte und, wenn Ihnen das zu heiß ist, über bekannte Personen. Über deren Privatleben können Sie in Illustrierten nachlesen. Ob das immer stimmt, was Sie lesen, ist unwichtig. Auf jeden Fall lädt es Sie zum Spekulieren ein.

- **Gehen Sie in Ihre Lieblingsbar oder treffen Sie sich auf einer Parkbank. Verabreden Sie sich eine Stunde vor Beginn des Kinofilms oder auf der Liegewiese eines Schwimmbads. Die Umgebung ist sehr wichtig. Sie warten nicht ab, bis »es sich von selbst ergibt«, sondern Sie machen einen Termin.**
- **Sie tratschen zehn Minuten über den Sex anderer Leute – was Ihnen einfällt, ohne inhaltliche Einschränkung. Falls Sie ein eher rationaler Mensch sind und sagen, Sie könnten nicht über etwas sprechen, das Sie nicht sicher wissen: Nehmen Sie es als Gelegenheit, »Fantasieren und Vermuten« zu üben. Wenn Sie ein eher politisch korrekter Mensch sind und das Ganze für »Mobbing in Abwesenheit« halten und ablehnen: Dann bleiben Sie korrekt und überspringen diese Übung. Wenn Sie sie aber machen wollen, beachten Sie ein paar Hinweise:**
- **Wählen Sie einen Zeitpunkt, an dem Sie beide den Kopf frei haben und nicht durch andere Einflüsse abgelenkt sind.**
- **Begrenzen Sie das Gespräch auf zehn Minuten.**
- **Der Ort ist nicht beliebig. Achten Sie darauf, dass Sie weitab vom Alltag sind. Nicht in Ihrer Küche. Oder im unaufgeräumten Wohnzimmer.**
- **Machen Sie sich vorab Gedanken, über wen Sie gern sprechen möchten. Sonst fällt Ihnen niemand ein, wenn Sie im Tratschen ungeübt sind.**

Auswertung: Die Übung braucht als Aufwärmübung nicht unbedingt ausgewertet zu werden Hauptsache, Sie kommen ins Gespräch. Aber reizvoll kann sein, wenn Sie darüber sprechen, wie

Sie sich von der Person absetzen und unterscheiden, über die Sie getrascht haben, was Sie nie im Leben so machen würden oder worin Sie ihr ähnlich sind. Warum finde ich gerade diese Person so interessant – positiv oder negativ?

Partner-Rollenspiele

Am Anfang der Übungen, mit deren Hilfe Sie sich erotisch neu entdecken können, stehen Rollenspiele gemeinsam mit Ihrem Partner. In diesen Spielen geht es darum, sich in verschiedene Rollen hineinzudenken. Das können solche sein, die Sie bereits aus der Vergangenheit kennen (Übung 19, Seite 174 f.). Zum Angebot gehören aber auch Rollenspiele, mit denen Sie ein neues Kapitel in der Partnerschaft aufschlagen können (z. B. Übung 21, Seite 177 f.).

Mit der Inszenierung der Rollenspiele steigen Sie aus der alten Problemroutine aus. Vielen Paaren, die sich sonst gut verstehen, gehen leicht die Ideen aus. Das Rollenspiel schafft einen Raum, in dem Sie sich in neue erotische Situationen begeben. Der Witz dabei ist, dass Sie vorher nicht wissen, wohin das führt.

Dazu dient auch die bewusst künstlich inszenierte Situation. Nichts passiert spontan. Alles ist verabredet. In diesem Rahmen geben Sie sich gegenseitig die Chance, einmal auf Probe zu handeln. Ohne an die unmittelbaren Folgen denken zu müssen, bietet Ihnen das Rollenspiel die Möglichkeit auszuprobieren. Sie müssen sich nicht sicher sein. Sie können alles wieder zurücknehmen. Sie können noch einmal von vorn anfangen. Das Rollenspiel steckt den geschützten Rahmen ab. Sie erleben sich selbst und Ihren Partner anders. Inszenieren Sie eine fiktive Szene für die Zukunft, erleben Sie, wie Sie auf Ihren Partner reagieren werden, was Ihnen behagt und wo Ihnen mulmig zumute ist.

Sie brauchen dafür nicht gleich Spaß oder Lust zu empfinden. Was Sie brauchen, ist lediglich die Entscheidung, das Spiel zu machen. Der Spaß kann beim Spiel kommen. Oder auch nicht! Legen Sie sich nicht vorher auf ein bestimmtes Ergebnis fest! Wenn es Ihnen peinlich oder unangenehm wird, ist der Erkenntniswert womöglich sogar größer.

Die drei Phasen des Rollenspiels

1. Vorbereitung: Hier klären Sie die Szene und verabreden die Rollen.

2. Rollenspiel: Hier spielen Sie das vereinbarte Spiel.

3. Auswertung: Hier erfahren Sie, was Ihr Partner empfunden hat. Sie erzählen, was Sie selbst empfunden haben. Sie teilen sich gegenseitig mit, was Sie beobachtet haben. Was an Ihrem Partner ist Ihnen bis dahin unbekannt geblieben? Wo hat Ihr Partner Sie überrascht? Wo sind Sie bestätigt worden? Sie stellen einander Fragen zum Ablauf und zum Verständnis. Sie schätzen ein, wie hilfreich oder nicht die Übung war.

Mit den Rollenspielen können Sie:

- vergessene Erinnerungen wachrufen,
- neue Verhaltensweisen erproben,
- unbekannte Facetten Ihres Partners sehen,
- eigene versteckte Seiten Ihres erotischen Profils ausspielen,
- über Slapsticks lachen,
- Neues ausprobieren, ohne ernsthafte Folgen zu befürchten.

Ein Rollenspiel kann positive Wirkungen haben, es kann aber durchaus auch schief gehen. Plötzlich tauchen Hemmungen auf, sich auf diese Weise zu inszenieren. Oder Ängste über die Erwartungen des Partners kommen ins Spiel.

Nicht unwichtig ist die Befürchtung vor Peinlichkeiten oder dem Gefühl, sich vor dem Partner lächerlich zu machen.

Diese Schwierigkeiten überwinden Sie am besten, wenn Sie sich gegenseitig zusichern, einander mit Respekt zu behandeln. Außerdem hilft es, sich darüber im Klaren zu sein, dass die künstliche Situation genau dafür da ist, Überraschungen zu erzeugen. Sie spielen Ihre Rollen, weil Sie sich erlauben wollen, auszuprobieren und Neues zu wagen – ohne von vornherein zu wissen, wie das Experiment ausgeht.

Sam:
Beachte, dass Rollenspiele Als-ob-Spiele sind. Wenn du dich selbst wie immer verhältst, hast du nichts davon. Gerade die Verabredung, dass es nicht »echt« ist, was du darstellst, kann der »Bringer« sein. Du musst nichts wirklich so meinen, wie du es spielst.

Noch einige Hinweise

▸ Es kann sein, dass Sie mitten im Rollenspiel sind und es Ihnen künstlich oder gezwungen, peinlich oder blöd vorkommt. Erzwingen Sie nichts. Steigen Sie aus. Sprechen Sie darüber, was Ihnen unangenehm ist. Und versuchen Sie es noch einmal.

▸ Es kann sein, dass Sie alles derart komisch finden, dass Sie vor lauter Lachen nicht weitermachen können. Lachen Sie sich frei, bis Sie wieder ins Spiel zurückgehen können! Aber verschenken Sie die Chance nicht! Lachen, durchatmen, weitermachen.

▸ Es kann sein, dass Sie während des Rollenspiels unversehens in Ihr altes Problemmuster hineingeraten. Und dass es unangenehm ernst wird. Unterbrechen Sie dann das Spiel. Wahrscheinlich haben Sie einen Regiefehler im Spiel. Oder Sie haben die Rolle verlassen und sind aus Versehen in Ihr echtes Verhalten hineingeraten. Machen Sie einen »Neustart«. Achten Sie besonders drauf, dass Sie der Rolle treu bleiben.

▶ Übung 19: Spielen Sie Ihre erste sexuelle Begegnung nach!

Dieses Rollenspiel eignet sich besonders dann, wenn Sie den Eindruck haben, Sie hätten nach einem wunderbaren erotischen Start mittlerweile den Schwung verloren. Die Erinnerung an den schönen Anfang kann eine sehr energetisierende Ressource Ihrer Erotik sein. Das Rollenspiel aktiviert diese Ressource. Es kann aber auch sein, dass das erste Mal ein großer Flop war, bei dem alles Mögliche nicht geklappt hat. Auch dann ist Musik in dieser Übung! Beschönigen Sie nichts, sondern spielen Sie es so nach, wie Sie sich daran erinnern.

Vorbereitung: Erinnern Sie sich an Ihr erstes Mal. Haben Sie sich langsam angenähert? Wo war es? Waren anfangs Dritte mit im Spiel? Unter welchen Umständen haben Sie sich getroffen? Waren Sie beide Single, hatte einer von Ihnen gerade eine Beziehung hinter sich? War einer von Ihnen noch in einer anderen Beziehung? Besprechen Sie die Einzelheiten miteinander und planen Sie das Rollenspiel.

Rollenspiel: Verabreden Sie sich dazu, Ihr Gespräch bei Ihrer ersten Begegnung nachzuspielen. Beziehen Sie die Originalschauplätze in das Spiel ein. Gehen Sie in eine Kneipe, wenn die Verführung an einem solchen Ort begonnen hat. Setzen Sie in jedem Fall eine Spielsituation in Szene, die Ihrer ersten Begegnung nahe kommt. Wenn Dritte dabei waren, müssen sie natürlich nicht einbestellt werden. Stellen Sie sie sich die als »Luftfiguren« vor.

Auswertung: Tauschen Sie sich über Ihre Inszenierung aus. Betrachten Sie das Rollenspiel mit Hilfe dieser Fragen:

- Wie gut ist es Ihnen gelungen, die damalige Atmosphäre wieder herzustellen?
- Was hat Sie gestört?
- Was haben Sie bei sich selbst wahrgenommen?
- Was haben Sie bei Ihrem Partner wahrgenommen?
- Wie viel erotische Anziehung konnten Sie bemerken?
- Welche Unterschiede sind Ihnen aufgefallen? Und welche Gemeinsamkeiten?

▸ Übung 20: Erotische Liebesdienste

Dieses Rollenspiel eignet sich besonders dann, wenn Sie den Eindruck haben, dass Sie vor lauter Rücksicht auf den Partner Ihre eigenen Wünsche nicht zur Geltung bringen. Und ebenso wie Sie ständig dabei sind, es Ihrem Partner recht zu machen, tut Ihr Partner das Gleiche. Das ist zwar nett und freundlich, aber nicht besonders aufregend. Und so haben Sie einen sexuellen Kompromiss gefunden, der nicht richtig schlecht, aber auch nicht richtig gut ist.

Das Rollenspiel unterbricht diesen Kompromiss. Sie verlassen die Gegenseitigkeit und probieren die Einseitigkeit aus. Statt sich auf einen 50:50-Kompromiss zu einigen, machen Sie einmal 100:0 und ein anderes Mal 0:100. Einmal ist Ihr Partner der erotische Bestimmer und Sie sein Liebesdiener. Beim anderen Mal machen Sie es umgekehrt.

Die Übung zielt darauf ab, die Ungleichheit der sexuellen Wünsche zu betonen. Gerade Wünsche, die vom Partner nicht unbedingt erwidert werden, sollen ihre Chance bekommen.

Die Übung hat es in sich. Besprechen Sie sie also gut, bevor Sie sich daran machen.

Vorbereitung: Jeder von Ihnen schreibt auf, welchen sexuellen Wunsch er gern erfüllt haben möchte. Wenn Sie das beide getan haben, teilen Sie es sich gegenseitig mit. Besprechen Sie dann, ob der eine Partner bereit ist, in die Rolle des Liebesdieners zu schlüpfen und dem anderen den sexuellen Wunsch zu erfüllen. Wenn nicht, ist die Übung zu Ende und Sie haben Zeit, sich mit etwas anderem zu beschäftigen. Wenn ja, verabreden Sie Folgendes: Sie nehmen sich an zwei verschiedenen Tagen jeweils 30 bis 60 Minuten Zeit. Losen Sie, wer anfängt. Jeder Partner ist einmal dran.

Rollenspiel: Das Wichtigste ist, dass Sie die Einseitigkeit der Rollen beachten. Als Bestimmer sagen Sie klar und eindeutig, was Sie wollen und lassen sich bedienen. Als Liebesdiener tun Sie Ihr Bestes, den Wunsch Ihres Partners zu erfüllen. Als Liebesdiener haben Sie sich verpflichtet, den Wünschen des Bestimmers nachzukommen. Nicht verpflichtet sind Sie, etwas mitzumachen, was Sie nicht ertragen. Auch ein Liebesdiener legt die Grenzen des Erträglichen fest.
Es ist gut möglich, dass Sie die Einseitigkeit schlecht aushalten – das kann in beiden Rollen passieren. Da hilft es, sich zu vergegenwärtigen, dass es sich um ein Wechselgeschäft handelt. Beide Spieler kommen in der Summe auf ihre Kosten. Der eine geht in Vorleistung, aber im Wissen, dass der Partner seinen Teil bei der anderen Gelegenheit begleicht.

Auswertung: Ziehen Sie am Ende der beiden Übungstage Bilanz. Wie haben Sie sich in der Rolle des Bestimmers, wie in der Rolle des Liebesdieners gefühlt? Wie sehr behagte es Ihnen, einen Ihrer Wünsche auf diese Weise erfüllt zu bekommen? Wie war es, sich einmal hundertprozentig nur auf das Nehmen zu konzentrieren.

Wie war es, sich das andere Mal hundertprozentig nur auf das Geben zu konzentrieren? Fiel Ihnen das Nehmen oder das Geben leichter?

▶ Übung 21: Gekaufter Sex

Diese Übung ähnelt der vorigen Übung »Erotische Liebesdienste« insofern, als sie ebenfalls ein Gegenprogramm zur sexuellen Gegenseitigkeit ist. Sie eignet sich dann auch gut, wenn Sie das Gefühl haben, Ihre Wünsche nicht ausdrücken zu können, weil Sie sich zu sehr um die des Partners kümmern. Die Übung hat allerdings ein anderes Flair. Sie ist kühler und geschäftsmäßiger als die Liebesdienste-Übung. Sie ist dann deutlich günstiger, wenn einer der Partner mit der Rolle des Bestimmers Mühe hat.

Vorbereitung: Jeder von Ihnen schreibt auf, welche sexuelle Dienstleistung er gern kaufen möchte. Wenn Sie das beide getan haben, teilen Sie es sich gegenseitig mit. Besprechen Sie dann, ob der eine Partner bereit ist, in die Rolle des sexuellen Dienstleisters zu gehen und zu welchem Preis er seine Dienstleitung anbietet. Verhandeln Sie Leistung und Preis. Vergessen Sie dabei nicht die Zeitdauer der Leistung. Was länger dauert, ist teurer. Bezahlen Sie sich mit echtem Geld, verwenden Sie kein Spielgeld! Wenn Sie sich nicht einig werden, ist die Übung zu Ende und Sie haben Zeit, sich mit etwas anderem zu beschäftigen

Rollenspiel: Beachten Sie die Einseitigkeit und Geschäftsmäßigkeit der Rollen. Als Kunde sagen Sie klar und eindeutig, was Sie wollen, Sie bezahlen und lassen sich bedienen. Als Dienstleister liefern Sie vertragsgemäß, was der Kunde bestellt hat

und nehmen Ihr Honorar entgegen. Auch hier sind Sie natürlich nicht verpflichtet, etwas Unzumutbares mitzumachen. Ein sexueller Dienstleister ist kein Leibeigener, sondern autonomer Geschäftspartner.

Es kann sein, dass Sie moralische Skrupel bekommen, weil Sie die Übung an Prostitution erinnert. Gerade hier sollten Sie daran denken, dass es sich um ein Spiel handelt, dessen Absicht es ja gerade ist, sich als Fremde und als Geschäftspartner gegenüberzutreten. In Wirklichkeit wird hier niemand ausgebeutet.

Auswertung: Ziehen Sie am Ende der beiden Übungstage Bilanz. Wie haben Sie sich in der Rolle des Kunden, wie in der des Dienstleisters gefühlt? Wie sehr behagte es Ihnen, sexuelle Dienstleistungen einzukaufen? Wie war es, für Sex Geld zu nehmen? Fiel Ihnen das Nehmen oder das Geben leichter? Und fragen Sie sich: »Was mache ich jetzt mit dem Geld?«

▶ Übung 22: Fremdgehen, ohne zu betrügen

Diese Übung treibt das Spiel mit der Verfremdung noch etwas weiter. Wer könnte Ihr Partner noch sein? Wer könnten Sie sein? Sie probieren nun aus – wie auf der Bühne.

Eröffnung: Bitten Sie Ihren Partner, für Sie eine bestimmte Rolle zu spielen. Lassen Sie Ihren Partner jemand anderes sein. Machen Sie mit diesem anderen Sex! Leben Sie Ihre sexuellen Wünsche. Machen Sie aus Ihren sexuellen Fantasien erotische Taten!

Die in der folgenden Liste genannten Vorschläge für verschiedene Rollen dienen nur der Anregung. Ihnen steht es frei, Ihre ganz eigenen Charaktere zu entwickeln und zu inszenieren.

- männliche Rollen: Bauarbeiter, Latin Lover, Chef, Callboy, jugendlicher Geliebter, Gentleman, zarter Künstler ...
- weibliche Rollen: Femme fatale, Chefin, Diva, Callgirl, Schulmädchen, Krankenschwester, Straßenhure ...

Dieses Rollenspiel kann seine Kraft nur dann entfalten, wenn Ihr Partner bereit ist, die gewünschte Rolle auch zu übernehmen. Keine verkrampfte Gefälligkeit, sonst wird Fasching aus der Übung. Nicht jeder Partner kann jede Rolle spielen. Teil des Spiels ist bereits das Gespräch darüber, wie die gewünschte Rolle konkret ausgestaltet werden soll. Dabei bringt derjenige, der die Rolle spielt, eigene Nuancen hinein. Sie selbst haben plötzlich ein anderes erotisches Gegenüber, das bei Ihnen andere Verhaltensweisen fordert.

- Für Fortgeschrittene: Sie können eine andere echte Person nehmen, einen Kollegen, Nachbarn, Freund. Das sollten Sie sich aber gut überlegen. Es kann sonst ziemlich schief gehen.
- Auch diese Übung können Sie wieder – an einem anderen Tag – umkehren, so dass Ihr Partner Sie um die Rollenübernahme bittet.

Rollenspiel: Sie haben die Rollenbesetzung gewählt. Jetzt inszenieren Sie das erotische Spiel. Entwickeln Sie einen Plot, also eine kleine Geschichte, in deren Zentrum eine Begegnung zwischen Ihnen und dem von Ihnen gewünschten Charakter Ihres Partners steht. Verkleiden Sie sich und Ihren Partner entsprechend. Scheuen Sie sich nicht davor zu übertreiben.

Auswertung: Wollen Sie mehr? Oder haben Sie genug davon, mit dem gewünschten Partner zu verkehren? Welche anderen Ideen zum Spielen von Rollen sind Ihnen gekommen? Welche Veränderungen haben Sie an Ihrem Partner bemerkt? Welche Veränderungen haben Sie an sich selbst bemerkt? Was hat Ihnen an Ihrem Partner in der Rolle gefallen? Was hat Sie befremdet?

Kommen Sie über diese und ähnliche Fragen miteinander ins Gespräch. Tauschen Sie Ihre Eindrücke aus.

▶ Übung 23: Blinddate im Internet-Chatroom

Vorbereitung: Chatrooms im Internet sind spezielle Umgebungen, wie dafür gemacht, sich erotisch auszuprobieren, zu flirten, mehr über die anderen zu erfahren. In den »virtuellen Räumen« wird das, was man sagen will, eingetippt. Es erscheint dann bei den Mitlesern auf dem Bildschirm. Chatrooms erlauben es den Chattern, die eigene Rolle völlig selbst zu bestimmen. Ob Mann oder Frau, ob groß oder klein, ob schüchtern oder gesprächig, die Selbstdarstellung unterliegt der eigenen Kontrolle. Der Nachteil, dass hier keine Personen zu sehen oder zu hören sind, sondern nur Worte, ist zugleich ein Vorteil: Die Beschränkung der meisten Chatrooms auf Text fördert die Fantasie. Der reale Körper bleibt ausgeblendet. Chatrooms erlauben deswegen, die Hemmnisse und Hemmungen des Alltags hinter sich zu lassen: kein Erröten, keine mangelnde Erregung, keine Unzufriedenheit mit körperlichen Problemzonen. Erotische Identität lässt sich neu erfinden und entfalten.
Ein Chat ist die ideale Spielwiese für ein Paar, das sich frisch kennen lernen möchte. Die Partner schlüpfen in eine neue Rolle, die sie selbst wählen. Sie geben sich eine Identität. Beide begegnen sich mit den Identitäten, für die sie sich entschieden haben. Das Rollenspiel kann beginnen.

Rollenspiel: Gehen Sie im Internet auf www.webchat.de oder www.chatterparadies.de oder www.superchat.at. Suchen Sie

eine Chat-Umgebung, in der Sie sich verabreden möchten. Probieren Sie zunächst gemeinsam verschiedene Chats aus. Entscheiden Sie sich für einen Raum, der Ihnen für Ihr Rollenspiel sinnvoll scheint. Wählen Sie einen Chat, der aktuell mindestens 50 Besucher hat.
Haben Sie sich für einen Chatroom entschieden, brauchen Sie mindestens zwei Rechner, von denen aus Sie Ihr Chat-Abenteuer starten. Verfügen Sie nur über einen Computer zu Hause, gehen Sie gemeinsam in ein Internet-Café in Ihrer Nähe. Wählen Sie einen Platz, von dem aus Sie den Bildschirm Ihres Partners nicht einsehen können.

- Öffnen Sie die Chat-Umgebung. Wählen Sie einen Nickname, also ein Kürzel oder ein Pseudonym, für Ihren Auftritt im Chat. Suchen Sie sich einen Nickname, bei dem Ihr Partner nicht sofort erkennt, dass Sie sich dahinter verbergen. Loggen Sie sich ein. Kommen Sie mit den anderen Besuchern ins Gespräch. Finden Sie heraus, mit welchem Nickname Ihr Partner sich angemeldet hat.
- Nehmen Sie sich für das erste Mal maximal 45 Minuten Zeit.
- Wiederholen Sie das Rollenspiel ein paar Tage später. Bauen Sie die Charaktere aus. Testen Sie, wie andere Chatter auf Sie reagieren. Wechseln Sie probeweise bei der Anmeldung das Geschlecht. So merken Sie, welch unterschiedliche Reaktionen Sie allein damit hervorrufen können.

Tipp: In einer solchen Umgebung zu kommunizieren, ist sicherlich gewöhnungsbedürftig. Eventuell werden Sie sich nicht im ersten Moment wohl fühlen. Wenn Sie aber eine Zeit lang den Text mitlesen, der über Ihren Bildschirm läuft, bekommen Sie ein Gefühl dafür, was Sie tun müssen, um sich an der Kommunikation zu beteiligen.

Auswertung: Haben Sie sich erkannt? Oder haben Sie Ihre virtuellen Identitäten so gewählt, dass Sie sich nicht entdecken konnten? Setzen Sie sich zusammen und unterhalten Sie sich über Ihre Erfahrungen in der Chat-Umgebung. Wie fremd haben Sie sich gefühlt? Wie neugierig waren Sie, den anderen zu entdecken? Was haben Sie auf der Suche nach Ihrem Partner empfunden? Wie wichtig war es, den Partner zu erkennen? Haben Sie sich auf andere Flirts eingelassen?

▶ Übung 24: Probefantasien – ein Als-ob-Würfelspiel

Das folgende Spiel ist für Sie geeignet, wenn Ihnen das ISS (siehe Seite 133 ff.) zu schwierig ist. Wenn Sie das Gefühl haben, dass Ihnen das Offenlegen Ihres ISS zu riskant ist. Dann können Sie mit dieser Übung ausprobieren, wie Ihr Partner reagieren würde, wenn Sie mit einer neuen Fantasie ankämen. Das ist wichtig: Es geht hier nicht um Ihre tatsächlichen Fantasien. Sie lassen den Zufall auswählen. Also Spiel, nicht Ernst!

Vorbereitung: Sie brauchen einen Würfel, die Tabelle auf der folgenden Doppelseite und etwas Zeit.
Auf der Tabelle finden Sie sechs Kategorien:

1. Orte für Sex auswählen | **2. Sexpraktiken probieren**
3. Sexspielzeug | **4. Lust machen**
5. Fantasien anregen | **6. Reden üben**

Jede Kategorie enthält sechs Antwortalternativen. Der Würfel gibt Ihnen die Themen vor.
Die Spielidee ist, miteinander ins Gespräch zu kommen: Wie würden Sie reagieren, wenn Ihr Partner Ihnen diese oder jene Fantasie offenbarte?

- **Legen Sie die beiden folgenden Buchseiten, Seite 184 und 185, geöffnet vor sich hin.**

Spielablauf

1. Entscheiden Sie, wessen Fantasie gespielt wird.

2. Wer anfängt, bestimmt mit dem ersten Wurf zunächst die Kategorie. Mit dem zweiten Wurf wird per Würfel die Antwortalternative erwürfelt.

3. Sie haben somit eine bestimmte Fantasie ausgewählt. Wenn Sie z. B. zuerst eine 1, dann eine 4 würfeln, haben Sie die Fantasie 1–4: »Sex im fahrenden Zug« gewählt.

4. Jetzt nehmen Sie die Kategorie als Vorgabe und erfinden Sie eine kleine Szene dazu, die Sie Ihrem Partner vorstellen.

- **Nach der ersten Runde wechseln Sie die Seiten. Das Spiel lässt sich beliebig unterbrechen und wieder fortsetzen.**

Auswertung: Bleiben Sie bei der Fantasie! Es ist nicht Sinn der Übung, jetzt zur Tat zu schreiten. Besprechen Sie stattdessen, welche Fantasie Ihnen eher Unbehagen gemacht hat – und natürlich warum. Und mit welcher Fantasie Sie sich zum allerersten Mal beschäftigen.

▶ Für Fortgeschrittene: Natürlich sind die Antwortalternativen unbegrenzt zu erweitern. Sie können die Tabelle nach Ihrem Geschmack verändern. Sie können schärfere, aber auch mildere Alternativen einbauen.

Spiel paradox!

Nun folgen drei Übungen, die zunächst irgendwie merkwürdig und abstrus, abwegig und verrückt erscheinen. Übungen, die Ihnen genau das auftragen, was Sie eigentlich mit Hilfe dieses Buches hinter sich lassen wollen: schlechten Sex, langweiligen Sex, pflichterfüllenden Sex und Gnadensex.

1 – Orte für den Sex wählen

Stellen Sie sich vor, Ihr Partner/Ihre Partnerin baggert Sie an folgenden Orten an. Erzählen Sie Ihrem Partner/Ihrer Partnerin, wie Sie auf diesen Vorschlag reagieren!

1-1 am See
1-2 am Herd
1-3 im Fahrstuhl
1-4 im fahrenden Zug
1-5 im Stadtpark
1-6 in der Sauna

3 – Sexspielzeug

Stellen Sie sich vor, Ihr Partner/Ihre Partnerin schlägt Ihnen vor, folgende Sexspielzeuge zu verwenden. Wie reagieren Sie?

3-1 Vibrator
3-2 Gleitcreme
3-3 Fesseln
3-4 Sahne auf dem Körper
3-5 eine Feder
3-6 Einkauf im Sexshop

5 – Fantasien anregen

Stellen Sie sich vor, Ihr Partner/Ihre Partnerin schlägt Ihnen vor, die erotische Fantasie in Ihrer Beziehung mit den folgenden Mitteln anzuregen. Wie reagieren Sie?

5-1 gemeinsames Lesen erotischer Geschichten
5-2 Verabredung zum erotischen Gespräch
5-3 Ausleihen eines Pornovideos
5-4 Sex im Swingerclub (ohne Partnertausch)
5-5 Sex im Swingerclub (mit Partnertausch)
5-6 Sex zu dritt (wahlweise ein Mann oder eine Frau)

2 – Sexpraktiken probieren

Stellen Sie sich vor, Ihr Partner/Ihre Partnerin schlägt Ihnen vor, folgende Sexpraktiken zu probieren. Wie reagieren Sie?

2-1 Sie verwenden nur Ihre Hände, um den anderen zu befriedigen.
2-2 Sie verwenden nur Ihren Mund, um den anderen zu befriedigen.
2-3 Sie erfragen die Ihnen bisher unbekannte Lieblingsstellung Ihres Partners.
2-4 Sie wählen Ihre Lieblingsstellung, die Ihr Partner noch nicht kennt.
2-5 Sie erkunden die anale Ansprechbarkeit Ihres Partners.
2-6 Sie verbinden Ihrem Partner die Augen.

4 – Lust machen

Stellen Sie sich vor, Ihr Partner/Ihre Partnerin schlägt Ihnen vor, sich gemeinsam auf folgende Weise Lust zu machen. Wie reagieren Sie?

4-1 Massagekurs besuchen
4-2 langes Vorspiel
4-3 kurzes Vorspiel
4-4 Verbalerotik
4-5 Sex nach Zeitplan
4-6 Striptease vor Ihrem Partner

6 – Rollenspiel

Stellen Sie sich vor, Ihr Partner/Ihre Partnerin schlägt Ihnen ein Rollenspiel mit folgenden Rollen vor. Wie reagieren Sie?

6-1 das erste Mal
6-2 Kunde und Hure
6-3 Star und Fan/Groupie
6-4 Romeo und Julia
6-5 Opa und Oma
6-6 Lehrer und Schüler

Doch so widersinnig die Aufgabenstellungen klingen, so viel Chancen bergen sie, wenn Sie sich darauf einlassen. Der eigentliche Sinn der Übungen liegt darin, sich im negativen, unzufriedenen Erlebens- und Verhaltensbereich kundig zu machen. Wer erfährt, wie sich das Unglück herstellen lässt, bekommt auch eine Idee davon, welche Wege es gibt, dem Unglück wieder zu entkommen. Ganz nach dem Motto: »Tue das Schlechte im Dienste des Guten!« Wer weiß, wie es schlecht geht, weiß auch, was er besser bleiben lassen sollte. Und er kann sich überlegen, was er stattdessen machen will.

▶ Übung 25: Machen Sie richtig schlechten Sex!

Ja, Sie lesen richtig: Mit dieser Übung schlage ich Ihnen vor, einmal so richtig schlechten Sex zu machen. So langweilig, wie Sie ihn sich gemeinsam vorstellen können. So fade, wie Sie ihn gemeinsam hinbekommen können. Auch wenn Sie nämlich mit Ihrer gegenwärtigen Sexualität sehr unzufrieden sind, ist es manchmal nicht sinnvoll, allzu schnell mit einer Veränderung der Situation zu beginnen.
Vielmehr ist es gelegentlich hilfreich, dass Sie beide gemeinsam zunächst einmal erforschen, was eigentlich genau das Schlechte an Ihrer Sexualität ist. Was ist nicht gut am Verhalten Ihres Partners? Was stört Ihren Partner an Ihrem Verhalten? Es lohnt sich, sich noch einmal genau im Bereich der schlechten Sexualität ortskundig zu machen. Dann wissen Sie besser darüber Bescheid, wie schlechter Sex funktioniert.

Vorbereitung: Verabreden Sie, dass Sie ein Spiel spielen! Praktizieren Sie nicht einfach schlechten Sex. Möglicherweise merkt Ihr Partner es sonst gar nicht und hält es für den üblichen Sex ...

- **Falls Sie keine Idee haben, wie schlechter Sex geht, fragen Sie Ihren Partner: Niemand weiß es besser. Fragen Sie ihn, was ihn am meisten stört!**
- **Legen Sie vorher eine Spielzeit fest, maximal 30 Minuten.**

Spiel: Verabreden Sie eine bestimmte Zeit. Spielen Sie nicht einfach Theater. Versuchen Sie nicht jemand zu sein, der Sie nicht sind. Sondern betonen Sie einfach jene Seite von sich besonders, von der Sie wissen, diese törnt Ihren Partner ab. Zeigen Sie Ihre »Schattenseite« als Geliebte/r.

- **Seien Sie gezielt ein unaufmerksamer Liebhaber.**
- **Ignorieren Sie völlig die Wünsche Ihres Partners.**
- **Seien Sie egoistisch.**
- **Geben Sie die langweilige Geliebte bzw. den langweiligen Geliebten.**

Beachten Sie die Zeitbegrenzung und beenden Sie das Spiel zur verabredeten Zeit!

Auswertung: Kommen Sie anschließend ins Gespräch miteinander! Beschreiben Sie sich gegenseitig, was Sie besonders gelungen schlecht fanden. Erzählen Sie sich, was Ihnen missfallen hat, was Sie aber zur Not tolerieren könnten. Lassen Sie sich von folgenden Fragen leiten:

- Wie leicht ist es Ihnen gefallen, schlechten Sex zu machen?
- Was haben Sie über Ihren Partner gelernt?
- Was haben Sie über sich selbst erfahren?

Entwickeln Sie schließlich aus dem Gespräch heraus jene Kennzeichen von gutem, befriedigendem Sex, wie Sie ihn gern hätten. Bleiben Sie dabei genauso konkret und anschaulich wie beim Inszenieren des schlechten Sex.

Tipp: Die Übung verfehlt ihre Wirkung, wenn Sie sich einfach nur zusammen an den Tisch setzen und aufschreiben, was schlechter Sex ist. Erst das schlechte, praktische Handeln bringt jene Anregungen hervor, die Sie benötigen, um ein positiven Bild Ihres erotischen Lebens zu entwerfen!

▶ Übung 26: Partnerschaftliche Pflichtübung

Diese Übung ist für Partner geeignet, die sich darüber beklagen, dass alles nur nach Schema F ablaufe. Oder dass der Partner nur aus reinem Pflichtgefühl sexuelle Initiative ergreife. Tun Sie genau das, was Sie beklagen!

Auch diese Aufgabe erscheint angesichts sexueller Unzufriedenheit auf den ersten Blick widersinnig: Absolvieren Sie, unabhängig von Lust oder Unlust, ein begrenztes sexuelles Pflichtprogramm. Nennen Sie dieses Programm auch so. Gehen Sie sexuell so normal und alltäglich miteinander um, wie es geht. Konzentrieren Sie sich beide auf den Pflichtcharakter der Übung.

Im Gegensatz zur vorigen Übung »Richtig schlechter Sex« geht es hier nicht darum, zur negativen Seite hin zu übertreiben. Vielmehr ist der »Witz« dieser Übung, dass Sie sich nicht von der Lust leiten lassen sollen, sondern von dem Verpflichtungsgefühl Ihrem Partner gegenüber (»Wir sollten mal wieder!«). Es muss noch nicht einmal richtig schlecht sein, sondern einfach ganz normal und alltäglich.

Vorbereitung: Betrachten Sie den Sex so, als ob Sie sich Ihrem Partner gegenüber vertraglich dazu verpflichtet hätten. Sie wollen nicht, Sie müssen. Schneiden Sie dabei das Programm auf Ihre sexuellen Verhältnisse zu. Einigen Sie sich auf einen wöchentlichen Pflichttermin (oder einen monatlichen, wenn

Ihnen das eher entspricht). Ganz wichtig ist, dass Sie beide verabredet haben, was da gerade zwischen Ihnen stattfinden soll. Die Übung ist nicht so gemeint, dass Sie sich nach einem lausigen Geschlechtsverkehr im Nachhinein vorhalten, das sei eine Pflichtübung gewesen.

Übung: Kommen Sie nicht auf die Idee, irgendetwas Neues auszuprobieren. Und vor allem: Pfeifen Sie auf die Lust, sondern erfüllen Sie Ihre sexuellen Pflichtaufgaben.

Auswertung: Sinn dieser Vorschreibung ist es nicht, sie zu umgehen. Es ist nicht beabsichtigt, dass Sie – entgegen der Absprache – »heimlich« lustvoll miteinander umgehen. Die Übung bietet Ihnen stattdessen die Chance, einen Zugang zu Ihrer »Mit-Täterschaft« für mangelnde Erotik in Ihrer Beziehung zu bekommen. Wenn Sie erfahren, wie Sie bei Ihrem Partner die Lust verhindern können, verfügen Sie damit über die Möglichkeit, dieses Verhalten auch zu unterlassen.

▶ Übung 27: Gnadensex

In ungut verlaufenden sexuellen Beziehungen kann ein Partner das Gefühl haben, der andere sei schon lange nicht mehr scharf auf ihn. Er lasse sich aber aus Rücksicht und Gnade zu einem gelegentlichen Geschlechtsverkehrs herab. »Er gibt mir ein sexuelles Almosen«, nannte eine Klientin das einmal. Der Gnadensex geht ans Selbstwertgefühl, weil er von oben herab gegeben wird. Das ist der kränkende Ernst-Fall. Die Spielvariante dreht den Spieß um. Und Sie machen das Unbefriedigende bewusst und absichtsvoll.
Diese Übung ist die schärfste Variante in der Reihe nach »Richtig schlechter Sex« und »Pflichtübung«. Für sie gilt noch mehr

als für die beiden vorigen Übungen, dass sie ohne ein Minimum an Humor böse ausgehen kann. Überlegen Sie also, ob Sie den gerade haben.

Vorbereitung: Verabreden Sie, wer wem die sexuelle Gnade erweist. Das Spiel geht nur, wenn diese Einseitigkeit klar ist.

Übung: Begrenzen Sie die Übung auf maximal 30 Minuten. Und bleiben Sie in der Rolle, die Sie verabredet haben. Also entweder in der Rolle des Gnade Erweisenden oder in der des Gnade Empfangenden.

Auswertung: Wenn Sie die Übung gut machen, bekommen Sie sehr gute Hinweise darauf, wie Sie möglicherweise unbeabsichtigt, von oben herab Gnadensex gewährt haben oder ihn – gekränkt – empfangen haben. Und Sie können besprechen, wie Sie das in Zukunft vermeiden.

▶ Übung 28: Sexuelle Auszeit

Diese Übung eignet sich dann besonders, wenn Sie den Eindruck haben, alle anderen Übungen liefen ins Leere. Oder Sie haben so viel an Vorbehalten gegeneinander aufgestaut, dass nichts mehr geht. Mit andern Worten: wenn Sie in einer richtigen sexuellen Krise miteinander sind. In Krisen nimmt die Freude am Spiel meist ab oder ist schon ganz verbraucht. Mit der sexuellen Auszeit geben Sie sich einen Freiraum, über Ihre Lage nachzudenken. Aber Sie brauchen keine Krise für diese Übung – die eigentlich eine Nicht-Übung ist. Sie hat einen ganz anderen Charme, wenn Ihnen noch gar nicht die Lust aufeinander vergangen ist. Sich eine Auszeit zu gönnen, verschafft eine Pause, in der Sie durchatmen können. Es kann Ihnen gut

tun, zunächst einmal zu erkunden, was eigentlich dazu führt, dass Sie sich in Ihren Bemühungen regelmäßig verhakeln und unzufrieden bleiben. Sinn dieser Auszeit ist es, wieder in eine Beobachterhaltung zu kommen, ohne gleich wieder handeln zu müssen.
Entscheidend ist die Einstellung, mit der Sie die Auszeit verabreden. Tun Sie es nicht beleidigt nach dem Motto: »Es wird ja sowieso nichts«. Sonst verlängern Sie nur das Problem. Sondern nehmen Sie es als gute Idee mit der Haltung: »Mal sehen, was passiert«. Sie haben bessere Chancen, wenn Sie sich eine ergebnisoffene Haltung zulegen.

Vorbereitung: Verabreden Sie eine für beide verbindliche Zeit, z. B. zwei Wochen. In dieser Zeit unterlassen Sie beide alle sexuellen Initiativen. Auch zärtliche Berührungen im Alltag sind tabu. Notieren Sie, welche sexuellen Wünsche Ihnen in dieser Zeit in den Sinn gekommen sind. Aber behalten Sie sie für sich.

Tipp: Begehen Sie das Ende der Auszeit mit einem kleinen Ritual, mit einem Glas Prosecco beispielsweise. Tauschen Sie sich darüber aus, was Ihnen in den Sinn gekommen ist.

Einseitige Aktionen: geben, geben, geben

Die bisherigen Spiele waren für beide Partner vorgesehen, was voraussetzte, dass beide mitmachen. Und das braucht ein Minimum an Kooperation und Absprache. Davon sind Sie bei den nächsten Vorschlägen ganz befreit. Diese Aktionen sind einseitig. Einige haben den Charakter von erotischen Geschenken. Sie warten also nicht ab, bis Ihr Partner so weit ist.

Probieren Sie aus, wie es wirkt, wenn Sie ohne Vorabsprachen, ohne Vorbedingungen, ohne Gegenseitigkeit, ohne Erst-du-dann-ich-Gerangel einfach Ihrem Partner etwas geben.

Ganz wichtig: Machen Sie es ohne die Absicht, dass Ihr Partner darauf Hurra ruft, Sie umarmt oder sich bedankt. Sonst laufen Sie in die Enttäuschungsfalle. Sie fahren besser, wenn Sie etwas ohne Erwartung schenken. Geben ohne Vorbedingung und ohne Erwartung bietet Ihnen die Chance, aus der Vorwurfsklemme herauszukommen.

Sam:
Erotische Geschenke sind geil – aber nur ohne eingepackte Dankeskarte! .

▶ Übung 29: Erotische Gutscheine

▪ Sie schenken Ihrem Partner zum Geburtstag oder zu Weihnachten oder weil gerade die Sonne so schön scheint, ein Päckchen mit Gutscheinen. Ihr Partner kann sie nach Bedarf und Laune einlösen.

▪ Den Geschenken können Sie verschiedene Verpackungen geben. So können Sie die Gutscheine als Lostrommel (einmal ziehen!), als Wundertüte oder als Adventskalender schenken. Ihrer Kreativität brauchen Sie keine Grenze zumuten.

Beispiele für erotische Gutscheine

▶ Gutschein für eine erotische Dienstleistung

▶ Einladung zu einem Vortrag über ein erotisches Thema, den Sie halten

- Ausflug zum 2500. Tag der Beziehung (oder ein anderes Jubiläum, das in diese Zeit fällt)
- ein erotisches Spielzeug
- Besuch eines Sex-Shops mit Kaufgutschein
- »Ich erzähle dir mein peinlichstes erotisches Erlebnis.«
- DVD mit einem erotischen Film
- eine erotische Massage
- eine Eintrittskarte in ein erotisches Museum oder eine Sexmesse
- ein Wochenende im Hotel
- Eintrittskarten für eine Fetisch-Party
- Vorlesen einer erotischen Geschichte
- und 1000 andere Geschenke, die Sie sich alle selbst ausdenken können

Übung 30: Erotische Briefe schreiben

- **Ein anderes Mittel, indirekt und vor allem nicht zeitgleich miteinander zu kommunizieren, sind Postkarten oder Briefe. Klar, auf den ersten Blick mag das vielen von Ihnen wie eine seltsame Idee erscheinen. Sie sehen Ihren Partner täglich, Sie wohnen vielleicht sogar zusammen – und dennoch sollen Sie sich gegenseitig Postkarten schicken? Genau das ist aber der Witz der Sache!**
- **Postkarten und Briefe durchkreuzen die übliche Gesprächsroutine. Niemand muss sofort antworten. Schweigen und Warten kann produktiv sein. In diesem Sinn kann das indirekte und zeitversetzte Gespräch eine entlastende Funktion für beide Partner haben.**
- **Auch E-Mails und SMS sind geeignete Wege der erotischen Kommunikation. Eine weitere Variante sind auch versteckte Botschaften an Plätzen, wo sie der Partner überraschend finden kann.**

▶ Übung 31: Resignieren

Zum Schluss noch eine Aufgabe, die alles über Bord zu werfen scheint, was Sie bisher gemacht haben. Resignieren? Das ist doch das Ende vom Lied, werden Sie sich sagen. Da kann ich mich doch gleich trennen! Langsam! Mit dem Resignieren kommen Sie auf eine höhere Stufe erotischer Weisheit. Das will aber geübt sein. Und Sie werden merken, welche Kraft das negative Denken haben kann.

Resignieren heißt: Hoffen aufgeben. Warum das? Die Hoffnung stirbt doch zuletzt! Genau. Und weil sie so spät stirbt, hören Sie auch nicht auf zu hoffen. Dass Ihr Partner sich so ändert, wie Sie es gern hätten. Aber er ändert sich nicht. Das bindet sehr viel Kraft. Sie ärgern sich, Sie empören sich. Sie versuchen es im Guten. Alles, solange Sie noch hoffen. Geben Sie es auf! Und Ihre Partnerschaft sieht anders aus. Garantiert.

Hinweis: Diese Aufgabe sollten Sie auf jeden Fall allein, ohne Ihren Partner machen. Sie besteht aus zwei Schritten.

Aufgabe, 1. Schritt: Wählen Sie einen Konflikt aus, bei dem Sie und Ihr Partner regelmäßig im Streit, in Vorwürfen und Rechtfertigungen enden. Vergegenwärtigen Sie sich eine typische Situation, in der Sie aufeinander prallen. Denken Sie an die Enttäuschungen, die Sie erfahren. Machen Sie sich ein paar Notizen zu den zentralen Wortwechseln einer solchen Auseinandersetzung. Beantworten Sie sich einige Fragen: Welche Hoffnungen halten Sie aufrecht? Wo erwarten Sie Veränderungen Ihres Partners?

2. Schritt: Führen Sie nun ein Gedankenexperiment durch. Denken Sie erneut an dieselbe Situation, die in Ihrer Enttäu-

schung endet. Stellen Sie sich jedoch vor, Ihr Partner käme nach Hause und hätte von seinem behandelnden Arzt die Diagnose bekommen, er habe eine schwere Krankheit, die ihn daran hindert, sich verändern zu können. Ihrem Partner ist die Fähigkeit, sich zu verändern, noch nie gegeben gewesen. Er kann machen, was er will. Ihr Partner war so, ist so und wird auch nie anders sein. Was würden Sie dann tun? Schreiben Sie es auf. Wie reagieren Sie jetzt in derselben Situation? Wie sehen die Wortwechsel zwischen Ihnen und Ihrem Partner dann aus?

Auswertung: Überlegen Sie, welche Konsequenz das für Ihre Partnerschaft hätte.

- Würden Sie sich trennen? »Das wird nichts mehr mit uns!«
- Würden Sie sich eine/n Geliebte/n zulegen?
- Würden Sie in den sexuellen Ruhestand treten? »Das war's!«
- Würden Sie anfangen, selbst etwas anders zu machen, wenn von Ihrem Partner nichts mehr kommt? Und was?

Sam:

- Bleibt immer schön neugierig aufeinander!
- Denke nie, du kennst alles von deinem Partner!
- Überrasche deinen Partner!
- Unterbrich das Muster, wenn du bemerkst, dass euer Umgang miteinander auf unangenehme Weise vorhersehbar wird!
- Denke nie, du könntest von deinem Partner nichts Neues mehr erfahren!
- Höre nie auf, neue Seiten an deinem Partner zu entdecken!
- Eigne dir eine spielerische Haltung an!
- Nimm das erotische Spiel und die erotische Inszenierung ernst!

Das große Aber

Veränderung hat einen Preis – Nicht-Veränderung auch

Die vierte Zutat für guten Sex

Wir haben bisher drei der vier Zutaten für guten Sex zusammen:
- die Entscheidung, was wir wollen
- die Lust am Unterschied
- Neugier und Spielfreude

Die vierte Zutat müssen wir erörtern. Sind Sie bereit, die Risiken einzugehen und vielleicht auch etwas zu verlieren? Manchmal müssen wir etwas Altes aufgeben, damit Neues entstehen kann. Veränderungen haben manchmal einen Preis. Im letzten Kapitel haben wir Ihre Spielfreude angesprochen – mit vielen Möglichkeiten, wie Sie erotische Entwicklungen anstoßen können. Wenn Sie sie bereits genutzt haben, sind Sie schon auf dem Weg – und können das Buch jetzt beiseite legen.

Wenn Sie aber den Eindruck haben, dass das zwar alles interessant ist, aber nicht ganz einfach in die Tat umzusetzen, weil es so viele Hindernisse gibt – dann ist das Ihr Kapitel! Hier drehen wir eine Analyserunde durch Ihre Zweifel. Danach zweifeln Sie vielleicht immer noch – aber Sie wissen genauer, warum.

Ambivalenzen: das ewige Hin und Her

Wer sich mit seinem Partner schon einmal auf eine Fernreise in ein unbekanntes Land vorbereitet hat, kennt die verschiedenen emotionalen Zustände, die man gemeinsam durchläuft, während das Reisedatum immer näher rückt. Ganz am Anfang, in der Zeit, in der die Entscheidung fällt, die Reise anzutreten, sind wir fasziniert von unseren Fantasien und Sehnsüchten über das Reiseziel. Wir stellen uns ein wunderbares Land vor. Wir schwärmen von exotischen Plätzen, interessanten Erkundungsfahrten, spektakulären architektonischen oder archäologischen Sehenswürdigkeiten und freundlichen Menschen.

Im Lauf der weiteren Planungen mischen sich die fantastischen Vorstellungen mit praktischen Überlegungen: Wie sicher ist das Reisen in diesem Land? Wie bewegen wir uns vor Ort? Wie verständigen wir uns mit den Einheimischen? Welche Gesundheitsvorsorge ist angemessen? Welche konkreten Ziele wollen wir überhaupt ansteuern? Wie werden wir das Essen vertragen? Gibt es überhaupt genug zu essen? Die Vorfreude wird durchwachsen. Zu viele Dinge in der Fremde entziehen sich unserer Kontrolle.

Ein paar Tage vor dem Abflug steigt die innere Anspannung. Von der Schwärmerei für das fremde Reiseziel ist kaum mehr etwas zu spüren. Plötzlich rückt Angst in den Vordergrund. Was machen wir dort? Muss die Reise denn sein? Warum verlassen wir die vertrauten heimischen Gefilde? Warum begeben wir uns in eine Welt, deren Regeln wir nicht kennen? In eine Welt, von der wir nicht wissen, wie sie tickt?

Doch nicht zu reisen, hätte auch seinen Preis. Der Flug ist bezahlt. Die Stornokosten wären noch zu verkraften. Aber wir würden die fremden Welten nicht kennen lernen. Wir würden unser Wissen und unseren eigenen Horizont nicht erweitern.

Jetzt, so kurz vor Abflug zu kneifen, kommt doch nicht mehr infrage. Aber ein mulmiges Gefühl bleibt. Dieses Gefühl begleitet uns, bis wir das erste Mal den Fuß in das fremde, unbekannte Land setzen. Bis wir uns ein Getränk bestellen und versuchen, die unbekannten Münzen auseinander zu halten, die wir beim Bezahlen vom Kellner als Wechselgeld bekommen haben. Bis wir das erste Mal das Gefühl haben, etwas davon zu verstehen, wie die Uhren in diesem Teil der Welt ticken. Bis sich Vertrautheit einstellt.

Reise in ein unbekanntes Land der Erotik

Nicht anders ist es beim Aufbruch in das unbekannte Land neuer erotischer Erfahrung. Wenn Sie und Ihr Partner sich auf den Weg machen, sich erotisch weiterzuentwickeln, so träumen Sie zunächst von unbeschwerter, leidenschaftlicher Erotik. Erst im zweiten Schritt überlegen Sie, was sich zwischen Ihnen und Ihrem Partner verändern würde, gingen Sie tatsächlich neue Wege. Ihnen wird plötzlich klar, dass es auch riskant sein kann, in unbekannte Welten aufzubrechen. Vielleicht müssen Sie vorsorgen, um das Risiko zu begrenzen. Vielleicht müssen Sie gemeinsam neue Verständigungsformen entwerfen. Vielleicht müssen Sie sich gegenseitig darüber informieren, wie Ihre Rollen jeweils aussehen. Wie auch immer, der Aufbruch in ungewisse neue erotische Welten ist jedenfalls mit Ungewissheit verbunden.

Güterabwägung

Ein Risiko der Veränderung könnte sein, mehr zu verlieren als zu gewinnen. Was, wenn die Entscheidung, die sexuelle Unzufriedenheit anzugehen, vom Partner abgelehnt wird? Sie riskieren eventuell die Stabilität der Beziehung und entfernen sich voneinander. Warum sollte Ihr Partner bereit sein, das Vertraute aufzugeben, wenn das Zukünftige so ungewiss erscheint? Sind Sie bereit, die Kosten dieses Risikos zu tragen?

Andererseits: ohne Einsatz kein Ertrag. Sie müssen bereit sein, etwas preiszugeben – von sich, von Ihren Sehnsüchten, Fantasien, von Ihrem sexuellen Profil. Wie viel davon nötig ist, um erotische Spannung zu erzeugen, müssen Sie ausprobieren. Ohne Einsatz allerdings wird sich nicht viel verändern. Zum Einsatz zählen Zeit, Aufmerksamkeit, Kreativität und Spielfreude.

So sieht die Abwägung zwischen Einsatz und Chance, zwischen Risiko und Gewinnaussicht aus.

Die Risiken

- vielleicht den lieben Beziehungsfrieden stören
- die manchmal mühsam erhaltene Harmonie kaputt machen
- sich die Rückzugsmöglichkeit verbauen, dass wir es doch ganz anders gemeint haben könnten
- vertraute Gewohnheiten aufgeben
- den Gleichmut verlieren, Dinge geschehen zu lassen wie bisher
- Übersicht und Eindeutigkeit verlieren
- die Berechenbarkeit des Partners nicht mehr kennen

Der mögliche Gewinn

- mehr sexuelle Selbstbestimmung
- Sex, der Ihren Bedürfnissen entspricht, ohne die Ihres Partners zu verletzen bzw. zu ignorieren
- die Erweiterung Ihrer Handlungsmöglichkeiten
- ein höheres Maß erotischer Spannung
- mehr Bereicherung durch Seiten Ihres Partners, von denen Sie bisher nichts wissen wollten bzw. nicht wissen konnten

▶ Übung 32: Güterabwägung

Mit der folgenden Übung können Sie Ihre Güterabwägung etwas planen. Sie überlegen zwei Alternativen: einmal, dass Sie alles so lassen, wie es ist. Und dann, dass Sie sich für die Veränderung entscheiden und auf die erotische Entwicklungsreise begeben. Für beide Alternativen denken Sie zwei Fälle durch: den bestmöglichen optimalen Fall und den schlechtesten möglichen Fall. Damit haben Sie vier verschiedene Situationen, die Sie vergleichen können.

Vorbereitung: Nehmen Sie ein Blatt Papier (DIN A 4) und unterteilen es in vier Felder. In die beiden Zeilen tragen Sie die Alternativen »Nicht-Veränderung« (= alles so lassen, wie es ist) und »Veränderung« ein. In die beiden Spalten tragen Sie den bestmöglichen und den schlimmsten Fall ein. Das sieht dann so aus:

Nicht-Veränderung	**bestmöglicher Fall** Was kann im besten Fall passieren, wenn ich alles so lasse, wie es ist?	**schlimmster Fall** Was kann im schlimmsten Fall passieren, wenn ich alles so lasse, wie es ist?
Veränderung	**bestmöglicher Fall** Was kann im besten Fall passieren, wenn ich mit der Veränderung anfange?	**schlimmster Fall** Was kann im schlimmsten Fall passieren, wenn ich mit der Veränderung anfange?

- **Tragen Sie ein, was Ihnen zu jedem Feld einfällt. Schreiben Sie es möglichst konkret auf. Und scheuen Sie dabei auch vor großen Hoffnungen und schrecklichen Befürchtungen nicht zurück.**

Auswertung: Lassen Sie sich dann Zeit und achten Sie darauf, wo es Sie hinzieht, wo Ihr Blick verweilt. Was ist das am meisten anziehende Feld?

Und Ihr Partner?

Nun spielt bei der Güterabwägung der Blick auf Ihren Partner mit die größte Rolle. Ob jedoch der geliebte Mensch an Ihrer Seite ebenso zu neuen Ufern aufbrechen möchte, ist keineswegs sicher. Ändern sich bei einem Partner Wahrnehmungen, Gedanken und

Gefühle, heißt das noch lange nicht, dass der andere Partner ebenfalls bereit ist, seine Sichtweisen und seine Erotik infrage zu stellen. Meist ist das Gegenteil der Fall. Ich will – und mein Partner zieht nicht mit. Bremst, spielt herunter, verweist auf die guten Dinge, die die Beziehung bisher zusammengehalten hätten, bezweifelt, dass es notwendig sei, sich zu verändern.

Und Sie könnten auf den vorschnellen Gedanken kommen: Ich kann leider nicht, weil mein Partner nicht mitzieht. Dieser Gedanke regt Sie wahrscheinlich auf – und entlastet Sie gleichzeitig. Aber er ist falsch! Denn wahrscheinlich haben Sie eine heimliche Arbeitsteilung in Ihrer Beziehung.

Veränderung und Nicht-Veränderung: die Arbeitsteilung in der Beziehung

Der Abschied von dem, was sich lange bewährt hat, fällt jedem schwer. Etwas Neues zu versuchen, geht immer mit einem Unterstrom von Angst einher, das Neue könnte scheitern. Daher ist es meist leichter, am Alten und Erprobten festzuhalten. Paare verhalten sich oft so. Der Konflikt – wegen der sexuellen Unzufriedenheit und der unterschiedlichen sexuellen Bedürfnisse – schweißt ja auch zusammen. Streit nervt – und bindet. Für manche Paare sind intensive Streits die einzige Leidenschafte, die sie teilen.

Die Angst vor der Ungewissheit des Neuen ist einer der Gründe, warum Paare Veränderung vermeiden. Deswegen versuchen die Partner mit hohem Aufwand und hoher Toleranz dem eigenen Leiden gegenüber, die bestehende Situation zu erhalten. Sind Paare in eine Situation sexueller Lustlosigkeit und Unzufriedenheit geraten, entwickeln sich oft Verhaltensweisen, die die bestehende Struktur dauerhaft machen. Obwohl beide darunter leiden.

Fallbeispiel

Bernd sieht sich selbst als einen Menschen, der ein »natürliches« Verhältnis zur Sexualität hat. Seit Jahren möchte er seine Freundin Anna davon überzeugen, ebenso »natürlich« mit ihrer Sexualität umzugehen wie er mit seiner. Zu dieser Natürlichkeit gehört für Bernd ein zwangloser Umgang mit Nacktheit, ein leichter Hang zu obszöner Sprache und anzüglichen Witzen sowie die ständige Bereitschaft, Sex zu haben, egal wo sie sich befinden.

Er sähe nichts lieber, als dass Anna sich seiner Haltung wenigstens ein Stück annäherte. Doch Anna bleibt zurückhaltend, kommt selten von sich aus auf die Idee, aktiv zu werden. Bernd erlebt Annas Reserviertheit zwar als kränkend, aber er bringt Verständnis auf – und drängt seine Freundin zu nichts. Manchmal sagt Anna dann, dass sie in Ruhe gelassen werden möchte. Ein andermal wiederum wünscht sie sich mehr Zärtlichkeit. Aber was sie sonst noch will, welchen Sex sie haben möchte, das sagt sie nicht.

Mit dieser Anordnung und diesen beiden Rollen hat sich das Paar seit Jahren arrangiert. Sie kennt seine Wünsche und weiß, wie sie diese unterlaufen kann und er dennoch Verständnis zeigt. Er kennt ihre Ruhe- und ihre Zärtlichkeitsbedürfnisse und weiß, wie er damit umgehen muss. Auf seine Initiative und nach ihrer Einwilligung tauschen beide ab und an Zärtlichkeiten aus. Manchmal kommt es dabei auch zum Geschlechtsverkehr.

Die Konstellation von Bernd und Anna macht deutlich, wie ein Paar sich auf niedrigem erotischem Niveau einpendelt: Anna bestimmt, was passiert und was nicht passiert. Bernd ist verständnisvoll, ohne weitere Forderungen zu stellen. Über die Jahre zeigt sich nur: Bernd wird zunehmend verbittert und gereizt. Anna igelt sich immer stärker ein. Bernd drückt seine erotischen Wünsche, aber auch seinen Frust in seinen sexualisierten Sprüchen aus.

Für das Paar stellt der langjährig schwelende Konflikt gleichwohl eine Lösung dar: Beide vermeiden auf diese Weise, sich dem Kern zu nähern, nämlich dem erotischen Unterschied zwischen sich. Was will Bernd? Was will Anna? Und wie viel wollen sie voneinander? Will Bernd tatsächlich so viel von seiner Freundin, wie er vorgibt? Oder kann er ohne Risiko behaupten, Anna zu begehren, weil er weiß, dass sie ihm sowieso nicht entgegenkommt?

Für Bernd und Anna ist die sexuelle Unzufriedenheit ein Zustand, den sie loswerden möchten. Andererseits ist das Arrangement, das sie gefunden haben, ein Lösungsversuch, der die Liebesbeziehung stabil hält. Die Lösung von Bernd und Anna folgt einem bewahrenden Prinzip: Eine drohende Veränderung soll verhindert werden, auch um einen hohen Preis.

Wie sexuelle Unlust zum Dauerbrenner wird

Sexuelles Desinteresse, ausbleibende Feuchtigkeit oder Erektion sowie Orgasmusstörungen sind ebenso Teil alltäglicher Sexualität wie ihr Gegenteil: sexuelles Interesse, Erregung und Orgasmus. Treten sie nur vorübergehend auf, werden sie meist nicht als erklärungsbedürftig erlebt. Denn das Sexualleben unterliegt ähnlichen Schwankungen wie andere Lebensbereiche auch. Damit sich vorübergehende Erscheinungen wie sexuelles Desinteresse oder eine beeinträchtigte Erektion dauerhaft in der Beziehung einrichten können, müssen beide Partner etwas dafür tun.

Wie das? Ein ungewolltes Geschehen, das sonst schnell vorübergeht, wird erst vom Paar zu einem Dauerproblem gemacht? Wie funktioniert das? Paare erzählen von ihren sexuellen Konflikten häufig nach folgendem Muster: Einer der Partner versichert, er (oder sie) habe »nie Lust«, der andere bedränge ihn (bzw. sie) »ständig«. Man könnte denken, das seien eben individuelle Lust-Unterschiede der beiden Partner. Aber ganz so einfach ist das nicht. Im vorigen Kapitel hatten wir behandelt, wie sich ein Problemmuster zwischen zwei Partnern dadurch verfestigt, dass die beiden Partner sich in gegensätzliche Positionen hineintreiben. Sehen wir uns das jetzt noch genauer an:

Beide Partner sind mit ihrer Situation unzufrieden, der drängende Partner (im Beispiel auf Seite 203 Bernd) ist gekränkt, weil er sich zurückgewiesen fühlt. Der »lustlose« Partner (im Beispiel Anna) fühlt sich nicht respektiert. Dadurch etabliert sich schnell ein Problemmuster, in dem sich Drängen und Verweigern gegenseitig aufschaukeln. Dadurch kommt regelmäßig ein Partner in die sexuell fordernde Position und der andere in die sexuell zurückhaltende. Durch dieses Aufschaukeln kommt es dazu, dass die Partner sich einseitiger geben, als es in Wirklichkeit ihrem Wesen entspricht. Auf diese Weise zeigt sich in unserem Beispiel Bernd sexuell aktiver, als er »eigentlich« ist, und Anna sexuell abweisender, als sie »eigentlich« ist.

So kommt es zu einer Art sexueller Arbeitsteilung zwischen den beiden Partnern. Und beide fühlen sich damit unfrei: Anna kommt gar nicht mehr dazu zu überlegen, was sie eigentlich will, weil Bernd immer schon da ist mit seiner Lust. Wie beim Hase-und-Igel-Spiel.

Sam:

Du forderst Sex, weil dein Partner Sex verweigert.
Dein Partner verweigert Sex, weil du Sex forderst!

So werden aber auch leicht die Rollen von »Gut« und »Böse«, von Opfer und Täter ausgehandelt. Aus dieser Situation ergeben sich zwei folgenreiche Fragen: Einmal die Frage, welches Verhalten von wem als »Störung« empfunden wird. Zum anderen die Frage, wer sich sexuell durchsetzt.

Der aktive Partner definiert die »Störung«

Oft sind sich die Paare einig: Der Partner mit der eher abweisenden oder passiven Haltung trägt die Verantwortung für den Konflikt. Würde dieser nur wollen, gäbe es kein sexuelles Problem. Hier liegt die »Schuld«. Diesem Partner fehlt der gesunde, der »natürliche« Zugang zur Sexualität: nämlich hin und wieder Lust auf sexuelle Aktivität zu haben. Der aktive Partner sieht sich dagegen in Übereinstimmung mit dem, was als normal und natürlich gilt. Er hat damit zunächst die stärkere Position, denn »gestört« ist der inaktive Partner. Dauert die Auseinandersetzung an, verschieben sich oftmals die Positionen. Der sexuell inaktivere Partner kann eine starke Gegenoffensive aufbauen. Er beklagt sich dann darüber, wie aufdringlich der Partner sei. Er wirft ihm vor, rücksichtslos zu sein. Im Konflikt kann es dann durchaus zu einem Rollenwechsel kommen: Der passive Partner verlässt die defensive Position, der aktivere Partner gerät in die Defensive – sofern er das zulässt!

Wer weniger will, ist mächtiger

Weil wir Freiheit und Selbstbestimmung wollen, sind wir uns darüber einig, dass sexuelle Interessen nicht mit körperlicher Gewalt durchgesetzt werden dürfen. Dem Sex müssen beide Partner zustimmen. Umgekehrt reicht das »Nein« eines Partners, um gemeinsame sexuelle Aktivität zu verhindern. Kurz: Zum »Ja«

braucht es zwei Partner, zum »Nein« nur einen. Dies bringt den passiven Partner in eine starke Position. Wie auch immer der aktivere Partner drängt, letztlich entscheidet das »Nein« darüber, was getan und was unterlassen wird. Insofern übt derjenige ein Vetorecht über das sexuelle Verhalten aus. Und insofern ist »Nein« mächtiger als »Ja«.

Fallbeispiel

Bei Anna und Bernd können wir das genau sehen. Bernd zeigt sich zwar als der sexuell Interessierte und Aktivere. Er ist der Überzeugung, der ungestörte und »gesunde« Partner in der Beziehung zu sein. Das nützt ihm nur alles nichts. Anna hat das Heft in der Hand, wenn es darum geht, was gemacht wird. Richtiger gesagt: was nicht gemacht wird. Dadurch ist sie zwar mächtiger als Bernd, aber zufriedener ist sie damit auch nicht. Warum lassen die beiden es dann nicht bleiben und steuern um?

Sehen wir uns an, wie sie in ihre Lage hineingeraten sind: Es beginnt mit unausgesprochenen Vorstellungen der beiden. Bernd erwartet von Anna, dass sie auf die gleiche Weise Sex will wie er. Anna will aber etwas anderes (das sie allerdings nicht genau benennt). Bernd erträgt das nicht. Um ihn nicht zu kränken, sagt sie lieber, dass sie nicht wisse, was sie will. Lieber unwissend als eigensinnig.. Bernd erleichtert das und so kritisiert er sie nicht richtig. Sie weiß es ja schließlich nicht. Das wiederum entlastet Anna, weil er sie deshalb in Ruhe lässt. Auf diese Weise kann Bernd bei seiner Vorstellung bleiben, was richtiger Sex sei, und muss sich nicht infrage gestellt fühlen. Anna kann ihrerseits ihre sexuelle Defensive beibehalten und muss nichts tun, was sie nicht möchte.

Zwei Gewinner – und zwei Verlierer. Bernd legt fest, was die Störung ist. Anna bestimmt das Verhalten. Bernd bestimmt, was erotisch ist. Anna entscheidet, was sexuell getan und was nicht getan wird. Und beide bezahlen mit Nachteilen: Bernd verwirklicht seine sexuellen Vorstellungen nicht. Und Anna bleibt im Nein gefangen, ohne damit eigene Wünsche zu entwickeln.

Kompromiss mit Haken

Viele Paare gestalten ihre Konflikte auf diese Weise. Und köcheln sie so über lange Zeit auf kleiner Flamme. Auf diese Weise vermeiden Paare Ungewissheiten. Jene unbestimmbaren Folgen nämlich, die auf die Partner zukämen, würden sie den heißen Konflikt über den Unterschied austragen. Sich mit dem Unterschied zu befassen, birgt allerdings das Risiko, einander eventuell nicht wiederzuerkennen. Wer den Konflikt durch die beschriebene Umwandlung entschärft, zahlt den Preis, in der Beziehung zu stagnieren.

Und so hat dieser Kompromiss wie alle Mittelwege einen Haken: Die Beteiligten haben Verluste (Verschärfung der Unterschiede) vermieden. Aber sie haben nicht wirklich gewonnen, was sie möchten. Eine »Win-win«-Situation ist nicht entstanden. Der Preis für den Vorteil der Entschärfung ist zu hoch. Dies erklärt auch den meist mehr verdeckten als offenen Ärger, mit dem Paare infolge solcher Kompromisse ihre Auseinandersetzungen austragen: Der Partner ist dann schuld an der eigenen Unzufriedenheit. Der aktive Partner fühlt sich im Recht. Aber er hat nichts davon, weil der andere sich verweigert. Der passive Partner wiederum verübelt dem aktiven Partner, ihn in die Defensive zu bringen.

Probleme können auch Lösungen sein

Auf den ersten Blick scheint es für Bernd und Anna eine einfache Lösung ihres Problems zu geben: Bernd bringt noch mehr Verständnis auf für Annas Bedürfnisse als jetzt schon. Anna beschreibt

Bernd noch besser, wie sie von ihm gern berührt werden würde. Das Paar könnte darüber ins Gespräch kommen und auf diese Weise die partnerschaftliche Kommunikation voranbringen. Wenn es denn so einfach wäre!

Fallbeispiel

Bernd und Anna haben es versucht. Bernd hat sich bemüht, Anna zuzuhören. Aber eigentlich ist das Zuhören auch ein taktischer Schritt. Bernd hofft, dass sie eher einlenkt, wenn er ihr gezeigt hat, dass er ein guter Zuhörer ist. Irgendwie geht er auf sie ein, aber es bleibt doch eine halbherzige Sache. Anna lenkt ihrerseits ein und hofft, dass Bernd weniger Druck macht, wenn sie sich wenigstens gelegentlich sexuell auf ihn einlässt.

So hält sie seinen Ärger in Grenzen. So behalten die beiden ihr sexuelles Problem weiter, arrangieren sich aber mit einem halb zufriedenen und auch halb erotischen Kompromiss. So ist ihr Sexualeben nicht richtig schlecht. Aber auch nicht richtig gut.

Kompromisse

Probleme können also auch Kompromisslösungen sein, die mehr Vorteile als Nachteile bringen. Doch weiter gekommen sind Bernd und Anna auf diese Weise tatsächlich nicht. Sie gehen aufeinander zu. Sie sprechen miteinander. Aber die Rollen bleiben doch dieselben. Die kann keiner von beiden wirklich verlassen.

Positiv ausgedrückt, sind Bernd und Anna also durchaus in der Lage, ihre Angelegenheiten konstruktiv miteinander zu verhandeln. Gleichzeitig tauschen Bernd und Anna regelmäßig Vorwürfe aus. Unzufriedenheit, Missverständnisse und der Leidensdruck brechen sich immer wieder Bahn. Dennoch lassen die Partner nicht davon ab, einander besser verstehen zu wollen.

Der Vorteil, den Bernd und Anna erzielen, ist versteckt hinter all den negativen Gefühlen. Beide Partner vermeiden damit, mit dem eigenen Wünschen und Wollen ernst zu machen. Denn diese könnten die große Gefahr bedeuten – die Gefahr der Trennung. Auf diese Weise ist es möglich, ihnen unangenehme Fragen nicht beantworten zu müssen. Fragen nach dem eigenen sexuellen Profil, dem eigenen Wünschen und Wollen. Bernd und Anna umgehen mit ihrem Kompromiss, was sie als bedrohlich vermuten.

Anna gestaltet die Auseinandersetzung so: Sie versteckt ihr Begehren und zeigt es allenfalls indirekt. Über die Position des »So nicht!« und durch ihre passive Wendung spielt Anna Bernd die Verantwortung zu: Er soll auf sie eingehen und mehr Respekt für ihre Gefühle zeigen. Sie will gewollt werden, aber auf die richtige Weise. Sie zeigt sich also nicht, sondern inszeniert mit ihrem Mann ein Versteckspiel. Sie verrätselt ihre Erotik und erreicht damit zweierlei: sie verneint keineswegs die eigene Erotik. Sie zeigt sich also nicht etwa defizitär und gefühlskalt. Vielmehr wertet Anna ihre Erotik zu einem Geheimnis auf. Ihrem Mann schreibt sie Rolle des Geheimnisentdeckers zu. Er soll ihr Rätsellöser sein. Er soll die Sphinx durch die Lösung des Rätsels zufrieden stellen.

Was hat Anna davon?

- *Sie ist in der strategisch günstigen Situation, in Reserve bleiben und abwarten zu können.*
- *Sein Suchen beweist sein Interesse für sie.*
- *Solange sie ihr Begehren nur teilweise und indirekt zeigt, bleibt die Enttäuschung berechenbar.*
- *Sie braucht sich selbst nicht mit jenen Seiten ihres Begehrens zu beschäftigen, die sie bisher für sich behalten hat.*
- *Sie schont ihren Mann, weil sie sich ihm nicht zeigt.*
- *Sie überträgt ihm die Verantwortung für die Lösung.*

Empörung

Bernd erlebt sich selbst in der Position des Partners, der ein ungestörtes Verhältnis zur Sexualität hat. Er will ja nur, was normal ist und gesund und was ihnen beiden gut täte. Aus seiner Sicht verhält er sich so normal, wie das ein sexuell interessierter Mann nur tun kann. Deshalb empört ihn Annas »So nicht!«. Empörung ist ein selbstgerechter Affekt. Der Empörte sieht sich moralisch im Recht und das Gegenüber im Unrecht. Bernd empört sich deswegen immer mehr in seine Definitionsmacht hinein: Er weiß, was angemessener Sex, normaler, selbstverständlicher Sex zwischen Eheleuten ist. Und braucht sich deshalb nicht zu verändern.

Was hat Bernd davon?

▶ *Er braucht seine Komfortzone nicht zu verlassen und braucht somit sein Verhalten nicht infrage stellen zu lassen.*

▶ *Er hält die »Definitionsmacht«. Diese bestätigt seine Männlichkeit und sie schreibt Anna den Mangel zu, macht sie zur sexuell gestörten Partnerin.*

▶ *Er braucht sich nicht damit zu beschäftigen, wie begrenzt seine eigenen sexuellen Optionen sind.*

▶ *Er braucht sich nicht mit den verschwiegenen Seiten ihres Begehrens auseinander zu setzen.*

Streiten, um sich nicht zu verändern

Ist der Konflikt eines Paares chronisch geworden und unternimmt das Paar andauernd Versuche, den Konflikt zu beseitigen, ist aber damit ausgesprochen erfolglos, lässt sich vermuten, dass das Problem nur im Vordergrund steht, weil es einen anderen Konflikt zwischen den Partner verhindert.

Die so festgefahrene Eskalation, die regelmäßig aus dem Ruder läuft – der Streit, die Vorwürfe, die Bitterkeit –, stellt nur auf der Ebene des offensichtlichen Konfliktes ein Problem dar: Bernd will Sex. Anna will seinen Sex nicht – zumindest nicht so wie bisher.

Wenn ein Paar sich streitet, ist es sinnvoll, **Inhalt** des Streites und seinen **Zweck** voneinander zu unterscheiden:

- Dem Inhalt nach sind Meinungs- und Erlebnisunterschiede im Spiel.
- Der Zweck oder auch die Funktion eines solchen leidenschaftlichen Ausbruchs ist sehr oft die Bindung der Partner aneinander.

Vorwürfe halten das Paar zusammen. Auseinandersetzungen, wie die von Anna und Bernd, werden von einem versteckten Harmonieideal getragen. Angesichts des Streites rückt das jedoch meist in den Hintergrund. Wenn der Partner nur einlenken würde – so die zwingende Hoffnung von beiden Seiten –, wäre alles gut oder jedenfalls auf dem Weg zu einem passablen Kompromiss. Streit – je lauter, desto mehr – wird vom Ideal der Gemeinsamkeit, der Gegenseitigkeit, der Einigkeit getragen. Sonst würde er sich nicht lohnen. Wer die Idee aufgibt, den Partner zur Änderung bewegen zu können, lässt die wütende oder zu Bitterkeit erstarrte Aufgeregtheit, die auf Änderung drängt, ins Leere laufen, also überflüssig werden.

Das kann Angst verursachen: Bernd müsste sich mit den Begrenzungen seiner sexuellen Möglichkeiten auseinander setzen und sich der damit verbundenen Kränkung stellen. Anna müsste sich möglicherweise damit beschäftigen, dass ihre Selbstverrätselung sie vor ihrer weiblichen Selbstunsicherheit schützt. Diese Verunsicherung über die eigenen sexuellen Bedürfnisse und Sehnsüchte würde wachsen, müsste Anna ihrem Partner etwas mehr von ihrem erotisches Profil offenbaren.

Sam:

Ihr streitet also, um euch nicht zu verändern!

Den sexuellen Unterschied anerkennen

Die Bedrohung für den Zusammenhalt des Paares nimmt dann zu, wenn das Bewusstsein für die Unterschiede zwischen den Partnern erstmals spürbar wird. Dabei geht es nicht so sehr um die Verschiedenheit hinsichtlich der einen oder anderen Nuance des sexuellen Lebens. Im Zentrum steht dann die Angst, als Mann und als Frau getrennt zu sein. Der Prozess des Bewusstwerdens, nicht in erster Linie ein verbundenes Paar zu sein, sondern zwei existenziell getrennte Personen, ist der entscheidende Schritt, den Unterschied für die Beziehung fruchtbar zu machen.

Einmal vollzogen, ermöglicht dieser Schritt auf einer neuen Ebene Annäherung und Gemeinsamkeit. Der Blick auf den Partner ist dann nicht mehr beeinflusst von fest gefahrenen Vorurteilen, auf deren Basis sich das zukünftige Verhalten vorhersagen lässt. Vielmehr wird der Partner wieder zu einem spannenden Menschen. Und den gilt es zu entdecken. Dessen unbekannte Seiten können sehr reizvoll sein – aber auch fremd und beunruhigend. Nicht die Wiederkehr des Ewiggleichen ist dann zu befürchten, stattdessen rücken dann Überraschungen und manchmal auch leichtes Befremden in den Mittelpunkt.

Ihre Getrenntheit anzuerkennen und sie als Chance zu sehen, fällt vielen Paaren nicht leicht. Gerade in erotischen Dingen nicht, die mit Scham, mit Nähe und Verletzlichkeit verbunden sind. Für manche Paare ist allein schon die Idee vom erotischen Unterschied zwischen den Partnern stark angstbesetzt. Deswegen neigen die Partner dann eher zu Kompromissen, die harmonisch den Ausgleich betonen und die Unterschiede nivellieren.

Ist die Paarsituation eher ängstlich getönt, lenken Paare ein, kommen einander entgegen und verharren im vordergründigen Problem, das sie vor der anderen, tiefer wirkenden Konfrontation schützt. Der sexuelle Unterschied zwischen den Partnern bleibt auf diese Weise verleugnet.

Die Dynamik des sexuellen Konflikts hinterfragen
Bleiben Sie als Paar zunächst in Ihrem alten Vorwurfsmuster hängen, lohnt es sich, ein paar Fragen aufzuwerfen. Sie sollen Ihnen auf der pragmatischen Ebene helfen, die Dynamik des sexuellen Konflikts besser zu verstehen: Machen Sie dazu Test 7 auf der folgenden Seite.

Veränderungen sind manchmal nicht lustig

Selbst wenn beide Partner anerkennen, wie sehr notwendig Veränderungen sind, bleibt häufig unklar, auf welche Weise die Beziehung sich verändern soll bzw. darf. Veränderung ist ja immer auch an die Möglichkeit gekoppelt, dass sich die Partner auseinander entwickeln. Manche erkennen durch den Konfliktschub plötzlich, wie wenig sie zusammenpassen. Andere sehen, wie sehr sie sich über die Jahre blockiert haben.

Jeder Partner hat andere Vorstellungen davon, wie die erotische Entwicklung gestaltet werden kann. Im Zweifelsfall muss sich erst einmal der andere bewegen. Der Partner muss zeigen, wie ernst er es wirklich meint mit der Veränderung. Jedes Paar in einer langjäh-

Test 7: Unsere sexuelle Arbeitsteilung

Mit dieser Analyse können Sie feststellen, wie Sie die sexuelle Arbeitsteilung in Ihrer Partnerschaft eingerichtet haben. Sie ist anspruchsvoll. Sie setzt voraus, dass Sie sich nicht gerade mitten im Streit befinden. Und dass Sie bereit sind, sich selbst »von außen« anzusehen.

Vorbereitung: Verabreden Sie, dass Sie für eine halbe Stunde Vorwürfe und Streitigkeiten aussetzen und sich von außen analysieren. Wenn Sie den Eindruck haben, dass Sie dabei gleich wieder zu streiten anfangen, lassen Sie die Analyse lieber bleiben.
Verabreden Sie den Kunstgriff, dass Sie während der Analyse lediglich Kollegen, keine realen Partner sind. Sprechen Sie deshalb nicht über »uns«, sondern über »die beiden«. Tun Sie so, als hätten Sie mit dem Paar, das Sie da gerade analysieren, nichts weiter zu tun.

Analyse: Besprechen Sie die folgenden Fragen und schreiben Sie Ihre Einschätzung auf:
1. Wer von den beiden ist in der sexuell eher fordernden Position? Wie drückt er/sie das aus?
2. Wer von den beiden ist in der sexuell eher zurückhaltenden Position? Wie drückt er/sie das aus?
3. Welcher Vorteil, welcher Nachteil ergibt sich für die beiden Partner aus ihrer jeweiligen Position?
4. Wer hat welche Vorstellung, was richtiger (normaler, gesunder, natürlicher) Sex ist? Wie werden sie geäußert und begründet?
5. Wer entscheidet letztlich, ob die beiden Sex haben oder nicht?
6. Was würden sie sexuell tun, wenn sie nicht streiten würden?
7. Welcher Partner hat das größere Interesse an Veränderung, welcher das größere Interesse an der Nicht-Veränderung?
8. Was ist für jeden von beiden Preis und Risiko der Veränderung?

Auswertung: Kommen Sie zu einer Prognose: Werden die beiden eher bei ihrem vertrauten Streit bleiben? Oder werden sie Veränderungen in Angriff nehmen rigen Beziehung, die mit sexueller Unzufriedenheit einhergeht, kennt viele Versuche, die Situation zu verbessern. Am Ende blieb bisher immer mehr Enttäuschung, Kränkung und Stillstand. Und der alte Trott dominiert.

Veränderung braucht Zeit. Aber nicht zu viel! »Gras wächst nicht schneller, wenn man daran zieht.« Das ist das Bekenntnis derjenigen, die auf Geduld setzen. Und natürlich ist an dem Satz viel Wahres. Manche Entwicklungen kann man nicht beschleunigen. Und dann gilt es, den richtigen Moment abzuwarten. Aber man kann den richtigen Moment auch verpassen. Und deshalb ist ein selbstkritischer Blick nötig: Warte ich auf den richtigen Moment – oder vertrödle ich eigentlich die Zeit?

Zur kritischen Prüfung drei Fragen:
- Worauf warte ich eigentlich?
- Was tue ich, wenn das eingetroffen ist, auf das ich warte?
- Warte ich wirklich – oder ist »warten« meine faule Ausrede für Nichtstun?

Veränderung braucht Toleranz. Aber nicht zu viel! Wer Neues ausprobiert, macht Fehler. Man irrt sich, man macht es ungelenk und ungeübt. Wenn Ihr Partner solche Schritte macht und Sie selbst eher abwartend aufgelegt sind – seien Sie nicht zu streng! Für die Übergangsphasen benötigt Ihr Partner Ihr Einfühlungsvermögen und Ihre Duldsamkeit: Wenn er auf Sie zugeht, sich aber mit all den aufgeworfenen Fragen, dem ungewohnten Verhalten, der veränderten Kommunikation noch leicht unwohl fühlt, ermuntern Sie ihn weiterzumachen. Schrecken Sie Ihren Partner nicht mit einem (neuen) Vorwurf ab, alles funktioniere nicht gleich so hundertprozentig wie geplant. Und üben Sie diese Toleranz auch sich selbst gegenüber. Denn auch bei Ihnen klappt nicht alles auf Anhieb. Und der erste Schritt muss nicht gleich besonders elegant ausfallen.

Veränderung braucht Mut. Aber nicht blinden Aktionismus! Sie stehen zum ersten Mal auf dem Sprungbrett und wippen. Springen oder nicht? Halten Sie die Augen auf – gerade wenn es ernst wird! Wenn kein Wasser im Becken ist, springen Sie besser nicht. Und wenn das Becken gefüllt ist – liegt es nur an Ihnen. Nur an Ihnen. Egal, wer zusieht.

Veränderung braucht eine Entscheidung. Irgendwann ist die Güterabwägung abgeschlossen und es kommen keine neuen Gesichtspunkte mehr dazu. Es sagt Ihnen niemand, was zu tun ist. Und es gibt keine objektiven Kriterien, angesichts derer Sie geradezu entscheiden müssen. Der Kybernetiker Heinz von Foerster hat den verblüffenden Satz geprägt, dass wir nur über unentscheidbare Fragen entscheiden können. Also über Fragen, für deren richtige Antwort man keine Kriterien kennt.

Zwei Partner beginnen nicht gleichzeitig mit der Veränderung. Einer fängt an. Zu den großen Irrtümern über die Entwicklung in Partnerschaften gehört die Aussage, beide müssten gemeinsam mit der Veränderung beginnen. Wir haben gesehen, wie leicht es passiert, dass beide wirklich eine Veränderung wollen und unversehens ihr Problem noch größer machen. Und weil beide sehen, dass es so nicht mehr weitergehen kann, sie aber zusammenbleiben wollen, nehmen sie sich fest vor, gemeinsam die Veränderung anzupacken. Und nichts passiert! Nicht, weil es nicht ernst gemeint war, sondern weil es immer einfacher ist, auf den Partner zu reagieren als selbst anzufangen. So bleibt immer etwas mehr Verantwortung beim Partner. Deshalb: Wenn Sie wollen, dass die erotische Entwicklung beginnt, fangen Sie selbst an. Erotik ist eine Frage von Entscheidungen. Und die treffen Sie zuerst selbst.

Sam:

Wenn es so aufwändig ist, dann lasst doch alles so, wie es ist!

Sam schätzt gründliche Überlegungen. Aber wenn es ihr zu lange geht, wird sie ungeduldig. Dann reizt der Spott. Spott und Ironie sind gute Methoden, um schwierige Lebensfragen zu entscheiden, indem man sie aus der negativen und paradoxen Perspektive ansieht. Wenn Sie eher dazu tendieren, weiter auf dem Sprungbrett zu wippen und eher nicht zu springen – aber doch nicht ganz sicher sind. Sehen Sie sich an, was Sam zu spotten hat.

Sams 1. Spott: Rechne zunächst das Alte auf, bevor du etwas Neues anfängst.

Bleib deinem Vorwurf unbedingt noch eine Weile treu! Präsentiere zunächst einmal die Rechnung über die Verletzungen der vergangenen Jahre. Erspare deinem Partner kein Detail. Geh endlich damit in die Offensive, was du dir emotional in den letzten Jahren vom Munde abgespart hast. Rede Klartext – und mache dabei deutlich, dass du selbstverständlich bereit wärst, dich auf eine Veränderung einzulassen, wenn, ja wenn alle angehäuften Schulden durch deinen Partner beglichen und abgebüßt sind. Verzeihe nicht! Weiche keinen Zentimeter zur Seite! Bewahre Haltung! Bleib hartnäckig! Steter Tropfen höhlt den Stein! Beharre auf deinem Recht!

Sams 2. Spott: Prüfe, ob alles, was dein Partner tut, wahre Liebe zeigt!
Dieser Vorschlag wird dich vor Enttäuschungen schützen: Die Liebe deines Partners ist immer ein heikles, oft ungewisses Gefühl. Daher empfehle ich, immer misstrauisch zu bleiben! Halte ein Restmisstrauen aufrecht, egal was dein Partner sagt. Erfinde eine Palette von Liebestests. Überlege, wie du die unterschiedlichen Ausprägungen von Zuneigung messen kannst. Teste heimlich! Dann bist du sicher, dass dein Partner nicht so antwortet, wie du es vielleicht von ihm erwartest. Wenn er dich wirklich liebt, erfüllt er dir jeden Wunsch!

Sams 3. Spott: Sei nett! Mute deinem Partner keinesfalls zu, anders zu sein, als er erwartet!
Damit alles so bleibt, wie es ist, solltest du die Unterschiede zu deinem Partner möglichst klein aussehen lassen. Betone ausschließlich eure Gemeinsamkeiten, eure Ähnlichkeit und eure Auffassung von der Welt. Spiele die Unterschiede herunter. So weit liegt ihr ja nicht auseinander. Achte sehr darauf, genau das zu mögen, was dein Partner auch mag. Vergewissere dich immer, ob dein Partner einen Vorschlag gut findet. Bringe nie Ideen in die Beziehung ein, die deinen Partner überraschen könnten. Versuche, dich in die Denke deines Partners hineinzuversetzen. Wo sieht er die höchste Übereinstimmung, die maximale Entspannung, einen beruhigenden, gleich klingenden Rhythmus?

Sams 4. Spott: Prüfe bei allem, was du tust, ob du es deinem Partner auch immer recht machst.
Du kennst deinen Partner ja schon ein paar Jahre. Daher sollte es dir nicht schwer fallen, ziemlich genau zu wissen, was dein Partner mag und was nicht. Verhalte dich entsprechend: Fordere deinen Partner nicht zum Widerspruch heraus. Vermeide Streit, indem du alle seine Bedürfnisse anstandslos zu erfüllen versuchst. Stelle deine eigenen zurück! Lass es nicht erst so weit kommen, dass dein Partner dir mitteilen muss, was er will. Wisse es schon vorher! Kein Weg ist zu weit, kein Umstand zu schwierig, um deinen Partner den Gefallen zu tun.

Sams 5. Spott: Erkläre deinen Partner zum Verantwortlichen für dein Seelenheil!

Nichts ist für Stabilität und dafür, dass alles so bleibt, wie es ist, gefährlicher, als die Verantwortung bei sich selbst zu suchen. Fang damit gar nicht erst an. Dein Partner ist dafür verantwortlich, wie es läuft. Er ist schuld, wenn du dich schlecht fühlst. Komm gar nicht erst auf die Idee, dich selbst in der Verantwortung zu sehen. Dein Partner vernachlässigt dich, zwingt dir seinen Willen auf. Entlasse also deinen Partner unter keinen Umständen aus der Verantwortung. Nichts könnte dein Wohlbefinden schlimmer gefährden als der Gedanke, du hättest einen eigenen Beitrag dazu geleistet, dass die Dinge so laufen wie im Augenblick. Vielmehr solltest du ihn in regelmäßigen Abständen davon in Kenntnis setzen, dass du mit seiner Aufbauhilfe rechnest.

Sams 6. Spott: So wichtig ist Sex auch wieder nicht!

Dies ist der hilfreichste Gedanke, damit sich nichts verändern muss in eurer Partnerschaft. Du bist sexuell unzufrieden? Du sehnst dich danach, dein Sexleben weiterzuentwickeln? Du hoffst, dass zukünftig vieles anders wird und ihr glücklicher werdet beim Sex? Das ist schön und gut. Aber hast du schon einmal darüber nachgedacht, inwieweit du deine sexuellen Wünsche überbewertest? Ob du nicht einfach viel zu hohe Erwartungen an den Sex knüpfst? Erst dadurch entsteht doch der hohe Veränderungsdruck, dem du dich ausgesetzt siehst. Wahrscheinlich treibt dich die Vorstellung um, alle anderen außer dir hätten ein heißes Sexleben. Vergiss es! Die Unzufriedenheit ist sehr weit verbreitet – und das beste Mittel dagegen ist, einfach die eigenen Ansprüche und Erwartungen zu reduzieren. Nimm den ganzen Ballast vom Sex, der ihn aufbläht und zu so einer bedeutsamen Angelegenheit macht. Bestätigt euch eure Liebe auf andere Weise. Entlastet euer Sexleben davon, als Ritual für die Güte eurer Beziehung und die Intensität eurer Liebe herhalten zu müssen. Du wirst merken, dass du dann an deinem Verhalten fast gar nichts zu verändern brauchst und alles so bleiben kann wie es ist. So unzufrieden bist du nämlich gar nicht!

Risiken der Veränderung

Dieser Abschnitt beschäftigt sich etwas detaillierter mit den Risiken, die mit erotischer Entwicklung einhergehen können. Die Absicht, etwas zu verändern, ist zwar notwendig, reicht allein aber nicht aus, damit tatsächlich etwas passiert. Wenn sich das Fenster der Veränderung in Ihrer Beziehung öffnet und Sie beschließen, sich erotisch weiterzuentwickeln, kommt es manchmal zu ungeahnten Nebeneffekten. Veränderung weht meist nicht nur jene frischen Zustände ins Haus, nach denen wir uns gesehnt haben. Und schon gar nicht können wir immer im Detail kontrollieren, welche Veränderung zu welchen Folgen führt. Ganz schwierig wird es bei der Frage, ob wir uns in eine Richtung verändern und entwickeln, die uns und dem Partner gefällt. Und selbst, wenn es uns gefällt, kann das schließlich für die Beziehung und die erotische Gemeinsamkeit überaus fatale Folgen haben. Und dann gefällt es uns schon wieder überhaupt nicht.

Zwei große Risiken

Im Kapitel »Vom Können und Wollen«, Seite 34 ff., hatten wir den Unterschied zwischen partnerbestimmter und selbstbestimmter Sexualität besprochen. In dem Moment, in dem wir uns entscheiden, es nicht nur dem Partner recht zu machen und unsere sexuellen Wünsche nicht nur danach auszurichten, dass sie unserem Partner entsprechen, geht es los mit dem Risiko.

Es gibt zwei Risikopunkte:

- die Reaktion des Partners auf das Neue, das er von mir erfährt
- meine Reaktion, wenn ich etwas Neues von meinem Partner erfahre

Beide Partner gehen jetzt das Risiko ein, Seiten am Partner kennen zu lernen, die ihnen bisher verborgen geblieben sind. Vielleicht erkennen Sie einander zwischenzeitlich gar nicht wieder. Es ist auch durchaus möglich, dass Sie sich zunächst voneinander entfernen, wenn die Unterschiede zwischen Ihnen so deutlich werden. Es kann sein, dass einer fremdgeht, es kann sein, dass einer an Trennung denkt. Und es kann sein, dass einer die Flinte ins Korn wirft und innerlich die Beziehung kündigt, weil er es nicht mehr aushält.

Also: All das ist mit einigem emotionalem Aufwand verbunden. Veränderung ist anstrengend und geschieht nicht durch den Schnipp eines Fingers.

Konkrete Risiken

Doch nun zu konkreten Risiken, die Ihnen begegnen können, wenn Sie die Abenteuerreise »erotische Veränderung« starten:

Risiko 1: Es kann sein, dass Ihr Partner Ihr erotisches Profil nicht erträgt – und an Trennung denkt.

Lukas: »Die Vorstellung, du hättest gern Sex mit einer Frau, irritiert mich.«

Ulrike: »Mich auch.«

Lukas: »Hast du denn wirklich vor, das mal auszuprobieren? Bist du bi? Oder lesbisch?«

Ulrike: »Ich weiß nicht so recht. Was würdest du dann tun?«

Lukas: »Ich kann mir kaum vorstellen, einfach so zur Tagesordnung überzugehen.«

Ulrike: »Würdest du gehen?«

Lukas: »Ich weiß es nicht. Aber ich wäre wohl sehr traurig, weil ich dir nicht mehr genüge.«

Das Entdecken erotischer Unterschiede kann zu Unbehagen führen, wenn ein Partner plötzlich ein erotisches Begehren offenbart, von dem der andere ausgeschlossen ist. Das ist vor allem dann der Fall, wenn andere Menschen als der Partner in den erotischen Fantasien eine Rolle spielen. Die Ungewissheit ist, ob das nun eine Fantasie oder ein Wunsch oder bereits Realität geworden ist. Eine Fantasie – kann ja vorkommen, was denkt man nicht alles – macht weniger Unruhe. Da kann man sich ja noch beruhigen: »Eine Fantasie ist keine Tat. Mein Kopfkino gehört mir! Darin braucht es keine Exklusivität zu geben.« Ein Wunsch dagegen – das möchte ich tun und vielleicht schon bald – hat schon eine andere Wucht. Er könnte ja jeden Moment in die Tat umgesetzt werden. Gelegenheiten gibt es genug. Oder es ist schon passiert. Und Sie sagen dann Ihrem Partner, dass Sie sich auf jemand anderes eingelassen haben.

Sobald Sie darüber sprechen, liegt der Ball bei Ihrem Partner. Und Ihr Partner wird möglicherweise nicht das tun, was Sie erhoffen – sondern wird entscheiden, was er für richtig hält.

Risiko 2: Es kann sein, dass Sie das erotische Profil Ihres Partners nicht ertragen.

Brigitte und Ulf unterhalten sich darüber, gemeinsam in einen Sexshop zu gehen. Vorher haben sie daran noch nie einen Gedanken verschwendet. Seit sie über ihren Sex ins Gespräch gekommen sind, deutete Ulf immer wieder einmal an, dass er das sehr aufregend fände, mit ihr zusammen in einem Sexshop zu stöbern. Brigitte ist nicht abgeneigt, muss sich aber erst mit dem Gedanken vertraut machen.

Ohne weitere Vorwarnung bringt nun Ulf eines Tages zwei Pornos und Sexspielzeug mit nach Hause.
Brigitte: »Ich dachte, wir wollten das zusammen machen.«

Ulf: »Es bot sich an. Ich bin grade daran vorbeigefahren. Und nachdem wir darüber gesprochen haben, dachte ich ...«
Brigitte: »Aber du hast mich damit ausgeschlossen. Es ist nun nicht mehr unsere gemeinsame Sache.«
Ulf: »Was meinst du?«
Brigitte: »Weißt du, ich habe das Gefühl, du hast all das nur angestoßen, damit du ab und an mal in den Sexshop darfst, dir ein paar Pornos reinziehen kannst. Findest du diese Dinger gut?«
Ulf: »Wenn du schon fragst: ja. Ich sehe mir gern Pornos an.«

Es kann gut sein, dass Ihr Partner versucht, die neue erotische Offenheit zwischen Ihnen beiden für seine Interessen zu nutzen. Und wenn Sie vorher immer alles abgesprochen haben, könnte Ihnen eine kleine Entrüstung passieren. Aber so geht es! Auch wenn es Ihnen nicht behagt, Sie wissen jetzt, Ihr Partner hegt noch manch anderes Begehren.

Risiko 3: Es kann sein, dass Sie sich als Mann oder Frau infrage gestellt sehen, sich abgewertet und klein gemacht empfinden.
Alex und Christina unterhalten sich über ihr erotisches Leben zu Anfang der Beziehung – und was heute daraus geworden ist:
Christina: »Mir ist schon lange aufgefallen, dass du mich kaum noch küsst.«
Alex: »Wieso hast du nie etwas gesagt?«
Christina: »Wahrscheinlich wollte ich nicht hören, dass du mich nicht mehr begehrst.«
Alex: »Aber das stimmt doch nicht.«
Christina: »Und was ist es dann?«
Alex: »Es fällt mir nicht leicht, darüber zu sprechen ... Wie sagt man so etwas einem Menschen, den man liebt?«
Christina: »Was meinst du?«

Alex: »Na ja, die Art wie du küsst, törnt mich einfach nicht so an. Und wie es dann weitergeht, auch nicht.«
Christina: »Und das sagst du mir erst jetzt, nach so vielen Jahren? Warum denn nicht früher? Ich frage mich die ganze Zeit, was mit dir los ist.«

Es kann sein, dass Sie nun etwas darüber erfahren, was Ihr Partner von Ihren Küssen oder anderen erotischen Fähigkeiten hält. Es kann sein, dass Sie das verletzt, weil Sie sich dadurch abgewertet sehen. Möglicherweise ist es besser, jetzt als nie davon zu erfahren, was Ihr Partner denkt! Behielte er seine Unzufriedenheit noch länger für sich, würde Ihr erotisches Leben noch stärker leiden. Die Rückkehr zu einem authentischen und ehrlichen Miteinander kann nicht völlig ohne Verletzungen geschehen.

Risiko 4: Es könnte sein, dass Sex nun einen größeren Stellenwert in Ihrem Leben einnimmt.
Annette: »Seit wir uns regelmäßig zum Sex verabreden, denke ich auch zwischendurch viel öfter an Sex mit dir.«
Jürgen: »Das sind ja Neuigkeiten ... Meine Frau denkt immer nur an das Eine!«
Annette: »Ich hätte ja nie geglaubt, dass wir auf diese Weise über Sex reden würden. Gewünscht hab ich's mir immer. Und jetzt habe ich schon wieder Lust!«
Jürgen: »Moment! Ich muss auch mal etwas arbeiten.«

Sich diesem Risiko gefahrlos auszusetzen, klingt eher leicht. Und mancher wird das Wort »Risiko« hier eigentlich eher unpassend finden. Aber: Wehe wenn sie losgelassen! Und wenn Sie wie Jürgen aufgelegt sind, könnte es sein, dass Sie sexfreie Phasen wieder herbeisehnen.

Risiko 5: Es stellt sich für Ihren Partner heraus, dass Sie in den letzten Jahren mehr aus Entgegenkommen als aus eigener Lust mit ihm Sex hatten. Ihr Partner fühlt sich im Nachhinein dafür verachtet.

Ute: »Ich habe das Gefühl, du hast mir immer nur einen Gefallen getan, wenn du mit mir geschlafen hast.«

Jens: »Was ist daran auszusetzen?«

Ute: »Ich bin davon ausgegangen, dass du es wirklich willst. Nach dem, was du mir heute über deine Lust sagst, fühle ich mich eigentlich von dir vorgeführt. Das stellt alles infrage, was für mich auch gut war.«

Es kann passieren, dass Sie erotisch eigentlich schon gekündigt haben. Sie haben sich von Ihrem Partner entfernt. Aber Sie bleiben mit ihm zusammen. Weil Sie Kinder haben, weil Sie ein Haus haben, weil Sie ein Geschäft zusammen aufgebaut haben. Weil Ihr Partner mit Ihnen zusammenbleiben will und Sie sich nicht richtig trennen wollen. So kommen Sie in die Lage, sich auf einen sexuellen Kompromiss einzulassen und Ihrem Partner eine Art erotisches Gnadenbrot gegeben zu haben. Für Ihren Partner ist das eine große Kränkung.

Risiko 6: Es stellt sich heraus, dass Ihr Partner in den letzten Jahren mehr aus Entgegenkommen als aus eigener Lust mit Ihnen Sex hatte. Sie fühlen sich im Nachhinein dafür verachtet.

Dieses Risiko kann auch Ihnen passieren. Wenn Sie an die letzten Jahre zurückdenken, in denen Sie es irgendwie versucht haben, es mit Ihrem Partner einigermaßen hinzubekommen, wird Ihnen ganz schlecht. Sie fühlen sich vom Partner getäuscht und nicht für voll genommen. Und Sie wissen nicht, ob Sie ihm das verzeihen können und ob Sie die Kraft haben, danach noch einen Neustart hinzubekommen.

Aber es lohnt sich!

Natürlich entscheiden Sie selbst. Ob Sie alles so lassen, wie es ist, oder ob Sie den Sprung wagen. Aber nachdem wir die ganzen Bedenken und Risiken so gründlich erörtert haben, sollten wir zwischendurch eine kleine Lobrede auf die Aussichten halten, die Sie haben, wenn Sie sich trauen. Es lohnt sich, die Reise zu starten!

- Sie geben sich die Möglichkeit, neue Erfahrungen zu machen. Und die könnten ziemlich gut sein.
- Sie werden sich als Paar besser kennen lernen. Sie bekommen einen neuen Partner, ohne dass Sie suchen. Er ist schon da!
- Sie werden sich selbst besser kennen lernen und merken, dass Sie sich freier und stärker fühlen, wenn Sie das ausdrücken, was Sie erotisch wirklich wollen.
- Auch wenn es Sie kurzfristig anstrengt, werden Sie langfristig gewinnen.
- Der Zusammenhalt zwischen Ihnen und Ihrem Partner kommt auf eine ganz andere Grundlage, wenn Sie bereit sind, sich auf die Unterschiede einlassen.
- Der Blick für den Unterschied verbessert auch den Blick für die Gemeinsamkeiten. Sie lernen genau dadurch, jene Seiten am Partner neu zu schätzen, die Ihnen vertraut und angenehm und liebenswert sind. Der Unterschied macht die Gemeinsamkeiten erst richtig gut.

Lust ängstigt – Angst macht Lust

Ohne eine gewisse Angst (vor dem Unbekannten, dem Fremden, dem Ungewohnten) ist sexuelle Entwicklung kaum zu haben. Doch ein Mythos trägt dazu bei, dass wir kulturell etwas ganz anderes lernen: Guter Sex sei nur in einer Atmosphäre der Angstfreiheit und in völliger Harmonie möglich. Und anders herum gesagt: Wenn Angst im Spiel sei, könne sich kein guter Sex ergeben.

Das stimmt, wenn wir von sexuellen Handlungen gegen den Willen eines Beteiligten sprechen. Erzwungener Sex, Gewalt, Verletzungen an Körper und Seele gehören zu den grausamen Kapiteln der Sexualität. Hier haben wir es immer mit dem Missbrauch von Macht zu tun. Das ist hier nicht unser Thema.

Angst vor dem Versagen

Angst kann in ganz verschiedenen Situationen entstehen, die für unsere Frage von Belang sind. Wir können für einen Moment eine Anleihe aus einem ganz entfernten Gebiet der Psychologie machen, der Leistungsmotivation. Hier wissen wir von einem interessanten Zusammenhang zwischen Leistung und Angst: In Testsituationen sind die Probanden dann am meisten motiviert, wenn sie eine gewisse, nicht zu große Portion Angst haben. Und entsprechend gut fällt dann auch die Leistung aus. Ist die Angst zu groß, wird die Leistung schlechter, weil dann die Belastung, der Stress, zu groß ist. Das kann man noch gut nachvollziehen. Aber auch wenn die Angst sehr gering ist (etwa die Angst durchzufallen und eine Prüfung nicht zu bestehen), sinkt die Leistungsmotivation und entsprechend die Leistung. Eine mittlere Angst ist motivierend. Das leuchtet einem im Leistungsbereich schnell ein: Eine zu schwierige Aufgabe demotiviert, weil ich das Gefühl habe, ich schaffe es sowieso nicht. Und so kann es schnell zu Gefühlen der Überforderung kommen und dazu, die eigenen Fähigkeiten zu unterschätzen. Misserfolg ist das Resultat. Umgekehrt kann eine zu einfache, anspruchslose Aufgabe langweilig sein, zu Unaufmerksamkeit führen und dazu, dass das Ergebnis schlecht ausfällt.

Bei der erotischen Entwicklung haben wir es mit einem ähnlichen Zusammenhang zu tun: Ist das erotische Geschehen zu ängstigend, reagieren wir mit sexueller Vermeidung und vielleicht auch mit sexuellen Funktionsstörungen. Die klassische Sexualtherapie, wie sie William Masters und Virginia Johnson erfunden haben, hat diesem Zusammenhang viel Bedeutung beigemessen. Sie erklärt viele sexuelle Störungen (vorzeitigen Samenerguss und Erektionsstörungen bei Männern, Erregungs- und Orgasmusstörungen bei Frauen). Demzufolge kommt es zu diesen Störungen, wenn die Angst vor dem sexuellen Versagen zu groß ist. Als Teufelskreises führt die Angst vor dem Versagen genau zu dem befürchteten Versagen. Das Versagen bestätigt die Angst und vergrößert sie.

Das heißt, ein gewisses Maß an Angstfreiheit ist notwendig, um sich auf Sexualität einlassen zu können. Wer Angst hat, ist sonst sehr beschäftigt mit den aufkommenden Gefühlen. Die Furcht davor, nicht wie gewollt zu funktionieren, kann die Aufmerksamkeit ganz vom sexuellen Erleben wegnehmen. Auch ein dauerndes Nachdenken darüber, auf welchen eventuell moralisch fragwürdigen Pfaden jemand gerade wandelt, kann eine erotische Situation zunichte machen.

Lernen, die Angst zu kontollieren

Die Angst wird dann in der Tat zum Gegner der Sexualität. Aus dieser Überlegung heraus hat die klassische Sexualtherapie eine Reihe von Übungen entwickelt, die dazu dienen, die Angst besser unter Kontrolle zu bekommen. Auch wenn manche Sexualtherapeuten skeptisch sind, ob diese Übungen ohne therapeutische Begleitung funktionieren können, schadet es meiner Ansicht nach nichts, sie zumindest vorzustellen. Schaden können sie eigentlich kaum.

Und: Probieren geht über studieren!

Am Anfang stehen ein paar Verhaltensvorgaben, mit denen ein Paar lernen kann, angstfreie Erfahrungen zu machen. Zentral ist die Verabredung, keinen Geschlechtsverkehr zu praktizieren.

Dadurch soll die Angst vor dem Versagen außer Kraft gesetzt werden. Die Gelegenheit zu scheitern wird ausgeschlossen.

Ablauf der Übungen

▸ Die Aufgaben beginnen damit, den nackten Partner zu streicheln. Derjenige, der gestreichelt wird, soll sich dabei entspannen. Dies machen die Partner im Wechsel, so dass jeder ein paar Mal in der empfangenden und ein paar Mal in der gebenden Position ist.

▸ Der zeitliche Rahmen ist auf jeweils fünf Minuten eng begrenzt und wird auch genau eingehalten.

▸ Jeder Schritt wird am folgenden Tag wiederholt und der nächste Schritt wird ergänzt. Damit lässt sich die Angst vor Erregung, Nähe und die Angst, überwältigt zu werden, im günstigen Fall nach und nach kontrollieren.

▸ Die jeweilige Phase ist erfolgreich abgeschlossen, wenn beide Partner sich angstfrei entspannen können. In jeder Phase kommt ein Element hinzu. Jeder Schritt ist ein Schritt in Richtung sexuelle Erregung.

▸ Übung 33: (Streichel-)Übungen in der klassischen Sexualtherapie

1. Phase: Streicheln des ganzen Körpers. Die Genitalien werden aber ausgespart.

2. Phase: Die Genitalien werden beim Streicheln oberflächlich mit einbezogen.

3. Phase: Zusätzlich zum Streicheln werden die Genitalien »erkundet«, aber nicht stimuliert.

4. Phase: »Spiel mit der Erregung«: Durch begrenzte genitale

Stimulation wird ein spielerischer Umgang mit Erregung im Sinne von Kommen und Gehenlassen erprobt.

5. Phase: Einführen des Penis ohne Bewegungen.

6. Phase: Einführen mit vorsichtigen Bewegungen.

7. Phase: Geschlechtsverkehr ohne Einschränkung.

Das schrittweise Vorgehen ist eine Art geduldiger territorialer (körperlich-erkundender) Arbeit. Dabei gewinnt die Entspannung langsam Land und die Angst gibt zunehmend Land ab. Die Übungen sind orientiert am Zugewinn an sexueller Angstfreiheit.

Weil die Angst verschwindet, kommen die »verschütteten Triebe« hervor. Sie kommen von selbst zu sich, wenn erst ihre Behinderung durch hemmende äußere oder verinnerlichte Normen abgetragen ist. Entspannung ist dabei das individuelle und paarpsychologische Ökotop, in dem Wohlbefinden, Selbstverwirklichung und Lust wachsen können. So jedenfalls ist die Theorie der klassischen Sexualtherapie.

Allerdings verspricht dieser Umgang mit der Angst nur dann wirklich Erfolg, wenn die Angst die erotischen Momente massiv behindert.

Ganz anders wirkt nämlich Angst, wenn sie als luststeigerndes Gefühl die Erregung beflügelt. Dann wäre es ganz fatal, Angstfreiheit zum Ziel zu haben. Eine Sicht auf die Sexualität, welche nur die Entspannung im Blick hat, wertet die lustfördernde Bedeutung der Angst ab. Das führt im besten Fall zu einer mittelmäßig funktionierenden Sexualität. Leidenschaft jedoch ist unter diesen Umständen dann nicht mehr möglich. Ganz im Gegenteil liegt in der Idee angstfreier Sexualität die Gefahr, Sex und Erotik zu verharmlosen. Mit der vollkommenen Entspannung werden alle anderen emotionalen Höhen der Erotik gleich mitgekappt.

Angstlust

Angst ist zudem ein großer Motor unserer Aktivitäten. Nicht nur in erotischer Hinsicht. Auch Risikosportarten leben von einem Kick, vom Ausstoß großer Mengen Adrenalin, Bungeejumping, Paragliding, Basejumping und selbst mit Skiern einen Abhang hinunterzubrettern, erzeugen Herzrasen und massive Hormonstöße. Und nicht selten stellen wir uns währenddessen die Frage, warum wir uns nun gerade in diesem Moment rasend, springend, fliegend diesem Risiko aussetzen.

Auch ein Thriller (thrill = Angstlust) im Kino lebt von der Spannung und der Lust auf dosierte Angst, die beim Zuschauer geweckt wird. Die mit einer Geschichte verbundenen Überraschungen, ihre unvorhersehbaren Wendungen und geheimnisvollen Abgründe sind maßgeblich für ihr Gelingen beim Publikum. Das ist das Gefühlsgemenge, wenn man verliebt ist. Ein gewisses Maß an Aufregung und Nicht-Vorhersehbarkeit fördert die erotische Leidenschaft. Erotische Überraschungen lassen das Herz wieder klopfen, sorgen für feuchte Hände und entzünden die Leidenschaft. Die körperlichen Symptome der Angst sind am Anfang der Beziehung die pulsierende Begleitmusik der Verliebtheit. Die Symptome verlieren sich in dem Maß, wie wir uns sicher sind, beim Partner in »festen Händen« zu sein.

So kommt es zu jener unerwünschten Nebenwirkung, die ich schon im Kapitel »Vom Können und Wollen«, Seite 34 ff., ausführlich beschrieben habe: Je mehr wir uns lieben und je mehr das Vertrauen wächst, weil wir das Verhalten des Partners vorhersehen können, desto weniger leidenschaftlich begegnen wir uns. Wenn wir den Partner noch nicht sicher haben, die Furcht vor dem Verlust also am größten ist, erreichen auch die Leidenschaft und der Sex ihre Gipfel.

Der erotische Thrill

Deswegen sind geheime Leidenschaften, ein Doppelleben oder Heimlichkeiten aller Art in besonderem Maß Triebfedern für erotisches Handeln – trotz oder wegen der möglichen negativen Konsequenzen beispielsweise im Fall eines Seitensprungs. Die Furcht davor, bei einer erotischen Handlung entdeckt zu werden, sorgt erst recht für den Kick in jenem Moment. Etwas mehr Angst, etwas mehr Verunsicherung, etwas weniger Vorhersehbarkeit bringt also den erotischen Kick zurück in die Beziehung. Es ist dann kein Wunder mehr, dass viele Paare berichten, gerade nach einem sehr heftigen Streit (ein Zeitpunkt, wenn die Distanz zwischen den beiden am höchsten und der Unterschied am größten ist) sei der Sex besonders gut gewesen.

Und so ähnlich kann man sich auch den Zusammenhang zwischen Angst und Spannung vorstellen, wenn man sich auf erotische Entwicklung in einer festen Partnerschaft einlässt. Die Risiken, über die wir im letzten Absatz gesprochen haben, machen genau die Angst aus, die einen im schlechten Fall in die Vermeidung alles Neuen treibt. Und die im guten Fall die Angstlust erzeugen, weil man um den Partner und die neue Ungewissheit zittern muss.

Die Empfehlung

Wenn Sie bei einer Übung Angst bekommen, wenn Ihnen unbehaglich ist, weil Sie nicht wissen, wie Ihr Partner reagiert, und wenn Sie dann das gleiche Gefühl haben wie beim ersten Mal, als Sie auf dem Drei-Meter-Sprungbrett standen und wippten, dann ... dann stellen Sie sich einfach vor, Sie sind inmitten eines Kriminalfilms, in dem Sie selbst die Hauptrolle spielen – und dessen Drehbuch Sie selbst weiterschreiben können. Dann wird es erst richtig spannend!

Sam:

Jetzt aber: rein in die Angst oder zurück zum alten Problem!

Und wenn Sie Kontakt zur Angst aufnehmen wollen, dann ist die nächste Übung genau richtig.

▶ Übung 34: Die Thrill-Übung

Stufe 1 – zum Aufwärmen: Überlegen Sie, in welcher Umgebung beim Sex Ihnen ein bisschen unbehaglich ist.

- **Haben Sie üblicherweise das Licht an beim Sex? Wie wäre es, wenn Sie es ausschalten? Und sich nicht mehr sehen, sondern nur noch durch Tasten und Streicheln spüren?**
- **Haben Sie gewöhnlich das Licht aus beim Sex? Wie ist Ihnen zumute, wenn Sie es anschalten?**
- **Wie steht es mit Sex im Zelt oder im Campingwagen, wenn die Nachbarn zuhören könnten? Oder in einem Zimmer Ihrer hellhörigen Wohnung, das an den Hausflur grenzt?**

Stufe 2 – die Thrill-Skala: Denken Sie sich mindestens sechs sexuelle Situationen aus – egal, ob Sie sie schon erlebt haben oder nicht – und schreiben Sie sie in Stichworten auf. Sie sollten stark variieren in Bezug auf die Angst, die sie Ihnen machen. Mit anderen Worten: Nehmen Sie relativ angstfreie und sehr angstbesetzte Situationen sowie solche mittlerer Ausprägung. Variieren Sie den Ort, die Praktiken, den Partner, die Szene, Ihr Verhalten, das des Partners usw.

Nehmen Sie dann ein Blatt Papier und zeichnen Sie eine Skala auf, die von O bis 10 reicht.
0: macht mir überhaupt keine Angst
10: macht mir größte Angst
Die anderen Werte zeichnen Sie entsprechend dazwischen. Nehmen Sie jetzt die eben ausgedachten Situationen und tragen Sie zu jeder Situation einen Skalenwert ein.

Stufe 3 – der Thrill-Talk: Sprechen Sie mit Ihrem Partner über das, was Sie auf Ihrer Skala eingetragen haben! Und hören Sie Ihrem Partner zu, was ihm unbehaglich ist – oder was ihn womöglich scharf macht.

- Wobei ist Ihnen besonders mulmig?
- Was finden Sie – trotz Unbehagen – auch reizvoll?
- Bei welchen sexuellen Fantasien und Gedanken dreht sich Ihnen der Magen um?
- Welche Situation löst in Ihrer Vorstellung besonders viel Abwehr und Angst aus?
- Was verursacht ein leichtes Prickeln? Spielen Sie mit Ihrer vorgestellten Angst! Beispiel: Sie haben als Situation aufgeschrieben: »Sex im halbdunklen Park, wenn jemand vorbeikommen könnte« und haben ihr einen Angstwert von 6 gegeben, also etwas überdurchschnittlich. Wie müssten Sie sich in dieser Situation verhalten, damit der Angstwert höher wird bzw. niedriger wird?

Spielen Sie das Gleiche mit Ihrem Partner durch!

Wichtig: Ermutigen Sie sich, die Angst anzusehen! Vermeiden Sie sie nicht. Reden Sie die Angst Ihres Partners nicht klein. Sagen Sie nie: »Du brauchst keine Angst (vor dieser Praktik) zu haben.« Besser: »Ja. Wie sehr erregt dich deine Angst?«

▪ Nutzen Sie den Adrenalinschub, um die Lust zu fördern! Testen Sie aus, wie weit Sie gemeinsam gehen können.

▪ Betrachten Sie Ihre Angst als einen Förderer und nicht als ein Hemmnis!

Sie haben meist zwei Möglichkeiten, Ihrer Angst Raum zu geben: als hinreichenden Anlass, etwas nicht zu tun. Oder aber als Hinweis auf den besonderen Reiz, der auf Sie wirkt und der Sie in Erregung versetzt. Angst kann neue Erfahrungen anstoßen. Die Angstlust und die mit ihr verbundene Erregung haben Sie zur Verfügung. Es liegt an Ihnen, diese Ressource zu nutzen!

Lösbare und unlösbare Probleme

Wir haben uns lange mit Zweifeln, mit Ambivalenzen und der Angst vor Veränderung beschäftigt. Wir haben uns also auf Widersprüche im Wollen konzentriert. Aber wie ist das mit dem Können? Wir entwickeln uns ja nicht einfach, bloß weil wir es wollen. Und schon gar nicht ändern wir die Beziehung zu unserem Partner, bloß weil wir es wollen.

Bei unserem Umgang mit den Veränderungen im erotischen Leben stellt sich die Frage: Können wir überhaupt etwas tun? Lohnt sich der Aufwand? Ist es uns möglich, so viel zu verändern, dass wir das Gefühl haben, all unsere Bemühungen sind fruchtbar und erfolgreich? Oder probieren wir Neues aus, muten uns womöglich noch einiges zu – und am Ende ist alles nutzlos. Viel Lärm um nichts also.

Das kann passieren. Das kann insbesondere dann passieren, wenn die Partner sich auf aussichtslose Ziele kaprizieren. Viele unzufriedene Paare richten ihre gesamte Veränderungsenergie auf

Probleme, die sich bei genauerem Hinsehen sowieso nicht verändern lassen. Und sind dann nach einiger Zeit erschöpft und frustriert, wenn sie merken, dass ihre Mühe umsonst war.

Fallbeispiel

Gerald hätte es gern, dass Katarina sexuell aktiver ist. Dafür tut er einiges. Er spricht mit ihr über seine Wünsche und fordert sie auf, ihm ihre sexuellen Wünsche mitzuteilen. Er macht Vorschläge. Er verführt. Er ist erfindungsreich – und sie genießt seine Künste durchaus. Katarina fühlt sich erotisch privilegiert und kann sich wirklich nicht beklagen. Aber Gerald fehlt etwas. Er fühlt sich zu sehr auf die Rolle des Akteurs festgelegt. Wie sonst auch. Gerald hat das Gefühl, dass er der »Kümmerer« ist. Wo er schon der Hauptverdiener ist, müsste sich Katarina doch im Gegenzug um das Haus und die alltäglichen Erledigungen kümmern. Aber sie ist ein Genussmensch. Ein wunderbarer Genussmensch, aber kein sehr gestaltender und aktiver Mensch.

Gerald wünscht sich mehr sexuelle Aktivität und Initiative von ihr. Sie weiß das auch, weil beide sehr offen über ihre Wünsche sprechen. Und so haben sie sich darauf eingelassen, die Rollen umgekehrt zu spielen. Es ging irgendwie. Es war auch nicht schlecht. Aber bisher hatte Gerald nicht den Eindruck, dass er Katarina zu der Aktivität hätte bringen können, die ihm so ein Anliegen ist. Er überlegt, was er falsch macht, was bei Katarina gehemmt sein könnte. Und er ist etwas genervt, dass er eine so inaktive Partnerin hat.

Gerald und Katarina haben ein unlösbares Problem. Bei den beiden geht es um Unterschiede ihres sexuellen Profils, die Unterschiede bleiben werden. Katarina liegt es einfach mehr, in die empfangende Position zu gehen. Sie empfindet das als für sich stimmig und »kommt« dann einfach besser. Sie ist bereit, Gerald entgegenzukommen und sich auf ein anderes Verhalten einzulassen. Aber echt ist es für sie nicht. Die authentische Katarina ist nicht sexuell initiativ, sondern braucht den initiativen und aktiven Partner. Den hat sie in Gerald auch, so dass für sie die sexuelle Welt in Ordnung ist. Gerald wirft ihr vor, dass sie sich nicht auf ihn einlässt. Er möchte, dass Katarina Sex so will wie er. Er versucht, ihr sexuelles Profil dem seinen anzugleichen. Da für ihn sexuelle Initiative so befriedigend ist, kann er es sich gar nicht vorstellen, warum sie sich diesen Genuss nicht auch gönnt. Und deshalb versucht er es weiter. Und Katarina bemüht sich, ihm entgegenzukommen.

Gerald versucht, ein unlösbares Problem zu lösen. Noch hofft er, noch hat er Reserven. Noch versucht er es, auf dem verführerischen Weg Katarina zu bewegen. Aber das ist aussichtslos. Warum? Weil er versucht, den Kern von Katarinas Profil zu verändern.

Fallbeispiel

Eine andere Situation finden wir bei Heike und Timo:
Immer wenn Timo ein Glas Sekt oder Wein über den Durst getrunken hat, macht er Heike ziemlich ungebremst sexuell an. Heike hat prinzipiell nichts dagegen, sie schläft gern mit ihm. Allerdings stört sie sein beschwipstes Verhalten. Sie hat das Gefühl, dass er sie gar nicht mehr wahrnimmt und sie mit ihren Zärtlichkeitswünschen nicht mehr bei ihm landen kann. Sie empfindet sich von ihm in eine abwehrende Haltung gedrängt, obwohl sie doch eigentlich gern mit ihm zusammen ist. Am nächsten Tag mag sie es ihm auch nicht mehr vorhalten, weil sie nicht nachtragend sein will und weil sie sich ja sonst auch verstehen. Heike versucht, Timo durch freundliche Andeutungen zu sagen, was sie nicht mag. Es ist aber bisher folgenlos geblieben.

Die beiden vorgestellten Fallbeispiele illustrieren zwei Arten von sexuellen Problemen, mit denen es Paare zu tun haben: ewige Probleme und lösbare Probleme.

Unlösbare Probleme sind typische Probleme

Bei unlösbaren Problemen wird der Konflikt von den Partnern als »typisch« gesehen, als Ausdruck eines Problems, das auch in anderen Lebensbereichen vorkommt. Das macht das Problem groß und bedeutungsvoll. Und unbeweglich. Weil es mit Charaktereigenschaften und tief verwurzelten Eigenschaften, dem »Wesen« eines Menschen zu tun hat.

Ein gutes Beispiel sind Temperamentsunterschiede der Partner: Er ist eher langsam und gründlich, sie ist schnell und flott. Dieser Unterschied ist noch kein Problem. Er wird aber zu einem, wenn der eine den anderen ändern möchte. Er will sie zu mehr Gründlichkeit bewegen. Sie möchte ihm seine Umständlichkeit abgewöhnen. Vergebliche Liebesmüh'! Das Temperament ist für Argumente und Einsicht nicht zugänglich. Der Versuch, solche Unterschiede zu verändern, kann zu so etwas wie »ehrlichem Bemühen« oder zu guten Vorsätzen führen. Letztlich quälen die Partner einander und sich selbst mit solchen aussichtslosen Veränderungsversuchen.

Ähnliches trifft für Unterschiede im sexuellen Profil der Partner zu. Manche Elemente des sexuellen Profils sind veränderbar. Manche sind sehr zeitstabil und ändern sich während des Lebens kaum. Im Fall von Gerald und Katarina könnte man die unterschiedlicheren sexuellen Temperamente und Vorlieben als relativ stabil und wenig änderbar ansehen. Auf dieser Basis haben sie sich ein ewiges Problem zugelegt.

Lösbare Probleme sind begrenzte Probleme

Lösbare Probleme drehen sich um ein begrenztes Verhalten. Sie greifen nicht auf andere Lebensbereiche über. Die Partner geben ihm keine »typische« Bedeutung. Und sie haben nichts mit tiefer liegenden und eingespielten Charaktereigenschaften zu tun. Timo und Heike geraten immer zum gleichen Anlass in einen Konflikt. Timos beschwipster Zustand ist für ihn ein sexueller Antörner, für Heike ein Abtörner. Das ist so gut wie jedes Mal so, wenn Timo etwas trinkt. Ansonsten haben die beiden ähnliche Vorstellungen, wie sie ihr Leben gestalten wollen, wie sie ihre Tochter erziehen und wohin sie in Urlaub fahren. Und auch darüber, was befriedigender Sex ist – ohne Alkohol.

Im Fall von Timo und Heike hat der Konflikt um den Alkohol keine weitere Bedeutung. Heike hat Timo nicht im Verdacht, Alkoholiker zu sein. Sie fürchtet auch nicht, dass er den Alkohol nutzt, um Distanz zwischen sich und sie zu bringen. Und das Thema spielt auch sonst zwischen den beiden keine Rolle. Heike macht ein lösbares Problem zu schaffen. Auch sie haben es noch nicht gelöst. Die Lösung steht noch bevor.

Sam:
Setze deine Energie vernünftig ein. Löse nur lösbare Probleme. Und nimm unlösbare Probleme entspannt zur Kenntnis.

Ob ein Konflikt auf ein lösbares oder ein unlösbares Problem zurückzuführen ist – auf die Qualität der Beziehung hat das keinen Einfluss. Das heißt, auch ein Paar mit einem ewigen Problem kann sexuell zufrieden miteinander sein. Und umgekehrt: Nur weil ein Paar sich in einem lösbaren Problem wiederfindet, bedeutet das nicht, dass es deswegen automatisch glücklicher damit ist. Auch lösbare Probleme können zur gravierenden Verschlechterung der Beziehungsqualität führen. Wenn sie nicht gelöst werden.

Ist unser Problem ein lösbares oder ein unlösbares?

Lösbare und unlösbare Probleme haben verschiedene Eigenschaften. Was bei dem einen Paar ein lösbares Problem ist, kann bei einem anderen Paar durchaus ein ewiges Problem sein. Daher gibt es keine aus dem Inhalt des Problems begründete Unterscheidung. Vielmehr ist es so, dass der partnerschaftliche Kontext und die jeweiligen charakterlichen Unterschiede eine entscheidende Rolle spielen, ob ein Problem dauerhaft in der Beziehung vorhanden sein wird oder ob es sich nur zeitweise festsetzt. Es ist sinnvoll, sich keiner Illusion hinzugeben: Wer sich auf einen Partner einlässt, holt sich zwangsläufig auch dessen Widersprüche, Besonderheiten und Einzigartigkeiten ins Haus. Wegen einiger Eigenheiten lieben wir unseren Partner. Wegen anderer raufen wir uns die Haare. Das eine ohne das andere zu bekommen, ist aber nicht möglich!

lösbares Problem	**unlösbares Problem**
Das Problem steht für sich selbst.	Das Problem steht stellvertretend für ein größeres Thema wie Vertrauen, Selbstsucht, Selbstverwirklichung.
Konfliktthemen sind problematische Verhaltensweisen.	Konfliktthemen sind Auffassungen, Anschauungen, Einstellungen, die mit lange eingespielten Persönlichkeitseigenschaften zusammenhängen.
Es bezieht sich auf ein spezielles Verhalten, das man zeigt – oder auch bleiben lassen kann.	Es bezieht sich auf Vorlieben und Wünsche, die man nicht frei wählen kann.

Eigenschaften von lösbaren und unlösbaren Problemen

Die Tabelle auf der vorigen Seite fasst ein paar Eigenschaften der lösbaren und der ewigen Probleme zusammen. Außerdem zeigt sie, welche Umgangsmöglichkeiten die Beispielpaare mitbringen.

Test 8: Haben wir lösbare oder unlösbare Probleme?

Nehmen Sie ein Problem, das Sie mit der Sexualität Ihres Partners haben oder früher einmal hatten. Beschreiben Sie das Verhalten Ihres Partners, das Ihnen Schwierigkeiten bereitet, genau:

Für mich ist es ein Problem, dass mein Partner ....

1. Wann tritt das Problem auf?
   a. nur bei manchen Gelegenheiten
   b. fast immer
2. Wie lange zeigt Ihr Partner das Verhalten schon?
   a. seit einiger Zeit
   b. seit ich ihn kenne
3. Ist das Problem auf die Sexualität begrenzt?
   a. im Wesentlichen ja
   b. Nein, es taucht auch in anderen Lebensbereichen auf.
4. Hat Ihr Partner das für Sie problematische Verhalten in Ihre Beziehung »mitgebracht«?
   a. Nein, das hat sich erst zwischen uns entwickelt.
   b. Ja, das hat er schon mit anderen Partnern früher gezeigt.
5. Kann Ihr Partner das für Sie problematische Verhalten, wenn er will, auch bleiben lassen?
   a. ja
   b. nein

Auswertung: Zählen Sie, wie oft Sie »b« angekreuzt haben. Wenn Sie vier oder fünf b-Antworten haben, handelt es sich sehr wahrscheinlich um ein unlösbares Problem. Sie können davon ausgehen, dass Ihr Partner das Verhalten beibehalten wird. Und dass Sie Energie sparen, wenn Sie dieses Verhalten nicht ändern wollen.

Was tun?

Wenn Sie ein sexuelles Problem angehen wollen, ist eine wichtige Voraussetzung, dass Sie lösbare mit unlösbaren Problemen nicht verwechseln. Der amerikanische Paartherapeut John Gottman, von dem diese Unterscheidung stammt, kommt zu der Einschätzung, dass die meisten Paarprobleme deshalb so lange bestehen bleiben, weil die Partner die beiden Problemtypen miteinander verwechseln. Dabei gibt es zwei Arten der Verwechslung:

- **Verwechslung 1:** Sie halten ein lösbares Problem für ein unlösbares. In diesem Fall haben Sie zu früh aufgegeben und Ihre Möglichkeiten nicht ausgereizt.
- **Verwechslung 2:** Sie halten ein unlösbares Problem für lösbar. In diesem Fall reiben Sie sich immer noch auf und verbrauchen Energie für Aktivitäten, die Sie anders besser nutzen könnten.

Wenn Sie ein Gefühl von Enttäuschung und Verbitterung nicht loswerden, lohnt es sich, noch einmal genau hinzusehen.

- Wenn Sie zu dem Ergebnis kommen, dass Sie das Problem für lösbar halten und dass sich die Investition lohnt: Im vorigen Kapitel finden Sie jede Menge praktischer Übungen.
- Wenn Sie zu dem Ergebnis kommen, dass Sie sich – ähnlich wie Gerald – in ein unlösbares Problem verrannt haben, was dann?

Beim Umgang mit ewigen Problemen sind nicht in erster Linie Handlungen und Taten gefragt. Wenn es nichts zu lösen gibt, gibt es nichts zu lösen. Die Rettung liegt darin, sich eine andere Haltung zuzulegen, die es erleichtert mit dem zu leben, was so ist, wie es ist. Mit Haltung ist also mehr als nur eine andere Sichtweise gemeint: Ich lege mir eine andere Grundeinstellung zu meiner Partnerschaft und zu mir selbst zu.

Dafür schlage ich Ihnen fünf goldene Regeln zum Umgang mit unlösbaren Paarproblemen vor.

Regel 1: Nehmen Sie das Verhalten Ihres Partners nicht persönlich

Das klingt schwieriger als es ist. Im Streitfall nehmen Sie natürlich alles persönlich. Ihr Partner beleidigt Sie, macht Ihnen Vorwürfe und wird Ihnen nicht gerecht. Ihr spontaner Impuls sagt Ihnen: kontern, verteidigen, rechtfertigen, rein in den Kampf! Geben Sie diesem spontanen Impuls nicht nach! Atmen Sie durch und machen Sie sich klar. Wenn Ihr Partner Sie beleidigt, hat er ein Problem, nicht Sie! (Es sei denn, Sie halten wirklich nicht viel von sich selbst und geben Ihrem Partner recht). Beispiel: Ihr Partner attakkiert Sie, Sie seien »gefühlskalt«. Wenn Sie sich selbst nicht für gefühlskalt halten, brauchen Sie das nicht persönlich zu nehmen. Lassen Sie das Problem dort, wo es herkommt – bei Ihrem Partner.

Regel 2: Genießen Sie die Resignation entspannt

Wie soll das gehen? Resignation und Entspannung? Doch, genau! Verwechseln Sie nicht Enttäuschung und Resignation. Das enttäuschte Gefühl will noch etwas ändern, das resignierte nicht mehr. Lassen Sie los! Und lassen Sie die Trauer darüber zu, dass Ihr Partner das für Sie so problematische Verhalten nicht aufgeben wird und dass Sie das Problem immer haben werden, solange Sie mit ihm zusammen sind. Nach einer traurigen Phase werden Sie sich erleichtert fühlen.

Regel 3: Nehmen Sie die Unveränderbarkeit als Zugewinn von Freiheit

Ich habe doch etwas verloren und nichts gewonnen, werden Sie sagen. Doch! Sie haben etwas gewonnen, nämlich Zeit, Freiheit, Energie und Platz für neue Aktivitäten, nachdem die nutzlos vergeudete Energie, Ihren Partner zu ändern, frei geworden ist. So können Sie sich neuen Aktivitäten zuwenden. Und es gibt ja so viel Interessantes zu tun!

Regel 4: Ändern Sie sich lieber selbst als Ihren Partner
Es ist einfach lohnender, sich selbst zu ändern. Mit sich selbst haben Sie 24 Stunden am Tag zu tun. Mit Ihrem Partner deutlich weniger. Und praktischer ist es auch: Sie haben einen Verhandlungspartner weniger, werden sich schneller einig und können sicher sein, dass Sie von der Veränderung auch selbst profitieren werden. Und Sie werden den Gewinn der Veränderung ständig mit sich herumtragen.

Regel 5: Gehen Sie nicht davon aus, dass Ihr Partner sich ändert, bloß weil Sie sich ändern
Laufen Sie nicht in die Falle, heimlich auf eine Veränderung Ihres Partners zu hoffen – womöglich aus Dankbarkeit oder Fairness, weil Sie schon angefangen haben. Wenn Sie das tun, sollten Sie erst einmal zu Regel 2 gehen. Ihr Partner folgt seiner eigenen Seelenlogik. Investieren Sie in sich selbst, nicht in Ihren Partner! Das ist für beide besser. Lassen Sie Ihren Partner in Ruhe!

Falsche Wahrheiten über Sex demontieren

Tipps zur ideologischen Entspannung

Die sexuellen Mythen unserer Gesellschaft

Wir haben uns bisher viel mit Ihrer Partnerschaft beschäftigt. Zum Schluss noch ein raffinierter Parcours durch einige Hindernisse. Hier können Sie prüfen, wie weit Sie mit Ihrer sexuellen Selbstbestimmung gekommen sind. Wie authentisch Sie als sexuelle Person denken, fühlen und handeln, hängt auch davon ab, wie Sie sich zu dem verhalten, was Ihre Umgebung Ihnen einredet. Teilweise laut und penetrant, aber teilweise aber auch subtil und leise. Ich spreche von den sexuellen Mythen unserer Gesellschaft.

Kulturelles Umfeld der Erotik

Sex in langjährigen Beziehungen hängt nicht nur vom Können und Wollen, von Leidenschaft und Zuneigung der Partner ab. Liebe und Sexualität entwickeln sich vielmehr in einem bestimmten kulturellen Umfeld. Der kulturelle Hintergrund bringt die Bedeutung ins Spiel, die wir dem Sex geben: Darin zeigen sich christlich-abendländische Einflüsse genauso wie die der Aufklärung, der sozialen oder biologischen Wissenschaft, der romantischen Literatur oder ethische Grundsätze, die den Wertekanon unserer Gesellschaft bestimmen. Und natürlich die Medien – all das, was Funk, Fernsehen und die Presse so alles von sich geben. Es ist verflixt: Wir wissen, dass uns das beeinflusst – und doch können wir uns dem schwer entziehen. Wir leben in dieser Welt und können diese Umgebung schwer ignorieren. Jeder Einzelne bezieht aus diesem kulturellen Hintergrundrauschen Anhaltspunkte dafür, wie der Sex zu sein hat: wie oft, wie lange, wie laut, wie wild, wie liebevoll, wie zart, wie umwerfend, wie experimentell.

Aus den kulturellen Begleitumständen der Erotik formen sich Mythen. Das sind Geschichten, die wahr erscheinen, weil sie schon so oft von so vielen erzählt wurden. Und weil man sie so oft gehört hat, kommen sie einem so offensichtlich und wirklich vor. Das Teuflische dran: Wenn man es für wirklich hält, wird es das auch. Aber bei den meisten Mythen lohnt sich ein zweiter Blick.

Mythen sind doppelgesichtig

Mythen können uns darin unterstützen, Orientierung zu finden, können Halt geben und die komplizierte Welt übersichtlich erscheinen lassen. Ein Mythos wie »Wenn zwei sich lieben, funktioniert der Sex von ganz allein« koppelt Liebe eng an die Sexualität – und lässt uns leicht verstehen, dass Erotik in der Phase frischer Verliebtheit oft fast wie von selbst funktioniert. Derselbe Mythos aber kann uns irgendwann darin behindern, uns erotisch zu entfalten. Er hemmt uns, wenn wir bemerken, in einer langjährigen Beziehung funktioniert der Sex eben doch nicht von allein – trotz aller Harmonie und Liebe. Glauben wir in einer solchen Situation weiterhin an den Mythos, wird es unmöglich, etwas gegen die nachlassende sexuelle Erregungskurve zu unternehmen. Stattdessen fangen wir dann an, an der Liebe zu zweifeln ...

Eben weil es kein »richtiges« Bewusstsein, keine wirkliche Wahrheit über Sex gibt, gibt es auch keine Mythen im Sinn von Märchen, deren Unwahrheit enttarnt werden müsste. Auch die Wissenschaft hilft uns wenig. Sie liefert hier und da ein paar Daten, aber keine großen Wahrheiten, um sexuelle Mythen aufzudecken.

Mit Mythen spielen und sie entkräften

Es liegt an uns, die wir die Mythen nutzen, ob wir uns von ihnen inspirieren lassen. Wir entscheiden, ob wir uns von einem erotischen Mythos so beeindrucken lassen, dass wir ihn für wahr erachten. Mythen werden mächtig durch diejenigen, die ihnen ihren großen Stellenwert zumessen. Also durch uns selbst. Es ist der große Gewinn der sexuellen Selbstbestimmung, dass wir keine Instanz über uns haben, die uns sagt, was gilt. Wir können selbst entscheiden, was wir für wahr halten. Aber wir müssen es auch selbst entscheiden. Freiheit verpflichtet!

Im Tagebau der erotischen Mythen lassen sich zahlreiche Fundstellen ausmachen. Einige davon will ich ansprechen. Dabei möchte ich Sie dazu auffordern, mit diesen Mythen zu spielen, sie zu zerpflücken, sie von verschiedenen Seiten zu betrachten. Denken Sie die Mythen ernsthaft zu Ende, so seltsam das auch sein mag! Und betrachten Sie die Mythen als Ballons voller bedeutungsschwerer heißer Luft, die Sie kontrolliert entweichen lassen können.

Ich möchte einige Mythen besprechen, die Ihnen bekannt vorkommen werden. Sam, unsere unentwegte Advokatin für sexuelle Selbstbestimmung, spottet über die Mythen. Und Sam zeigt, wie sich der Mythos entkräften und demontieren lässt – wenn Sie wollen. Nur wenn Sie wollen! Denn das bedeuten sexuelle Freiheit und Selbstbestimmung auch: Sie haben das gute Recht, all den Mythen nachzuträumen, die Sie faszinieren oder die Ihnen helfen, die Welt, Ihren Partner und womöglich sich selbst besser zu verstehen.

Mythos 1: Jugend = guter Sex, Alter = schlechter Sex

Die Sexualwissenschaft kennt keine gut gesicherte und einigermaßen befriedigende Theorie der sexuellen Entwicklung über das Alter. Das macht Alltagsmythen über sexuelle Lebensphasen konkurrenzlos – entsprechend stark und dominant sind sie.

Der mächtigste kulturelle Alltagsmythos über sexuelle Lebensphasen besagt im Kern, dass die Sexualität in der späten Jugend und im frühen Erwachsenenalter reich, überschwänglich, im Vollbesitz ihrer Kräfte sei. Im Lauf der Jahre lassen Kraft, Saft, Interesse und Fähigkeit nach. Im Alter sei dann außer Mühsal und Erinnerung an bessere Zeiten kaum mehr etwas Erotisches vorhanden. Der Mythos beschreibt eine mit dem Alter abnehmende Verlaufskurve, deren Neigungswinkel man im günstigen Fall verlangsamen, aber nicht aufhalten kann. Dieser Mythos ist für Frauen noch eine Spur radikaler als für Männer.

Im Kern ist dieser Mythos naturalistisch. Er bewertet besonders die jugendliche Kraft positiv, er schätzt die mit dem Alter zunehmende sexuelle Erfahrung gering. Diese wird nicht als Ressource wahrgenommen und bewertet. Ein alternativer Mythos erotischer Weisheit oder Reife findet sich in unserer Kultur nicht. Gäbe es ihn aber, würde ein solcher Mythos wahrscheinlich die erotische Qualität gegenüber der sexuellen Funktion und dem Wert der sexuellen Vollzugshäufigkeiten bevorzugen. Dazu gehört auch die altersmilde Gelassenheit gegenüber der Veränderung der sexuellen Wünsche.

Sam spottet:

So hältst du den Mythos am Leben:

- Beklage häufig dein zunehmendes Alter!
- Denke über Schönheitsoperationen nach!
- Betrachte im Spiegel die welk werdende Haut und zähle die Falten!
- Sprich viel über Krankheiten!
- Eigne dir Witze über alte Menschen an und erzähle sie möglichst oft!

Sams Tipp:

So kannst du den Mythos demontieren:

- Überlege, was du als Liebhaber/in in den letzten Jahren dazu gewonnen hast.
- Überlege, was du über Erotik mit 20 Jahren noch nicht wusstest.

Fallbeispiel

Bärbel ist seit 20 Jahren mit ihrem Mann Rolf verheiratet und fühlt sich zunehmend unattraktiv. Sie glaubt ihm jeden Tag weniger, dass er sie wirklich begehrt. Sie denkt, er schläft nur noch aus Mitleid mit ihr. Er ist zunehmend genervt, dass sie ihm so sehr misstraut. Seit vielen Jahren lebt Bärbel in der Furcht, Rolf werde sich früher oder später eine jüngere, attraktivere Frau suchen. Rolf versucht, Bärbel Komplimente zu machen, sie zu hofieren. Je mehr er das tut, desto stärker wird ihr Eindruck, er mache das sowieso nur, um ihr einen Gefallen zu tun und nicht, weil er es tatsächlich so empfindet.

Es handelt sich um eine Variante der Wahrnehmung, dass am Anfang (oder früher) alles besser war. Das wird gelegentlich auch von älteren Menschen zum Besten gegeben. Dahinter steht die Idee, dass Jugend, jugendliche Kraft und Energie ausschließlich positiv sind – und Alter das Gegenteil davon. Nicht die zunehmende Erfahrung rückt ins Zentrum der Wahrnehmung, sondern der körperliche Verfall, die müden Knochen, die nicht mehr so beweglich sind, und das Fleisch, das nicht mehr so fest ist wie früher.

Mythos 2: Wenn zwei sich lieben, funktioniert der Sex von ganz allein

Die Liebe ist die Königin des Sex. Wenn sie regiert, folgt der Sex gehorsam und von selbst. Alles funktioniert gesteuert wie von Zauberhand – scheinbar ohne das Zutun der beiden Partner. Sex ist das i-Tüpfelchen der Verliebtheit. Wer an den Mythos glaubt, dass Sex ganz von allein funktioniert, wenn zwei Menschen sich lieben, geht davon aus, dass die Liebe dem Sex vorausgehen muss. Wer liebt, hat auch keine Probleme beim Sex. Und umgekehrt: Wer Probleme beim Sex hat, bei dem stimmt etwas mit der Liebe nicht.

Fallbeispiel

Miriam ist seit zwei Jahren mit Noah zusammen. Beide leben in verschiedenen Wohnungen. Drei bis vier Abende in der Woche verbringen sie miteinander. Seit sie sich kennen lernten, ist es selbstverständlich, einen gemeinsamen Abend auch gemeinsam zu beenden, entweder bei ihm oder bei ihr. Miriam fühlt sich wohl und geborgen – und ist sich sicher, ihren Traummann gefunden zu haben. Es trifft sie deshalb mit Wucht, als ihr Freund sie eines Abends fragt, ob sie nicht beim Sex kreativer sein könnten. Der Sex mit ihr beginne, ihn zu langweilen.

Noah: »Es ist alles total lieb und so. Aber richtig aufregend finde ich es nicht.«

»Aber es hat dir doch die ganze Zeit gefallen«, erwidert Miriam. »Liebst du mich denn nicht mehr?«

»Klar lieb' ich dich«, sagt Noah, »aber mir passiert zu wenig zwischen uns beiden, wenn wir Sex haben.«

Miriam fällt der Himmel auf den Kopf. Sie fragt sich, wie sehr sie sich in Noah getäuscht habe, wenn er nun so etwas zu ihr sagt. Hat er ihr seine Liebe nur vorgegaukelt?

Die arme Miriam. Herz und Sex sind bei ihr innig verbunden. Eines geht nicht ohne das andere. Für sie. Sexuell etwas anders zu machen, heißt für sie, ihre Liebe infrage zu stellen. Für Noah ist das anders. Er liebt sie. Aber das spricht sich nicht durch bis zu seinem Sex.

Liebe und Sex als teilweise unabhängig voneinander zu betrachten, kann eine große Entlastung sein. Sex drückt nicht immer Liebe aus. Manchmal drückt Sex gar nichts aus – man macht ihn einfach. Und manchmal geht es sexuell nicht so aufregend zu: Das kann sehr viel bedeuten. Es kann Ihre Partnerschaft gefährden und damit Ihre Lebensqualität gründlich verderben. Und manchmal bedeutet es gar nichts. Es ist einfach so!

Sam spottet:

So kannst du den Mythos am Leben halten:

- Suche lange und intensiv, bis du auf den Richtigen/die Richtige triffst!
- Gehe erotischen Experimenten unbedingt aus dem Weg!
- Wenn dein Partner sexuelle Unzufriedenheit äußert, prüfe ihn streng, ob er dich noch liebt.
- Wenn du sexuell unzufrieden bist, überlege lange, ob du deinen Partner wirklich noch liebst. Grüble so lange, bis du etwas gefunden hast.
- Mach auf keinen Fall Sex einfach so oder aus Spaß. Das wäre nicht liebevoll.

Sams Tipp:

So demontierst du den Mythos:

- Mach einfach mal langweiligen Sex mit deinem Partner und sag ihm, dass du ihn liebst.
- Mach deinen Partner sexuell an, wenn du gar nicht gut auf ihn zu sprechen bist.
- Rechne in deiner Partnerschaft sowohl mit gutem als auch mit nicht so gutem Sex!
- Unterscheide zwischen der Liebe zu deinem Partner und dem erotischen Leben mit deinem Partner!

Mythos 3: Regelmäßiger Sex ist wichtig

Die Häufigkeit von Sex in Liebesbeziehungen ist immer wieder Gegenstand des kulturellen Smalltalk. In den Schlafzimmern sei nichts los, liest man, bloß weil sexualwissenschaftliche Studien zum Ergebnis kommen, dass viele Paare nur einmal im Monat Sex haben. Jeder kann Martin Luther zitieren: »In der Woche zwier – schadet weder dir noch ihr – macht im Jahre hundertvier.« Gemeint ist zweimal Sex pro Woche. Studienergebnisse, die Häufigkeiten von Geschlechtsverkehr und anderem erotischem Verhalten erfragen, bringen uns auf Gedanken, wie viel Sex wohl angemessen ist. Und seit ein paar Jahren gibt es den Begriff der sexuellen Gesundheit, »sexual health«, der uns neben fettarmer Kost noch die körperliche Lust als gesundheitsdienlich nahe legt.

Zu allem Lebendigen gehört der Wechsel, die Variation. Phasen ohne Sex gehören zu langjährigen Beziehungen genauso wie intensive Nächte. Und liebevolle Begegnungen ebenso wie müde Quickies vorm Einschlafen. Leidenschaft des Anfangs wie die Gelassenheit der Erfahrung. Es gibt genug Gründe, asexuelle Phasen zu haben: Schwangerschaften, körperliche und seelische Erkrankungen, Phasen beruflicher Anspannung, Belastungen durch Angehörige, kleine Kinder usw.

Dieser Mythos beschämt zu Unrecht jene, die schon wochen-, monate- oder jahrelang keinerlei Sex mit dem Partner hatten – und damit durchaus glücklich leben. Wer sich diesem Mythos verschreibt, wird unglücklich und steht unter Handlungsdruck, wenn es in der Partnerschaft zu sexfreien Phasen kommt.

Sam spottet:

So kannst du den Mythos am Leben halten:

- Führe die. »partnerschaftliche Pflichtübung« (Seite 188 f.) durch.
- Führe mit deinem Partner besorgte Gespräche, wenn ihr längere asexuelle Phasen hattet.
- Nimm Unregelmäßigkeiten nicht auf die leichte Schulter.

Sams Tipp:

So demontierst du den Mythos:

- Betrachte dein Sexualleben als lebendige Geschichte.
- Entwickle zu lustlosen und zu lustvollen Phasen deines Lebens ein gleich gutes Verhältnis.

Mythos 4: Sex muss Spaß machen

Dies ist ein scheinbar harmloser Mythos. Seine Wirkungskraft ist nicht unmittelbar zu erkennen. Immerhin macht Sex manchen Menschen in bestimmten Situationen mit bestimmten Partnern wirklich Spaß. Das kommt vor. Was ist daran ein Mythos? Er liegt darin, dass eine mögliche Erlebnisvariante, der Spaß, als das Eigentliche am Sex deklariert wird. Diese Gleichsetzung ist unzureichend. Sie drängt eine Menge möglicher anderer Erlebnisweisen des Sex an den Rand. Der Mythos lässt die anderen Varianten des Erlebens mithin als weniger bedeutsam erscheinen: Sex kann verärgern und traurig machen. Sex kann Harndrang provozieren. Sex kann Angst auslösen. Sex kann Gefühle von Demütigung hervorrufen. Sex kann nachdenklich machen, gewaltbereit, rachedurstig, ohnmächtig, müde. Sex kann ernsthafte Nähe erzeugen, Innigkeit wachrufen und noch vieles andere. Wir können uns verzweifelt, ausgeliefert, stolz oder leichtsinnig fühlen. Ja, Spaß ist auch immer mal wieder dabei. Aber eben nicht nur, sondern unter anderem.

Fallbeispiel

Michel und Miriam begegnen sich erstmals in Indien, auf einer Weltreise. Miriam ist fasziniert von Michels Lockerheit, seiner Offenheit, seiner Zugänglichkeit, seinem sonnigen Gemüt. Mehrere Monate reisen sie gemeinsam. Nach ihrer Rückkehr beschließen sie, sich eine gemeinsame Wohnung zu suchen. In ihrem neuen Zuhause behält er sein sonniges Gemüt. Michel gewinnt dem Leben, der Liebe und dem Sex ausschließlich positive Seiten ab. Miriam hingegen zeigt sich im neuen Leben von einer ganz anderen Seite. Für Miriam ist Sex eine zwiespältige Angelegenheit. Sie erzählt Michel erst später von ihrer schlimmen Erfahrung, die sie mit Klaus, dem Lebensgefährten ihrer Mutter, gemacht hatte, als sie mit zwölf Jahren eben in die Pubertät gekommen war. Durch die

Beziehung mit ihm war die Mutter – und damit auch Miriam und ihr Bruder– aus ihren äußerst engen materiellen Verhältnissen herausgekommen. Dadurch entstand aber auch eine Abhängigkeit, was für Miriam Furchtbares bedeutete. Sie konnte sich lange nicht gegen die sexuellen Übergriffe von Klaus wehren. Am schlimmsten waren für sie Klaus Bemerkungen, ihr habe das doch auch gefallen.

Miriam ist froh, dass sie Michel hat. Sie ist auch erleichtert, dass er von der Vorgeschichte weiß. Er versucht, sie aufzumuntern. Und manchmal ist seine unbeschwerte Heiterkeit auch ansteckend. Manchmal auch nicht. Und so kommt es, dass Miriam gelegentlich mitten im Liebesspiel aussteigt und Michel bittet aufzuhören.

Miriams Sexualleben hat die Narbe des früheren Missbrauchs. Die kichernde Schüchternheit, mit der andere Mädchen ihre ersten Erfahrungen machen, konnte sie nicht erleben. Ihre ersten Erfahrungen waren nicht ihrem Alter gemäß unschuldig, sondern brutal. Damit ist ihr Sexualleben nicht zwangsläufig dauerhaft gestört. Aber den unbeeinträchtigten Spaß, den Michel erlebt, kann sie nicht ohne weiteres haben. Unser sexuelles Erleben ist nicht nur vom Erleben im Hier und Jetzt bestimmt, sondern auch von der Vergangenheit geprägt. Wir entkommen unserer Geschichte nicht.

Sam spottet:

So kannst du den Mythos am Leben halten:

- Zwinge dich zu sexueller Heiterkeit, wenn dir mal nicht danach ist.
- Nimm Antidepressiva, wenn du nachdenklich bist.
- Wenn dein Partner ein sexuelles Problem hat, erzähl ihm einen Witz.
- Suche, was bei dir falsch sein könnte, wenn du mal beim Sex keinen Spaß hast.

Sams Tipp:

So kannst du den Mythos demontieren:

- Akzeptiere deine Geschichte. Du hast sie sowieso.
- Langsamer Sex ist so gut wie schneller Sex. Inniger Sex so gut wie flotter Sex.
- Manchmal macht Sex keinen Spaß. Ohne dass du irgendetwas falsch gemacht hast.

Mythos 5: Am Anfang der Beziehung ist der Sex am besten, deshalb soll es so bleiben wie am Anfang

Allem Anfang wohnt ein Zauber inne, dichtete einst Hermann Hesse. Auch der Anfang einer Liebesbeziehung ist meist zauberhaft – und aufregend zugleich. Die Partner fühlen sich magisch zueinander hingezogen. Sie möchten sich nahe sein, alles miteinander teilen. Sie vergessen die Welt um sich herum. Die Verliebten werden von Symptomen befallen, die sie als Verliebtheit deuten, die aber auch Flucht und Angst kennzeichnen: Herzrasen, Schweißausbrüche, ein flaues Gefühl im Magen, Appetitlosigkeit. Die Unkenntnis des Fremden reizt die Partner. Die Ungewissheit darüber, wie es weitergeht, zieht sie an. Die Partner sind aufgeregt und neugierig. Das Ungewisse erzeugt einen enormen erotischen Reiz. Und doch sehnen beide sich danach, die Aufregung zu stabilisieren – sich fest zu binden.

Die Lust stellt sich anfänglich also von ganz allein ein. Die Partner kennen sich nicht. Sie nähern sich einander unvoreingenommen an. Dadurch werden erotische Erfahrungen und Erlebnisse möglich, die einprägsame Spuren hinterlassen. Jahre später erwecken diese Spuren dann den Eindruck: Am Anfang war alles besser! Beide wünschen sich in den ersten Tagen und Wochen sehr, all das möge lange so bleiben. So leicht, so unbeschwert und so wenig einengend soll der Sex auch später noch sein. Irgendwann ist diese Zeit unwiderruflich vorbei. Die Lust fällt nicht mehr vom Himmel. Sie muss der Beziehung abgerungen werden. Die Partner müssen ihre Lust aktiv hegen und pflegen. Selbst wenn der Sex genauso bleibt wie am Anfang, die Partner werden dennoch das Gefühl haben, alles habe sich abgeschwächt. Sex wird also ganz von selbst schlechter, weil die Wahrnehmung aus dem Besonderen etwas Gewöhnliches macht ...

Fallbeispiel

Bastian ist verliebt. Mit Feuer und Flamme. Dieses Mal ist er wirklich davon überzeugt, dass Silvia die Frau seines Lebens ist, mit der er viele Jahre zusammenbleiben wird. Mit Petra ging es nach drei Jahren zu Ende. Lisa lernte einen anderen Mann kennen. Mit Martina hatte er nach der Geburt von Nico nur noch eine Vater-Mutter-Beziehung ...

Bastian glaubt, wie viele Menschen, den Mythos kippen zu können. Und fällt ihm dabei doch ständig zum Opfer – wie viele andere Menschen auch: sie sind verliebt in die verrückte, aufregende Phase der Verliebtheit. Gewohnheiten, Rituale, wiederkehrende Momente, das alltägliche Beziehungsdasein fürchten sie wie der Teufel das Weihwasser. Dann stellt sich plötzlich ein Gefühl von Leere ein. Das Strohfeuer ist abgebrannt. Bastian will die geschichtslose Liebe, den Sex ohne Alter. Ohne Entwicklung!

Kein Wunder, dass Bastian auf die eigene Illusion hereinfällt. Der Mythos selbst gründet sich auf einer Überhöhung. Sie ist darauf zurückführen, dass die Partner zu Beginn einer Beziehung angesichts der begehrten Frau oder des begehrten Mannes ohne größere Anstrengung und ganz von allein Lust empfinden.

Menschen wie Bastian wollen ewig jung bleiben. Statt klug älter zu werden. Sex und Rotwein werden nicht schlechter mit dem

Alter. Nur anders. Wenn die Substanz da ist. Nehmen Sie das Alter – und auch das Beziehungsalter – als Ressource, nicht als Last. Wer älter ist, weiß mehr Bescheid. Reif sein heißt: zur vollen Blüte kommen. Der Anfangsrausch ist blinde Liebe. Reifer Sex ist sehende Liebe!

Sam spottet:

So kannst du den Mythos am Leben halten:

- Sorge dafür, dass du ewig jung bleibst.
- Beende deine Beziehungen spätestens nach drei Monaten, vier Wochen wären sogar noch besser für den Erhalt des Mythos!
- Verwirf den Gedanken, du könntest dich als Paar erotisch weiterentwickeln!
- Falls es langweilig wird: beschuldige deinen Partner.
- Für Männer: suche dir immer jüngere Geliebte.
- Für Frauen: beklage, dass die Männer auch nicht mehr das sind, was sie früher mal waren.
- Komme deinem Partner nie näher als am Anfang, als er dir noch fremd und unbekannt war!

Sams Tipp:

So kannst du den Mythos demontieren:

- Denke in Phasen.
- Bringe in Erfahrung, was dein Partner will!
- Der Anfang ist nur der Anfang!
- Bleibe deinem Partner gegenüber neugierig. Der ändert sich mehr als du glaubst.

Erotische
Passung
Wo stehen Sie
miteinander?

Der Stand Ihrer erotischen Entwicklung

Sie sind jetzt in einer günstigen Situation. Sie haben alle Voraussetzungen, sich einen genauen Überblick über den Stand Ihrer erotischen Entwicklung zu verschaffen:

▶ Sie haben sich mit der Frage auseinander gesetzt, ob für Sie mehr das sexuelle Können oder das sexuelle Wollen von Bedeutung ist. Ob Sie eher dem entsprechen möchten, was als normal gilt und was von einer Frau oder einem Mann erwartet wird, oder ob Sie Farbe bekennen zu Ihrem individuellen eigenen Begehren.

▶ Sie haben den sexuellen Umgang mit Ihrem Partner neu durchdacht: ob Sie weiter versuchen, es Ihrem Partner recht zu machen und vor lauter Vor- und Rücksicht das zu kurz kommen lassen, was Ihre eigene Sexualität ausmacht. Oder ob Sie es darauf ankommen lassen, Ihr erotisches Profil zur Geltung zu bringen und sich mit dem Profil Ihres Partners auseinander zu setzen. Und ob Sie sich dem Unterschied Ihrer beiden erotischen Profile stellen wollen.

▶ Sie wissen genauer, ob Sie sich darauf einlassen wollen, aus alten, unbefriedigenden Verhaltensmustern auszusteigen und neue Verhaltensweisen auszuprobieren. Vor allem ist Ihnen Ihre persönliche Spiel- und Experimentierfreude klarer geworden – ob Sie eher viel Sicherheit brauchen und schon vorher wissen müssen, wie alles ausgeht, oder ob Sie es auch drauf ankommen lassen. Ob Sie Probieren wichtiger als Studieren finden.

▶ Sie können die Angst einschätzen, die es Ihnen macht, wenn Sie neue Schritte in Ihrer erotischen Entwicklung gehen. Und Sie haben die Güterabwägung vorgenommen, ob sich der Aufwand lohnt – oder ob Sie doch lieber alles so lassen, wie es ist.

So ist das bei Ihnen. Und bei Ihrem Partner? Erotische Entwicklungen verlaufen meist nicht genau synchron. Meist ist der eine Partner einen Schritt voraus und der andere zieht mit, wehrt sich, braucht Bedenkzeit, macht einen anderen Schritt. Jeder Partner folgt seiner eigenen Logik und seinen eigenen Gefühlen. Das kann dazu führen, dass Sie an manchen Stellen Ihres Weges weiter auseinander sind, als Ihnen lieb ist. Das muss nicht schlimm sein, wenn Sie in Bewegung bleiben und einigermaßen im Bild sind, wo Ihr Partner gerade steht. Und ob Sie noch in Sichtweite und in Hörentfernung zueinander sind.

Mit dem nächsten und letzten Test können Sie einschätzen, wie weit Sie miteinander gekommen sind. Wie bei allen Tests und Übungen in diesem Buch gibt es auch hier keine richtigen und falschen Antworten. Denn Sie sind es, der entscheidet, wie viel Gemeinsamkeit und wie viel Unterschied Ihnen gut tut und zu Ihnen passt.

▶ Test 9: Unsere erotische Passung

▪ Dieser Test ist für beide Partner gedacht. Füllen Sie die Fragen zunächst getrennt aus.

▪ Im zweiten Schritt vergleichen Sie dann Ihre Ergebnisse.

Der Test komprimiert die Fragen, die sich auf die vier Kernbotschaften beziehen, die Sie ja bereits im Kapitel »Neue Freiheiten und selbstbestimmte Erotik«, Seite 8 ff., kennen gelernt haben, und ist entsprechend kurz.

▪ Nehmen Sie ein Blatt kariertes DIN-A4-Papier und teilen Sie es in eine obere und eine untere Hälfte.

▪ In jede Hälfte tragen Sie vier Skalen ein, die jeweils von 1 bis 5 reichen. In die obere Hälfte kommen dann die Werte für Sie selbst, in die untere Hälfte die für Ihren Partner.

Test 9: Unsere erotische Passung

Frage 1: Können und Wollen

Ich sehe Sex als etwas Normales, das manchmal klappt, manchmal nicht.	Ich sehe Sex als etwas sehr individuelles, das man selbst gestaltet.

1 --------- 2 --------- 3 --------- 4 --------- 5

Frage 2: Partnerbestimmt oder selbstbestimmt?

Mir ist vor allem wichtig, es meinem Partner beim Sex angenehm zu machen.	Mir ist es wichtig, dem Partner auch dann zu zeigen, was ich sexuell will, wenn er nicht gleich damit einverstanden ist.

1 --------- 2 --------- 3 --------- 4 --------- 5

Frage 3: Neugier und Spielbereitschaft

Ich muss beim Sex zuverlässig wissen, wie wir miteinander umgehen.	Ich bin zu allen möglichen sexuellen Experimenten bereit.

1 --------- 2 --------- 3 --------- 4 --------- 5

Frage 4: Risikobereitschaft

Wenn mir die Veränderung Angst macht, lasse ich mich nicht darauf ein.	Veränderungen gehen nur mit Risiko. Das nehme ich in Kauf.

1 --------- 2 --------- 3 --------- 4 --------- 5

Kreuzen Sie für jede Frage an, welche Position Ihnen am ehesten entspricht. Die beiden Extrempositionen 1 und 5 sind kurz beschrieben. Wenn diese nur teilweise zutreffen, kreuzen Sie entsprechend 2 oder 4 an. Wenn beide zutreffen, kreuzen Sie 3 an.

Test 9: Unsere erotische Passung, Fortsetzung

Auf der unteren Seite des Blattes geben Sie an, wie Sie die Position Ihres Partners einschätzen.

Ich selbst

Können und Wollen

1 --------- 2 --------- 3 --------- 4 --------- 5

Partnerbestimmt oder selbstbestimmt?

1 --------- 2 --------- 3 --------- 4 --------- 5

Neugier und Spielbereitschaft

1 --------- 2 --------- 3 --------- 4 --------- 5

Risikobereitschaft

1 --------- 2 --------- 3 --------- 4 --------- 5

Mein Partner

Können und Wollen

1 --------- 2 --------- 3 --------- 4 --------- 5

Partnerbestimmt oder selbstbestimmt?

1 --------- 2 --------- 3 --------- 4 --------- 5

Neugier und Spielbereitschaft

1 --------- 2 --------- 3 --------- 4 --------- 5

Risikobereitschaft

1 --------- 2 --------- 3 --------- 4 --------- 5

Ihr Partner macht das Gleiche auf seinem Blatt.

Auswertung

1. Vergleich Selbsteinschätzung und Einschätzung durch den Partner: Vergleichen Sie zunächst, ob sich Ihre Selbsteinschätzung und die Einschätzung durch Ihren Partner in wesentlichen

Punkten unterscheiden. Diskutieren Sie, wie diese Unterschiede zustande kommen. Lassen Sie sich von Ihrem Partner aber keinesfalls überreden. Bleiben Sie im Zweifelsfall bei Ihrer Selbsteinschätzung.

2. Selbsteinschätzung – mein erotischer Entwicklungsstand: Addieren Sie die vier Skalenwerte. Sie erhalten einen Wert zwischen 4 und 20

▸ 17 bis 20: Perfekt! Ihnen stehen alle Ihre erotischen Ressourcen zur Verfügung. Sie leben eine authentische Sexualität, die ohne falsche Kompromisse ist, und Sie verwirklichen das, was Ihnen entspricht.

▸ 14 bis 16: Sie sind auf dem Weg zu einer selbstbestimmten Erotik weit gekommen. Sie sind weitgehend Herr bzw. Herrin Ihrer erotischen Möglichkeiten.

▸ 11 bis 13: Sie sind unterwegs. Sie haben den einen oder anderen Schritt gemacht. Im Prinzip wissen Sie, worum es Ihnen geht. Dass Sie gelegentlich zögern, macht nichts. Gehen Sie Ihr eigenes Tempo!

▸ 8 bis 10: Sie sind sehr vorsichtig aufgelegt. Ihnen ist noch ein bisschen heikel zumute. Sie möchten den einen oder anderen Schritt wagen, aber Sie brauchen Zeit. Geben Sie sich die Zeit, die Sie brauchen!

▸ 4 bis 7: Ihre Zeit für eine Entwicklung zur selbstbestimmten Erotik ist noch nicht gekommen. Drängen Sie sich nicht: Gut Ding will Weile haben!

3. Erotische Passung: Vergleichen Sie jetzt Ihre eigene Selbsteinschätzung und die Selbsteinschätzung Ihres Partners. Dieser Vergleich ist natürlich nur dann aussagefähig, wenn Sie sich nicht heimlich aufeinander abgestimmt haben.

Berechnen Sie die Differenz zwischen Ihren beiden Werten:

Mein Wert ...... – Wert meines Partners ...... = Passung ......

Damit haben Sie die Differenz Ihrer erotischen Selbstbestimmung errechnet. Je kleiner dieser Wert, desto besser die Passung. Da es um die Differenz zwischen Ihren Werten geht, brauchen Sie lediglich den Betrag zu beachten, nicht das Vorzeichen (–7 ist also gleich zu bewerten wie +7).

- 0 bis 2: Sie sind sich weitgehend einig, wie Sie die erotische Selbstbestimmung in Ihrer Partnerschaft gestalten wollen. Viel Spaß dabei!
- 3 bis 5: Ein Partner ist dem anderen etwas voraus, aber Sie sind beide noch im selben Boot. Bleiben Sie im Gespräch miteinander!
- 6 bis 8: Sie haben sehr unterschiedliche Vorstellungen darüber, wie es erotisch miteinander weitergehen soll. Vorsicht! Sie haben dringenden Klärungsbedarf, wohin Sie miteinander gehen wollen!
- 9 und mehr: Alarm! Sie sind so weit auseinander, dass Sie eine partnerschaftliche Krisensitzung einberufen sollten. Legen Sie sich gegenseitig die Karten auf den Tisch, wo Sie den erotischen Kontakt zum Partner verloren haben! Mindestens einer von Ihnen beiden ist auf dem Weg in die erotische Emigration.

Wenn Sie mit dem Ergebnis unzufrieden sind oder wenn Sie den Eindruck haben, dass alles nichts genutzt hat, nicht die vier Kernbotschaften, nicht die Analyse Ihres sexuellen Profils, kein Spiel, nicht die Überlegungen zum Risiko, zur Angst und zu den Vorteilen der Nichtveränderung – und wenn Sie trotzdem weiterkommen wollen, dann haben Sie möglicherweise etwas Entscheidendes übersehen. Etwas, das so wichtig ist, dass es schon wehtut, weil es unromantisch und offensichtlich ist: Es liegt alles allein bei Ihnen.

Bei allen Veränderungen in einer Partnerschaft fangen die beiden Partner nicht gleichzeitig an, Hand in Hand. Schön wär's vielleicht. Aber so geht es nicht. Einer fängt an – und der andere wird schon darauf reagieren. Trauen Sie Ihrem Partner etwas zu! Und wenn Sie wollen, dass sich etwas rührt, dann fangen Sie selbst an. Nicht Ihr Partner. Sie!

Dass Sie selbst für Ihre Erotik verantwortlich sind, ist eine Sache. In vielen Sexratgebern ist zu lesen, dass Sie sich nicht unter Druck setzen sollen, weil er alles noch schlimmer macht. Das stimmt nur halb. Zutreffend ist, dass zu viel Druck Sinnlichkeit und erotischen Genuss verderben kann. Aber die andere Hälfte der Wahrheit ist, dass wir Menschen ohne irgendeinen Druck nichts ändern. Wenn es irgendwie so geht, wenn wir so halb zufrieden dahindümpeln – dann nehmen wir keine Veränderung in Angriff.

Das heißt auch: Ein gewisses Maß an sexueller Unzufriedenheit ist ganz hilfreich. Sie ist der Stachel, der einem keine Ruhe lässt. So ist die sexuelle Unzufriedenheit ein produktiver Ruhestörer – wenn man auf sie hört. Trauen Sie Ihren Gefühlen! Sie sind gute Ratgeber. Wenn sich Ihre sexuelle Unzufriedenheit meldet, nehmen Sie es als Hinweis, dass Sie versäumt haben, auf Ihre sexuelle Selbstbestimmung und damit auf die Erhaltung Ihrer Lebensqualität zu achten. Und was Sie dafür tun können, wissen Sie jetzt.

Sam:

Nimm deine Unzufriedenheit ernst! Sie ist ein guter Berater.

Guter Sex trotz Liebe

Vergessen Sie bei allen Überlegungen die einfachste nicht: Die wichtigste Voraussetzung für guten Sex ist es, überhaupt Sex zu haben! Erotik lebt von der Variation. Dazu gehört auch der unsensationelle Alltag sexueller Begegnungen in langjährigen Beziehungen. Die aufregenden sexuellen Erlebnisse sind nur zu haben, wenn man die weniger aufregenden ebenso bejaht. Sex ist manchmal auch trivial, manchmal nicht mehr als nett und manchmal auch ein Flop. Der sexuelle Alltag verhindert nicht das erotische Fest – und umgekehrt auch nicht. Im Gegenteil: Das Fest braucht den Alltag. Erst im Kontrast zum Alltag macht das Fest einen Unterschied. Dauerfeten nutzen sich ab.

Wenn wir mit dem Menschen, den wir lieben, keinen Sex haben, weil wir auf besseren, anderen, stärker aufregenden oder besser befriedigenden Sex warten, wird sich der gute Sex nie einstellen. Guter Sex braucht mittelmäßigen, ja manchmal auch banalen Sex. Mit gutem Sex verhält es sich wie mit guten Partys: Wer nur auf die richtig guten Partys gehen will, geht selten auf Partys. Man weiß es ja nicht vorher. Aber wer in Kauf nimmt, dass Partys gelegentlich mittelmäßig ausfallen, der ist auch dabei, wenn es richtig gut abgeht.

Je länger Partnerschaften dauern, desto mehr ist Erotik eine Frage der Entscheidung und der aktiven Gestaltung. Während beim jungen Sex die Lust dem sexuellen Handeln vorausgeht, geht beim »reifen« Sex die Entscheidung der Lust voraus. Nicht das Warten auf den spontanen Sex, der das Paar überfällt, sondern die Schaffung einer erotischen Kultur ist hier die lohnende Perspektive. Und heute ist der erste Tag vom Rest Ihres erotischen Lebens!

Tests

Übungen

Besuchen Sie uns im Internet:
www.ullstein-taschenbuch.de

Hinweis:
Die Ratschläge in diesem Buch sind von Autor und vom Verlag
sorgfältig erwogen und geprüft worden.
Sie bieten jedoch keinen Ersatz für den kompetenten medizinischen Rat.
Jede Leserin und jeder Leser ist für sein eigenes Handeln selbst verantwortlich.
Alle Angaben in diesem Buch erfolgen daher ohne jegliche
Gewährleistung oder Garantie seitens des Verlages oder des Autors.
Eine Haftung des Autors bzw. des Verlages und seiner Beauftragten für
Personen-, Sach- und Vermögensschäden ist ausgeschlossen.

Umwelthinweis:
Dieses Buch wurde auf chlor- und säurefreiem Papier gedruckt.

Ungekürzte Ausgabe im Ullstein Taschenbuch
1. Auflage Juli 2008
2. Auflage 2008

Umschlaggestaltung: HildenDesign, München
(unter Verwendung einer Vorlage von Büro Jorge Schmidt, München)
Titelabbildung: Ole Graf/zefa/Corbis
Gesetzt aus der Scala und ITC Eras
Druck und Bindearbeiten: CPI – Ebner & Spiegel, Ulm
Printed in Germany
ISBN 978-3-548-37221-1